U0497879

ZHONGGUO GUOZHAI QIHUO SHICHANG
FAZHAN YANJIU

中国国债期货市场
发展研究

王晋忠　等◎著

西南财经大学出版社

中国·成都

图书在版编目(CIP)数据

中国国债期货市场发展研究 / 王晋忠等著 . 一成都:西南财经大学出版社,2022.5
ISBN 978-7-5504-5142-1

Ⅰ.①中… Ⅱ.①王… Ⅲ.①国债市场—期货交易—研究—中国
Ⅳ.①F832.5

中国版本图书馆 CIP 数据核字(2021)第 227034 号

中国国债期货市场发展研究

王晋忠　等著

策划编辑:李晓嵩
责任编辑:雷静
责任校对:高小田
封面设计:墨创文化
责任印制:朱曼丽

出版发行	西南财经大学出版社(四川省成都市光华村街 55 号)
网　　址	http://cbs.swufe.edu.cn
电子邮件	bookcj@ swufe.edu.cn
邮政编码	610074
电　　话	028-87353785
照　　排	四川胜翔数码印务设计有限公司
印　　刷	四川五洲彩印有限责任公司
成品尺寸	185mm×260mm
印　　张	17.75
字　　数	334 千字
版　　次	2022 年 5 月第 1 版
印　　次	2022 年 5 月第 1 次印刷
书　　号	ISBN 978-7-5504-5142-1
定　　价	98.00 元

1. 版权所有,翻印必究。
2. 如有印刷、装订等差错,可向本社营销部调换。

"中国国债期货市场发展研究"项目研究团队

项目主研与负责人：王晋忠

项目参研人员：

李健宇　汪伟杰　胡晓帆　关圣栋　侯雅宏

钟　宏　尹子铭　高吴优　罗　艳　李春虹

熊　柯　谢　苗　唐　韬　冉子龙　高　菲

前言

20世纪70年代，由于布雷顿森林体系解体和石油危机爆发，西方主要发达国家的经济处于滞胀状态，为了促进经济发展，各国政府纷纷推进利率自由化政策，导致利率波动日益频繁且震荡剧烈。利率的不确定性使经济主体的借贷行为特别是国债投资者面临越来越高的利率风险。在规避利率风险的市场需求日趋强烈的情况下，国债期货首先在美国应运而生，1976年美国芝加哥商业交易所（CME）推出了90天的国库券期货合约。到了20世纪80年代以后，美国的利率波动幅度加大，国债期货交易更加活跃，越来越多的机构投资者利用国债期货市场进行风险管理。

1992年至1995年，我国进行了第一次国债期货试点交易，但市场条件不成熟、监管不完善等原因，导致了诸如"327"事件等一系列震惊市场的国债期货违规事件，致使我国第一次国债期货试点以失败告终。此后，随着我国经济高速增长，金融市场不断发展，为顺应市场需求，2012年2月13日，中国金融期货交易所宣布正式启动国债期货仿真交易。2013年9月6日，三个五年期国债期货产品于中国金融期货交易所挂牌上市，这意味着国债期货在时隔18年后重新回归大众视野。2015年3月20日，十年期国债期货合约上市。2018年8月17日，二年期国债期货合约正式推出，这是我国首个短期国债期货品种的问世。至此，我国已拥有了短、中、长期的国债期货品种。

自我国国债期货市场重启以来，国债期货市场发展态势良好。第一，从市场规模来看，2013年以来，我国国债期货的日均持仓量持续攀升，至2021年5月，我国国债期货的日均持仓量为21.86万手，相比2013年增长了58倍。这一方面是由于我国国债期货种类的增加，另一方面是由于我国国债期货的投资者队伍不断壮大，反映了我国投资者规避利率风险的需求愈加旺盛。第二，我国国债期货市场还呈现出了结构性特征。至2021年5月，我国十年期、五年期、二年期国债期货的日均成交量分别为6.40万手、2.54万手、0.93万手，日均持仓量分别为13.05万手、6.27万手、2.53万手。十年期国债期货无论在成交量还是持仓量方面都远远高于其他两个品种，市场主导趋势明显。

我国的国债期货作为利率衍生产品，在利率市场化的背景下应运而生，对利率风险管理有着十分重要的作用，同时对完善债券市场有着积极意义，有利于促进交易所债券市场与银行间债券市场的互联互通，还可以通过促进期货现货市场之间的信息传递，助力货币政策更加迅速、有效地传导。随着我国国债期货市场相关作用的逐步发挥，国债期货已经成为我国金融市场上具有较大影响力的金融工具。因此系统研究我国国债期货市场的发展状况、运行效率有着重大的现实意义，这既有利于投资者合理地利用国债期货进行风险管理与投机套利，也有利于促进市场的效率提升和功能完善。

西南财经大学一直把金融衍生工具作为重要的研究领域和教学内容。在五年期国债期货上市之前的2013年7月26日，西南财经大学与广州期货有限公司联合组建的"西南财经大学—广州期货国债期货研究中心"在成都成立并举行了揭牌仪式。该中心立足于对国债期货市场发展的研究，重点工作聚焦于国债期货知识培训与国债期货市场研究。在成立之后，中心与四川银行业协会合作，举办了多起银行系统国债期货知识培训；同时，也一直关注国债期货市场发展，但是由于市场刚开始运行，数据缺乏，因此只取得了少数研究成果。到2020年国债期货市场重启已经7年，并且有了短中长期产品结构，市场数据已较为丰富。因此，研究中心王晋忠教授带领其团队，组织开展了对国债期货市场的一系列研究，研究主要围绕市场效率、套利与价格影响因素等展开。本书就是其研究成果的汇总。虽然我们对我国国债期货市场进行了有益的探索，但由于水平有限，不足在所难免，还望各位专家学者不吝赐教、批评指正！

著者

2021年9月于光华园

目录 CONTENTS

课题 1　中国国债期货市场发展现状

摘要：本课题首先介绍了我国国债期货试点阶段的发展状况，分析了试点阶段存在的问题；其次从交易制度、交易活跃度、功能发挥等方面介绍我国国债期货市场的发展现状；再次对比分析中美两国国债期货市场发展现状的异同；最后结合前文分析当前我国国债期货市场存在的问题并提出对策建议。

关键词：国债期货；试点交易；发展现状

一、引言

国债期货是一种利率衍生工具，交易双方在交易所通过交易标准化合约确定未来某一时间某种特定国债现货的交易价格。世界上第一张国债期货交易合约产生于 20 世纪 70 年代的美国芝加哥期货交易所（CME），是以 91 天美国国库券为标的物的国债期货合约。国债期货由于具有价格发现、套期保值等功能，对完善金融市场有十分重要的意义。美国推出国债期货后，英国、德国、日本等发达国家纷纷效仿，发展起自己的国债期货市场。

1992—1995 年，我国进行了第一次国债期货试点交易，但市场发展条件不成熟、监管不完善等原因，导致了诸如"327"事件等一系列震惊世界的国债期货事件，使得我国第一次国债期货试点交易以失败告终。此后，随着我国经济高速增长，金融市场不断发展，为顺应市场需求，我国国债期货市场时隔 18 年后正式重启。2013 年 9 月 6 日，五年期国债期货合约在中国金融期货交易所（简称"中金所"）推出。此后，我国国债期货市场进一步发展，陆续推出了十年期、二年期国债期货。

中国金融期货交易所公布的《年度市场概况（2020）》数据显示，2020 年我国国债期货各品种成交总量为 2 403.1 万手，同比增加 84.43%，成交总额为 26.37 万亿元，同比增加 77.98%，而 2020 年国内生产总值（GDP）约为 101.60 万亿元，国债期货成交额与 GDP 之比约为 25.95%。可见国债期货在我国金融市场中的重要地位。

由于我国的国债期货市场起步较晚，其间还因市场条件不成熟和制度不完善等原因暂停了很长一段时间，目前国债期货市场的发展状况是市场关注的重点之一。

二、 国债期货市场发展历程

我国国债期货市场发展经历了两个阶段：一是 20 世纪 90 年代国债期货试点阶段；二是 2013 年国债期货市场重启及发展阶段。

（一）国债期货试点阶段

1. 概况

1992 年 12 月，上海证券交易所（简称"上交所"）最先开放了国债期货交易，总共推出了 12 个品种的国债期货合约，包括分别在 3、6、9 月交割的 3 年期与五年期 1992 年国库券，以及 3 年期 1992 年国库券，并且只有获批的 20 个上交所交易会员参与交易。当时中国国债现货市场规模并不大，期货品种较少，投资者对国债期货这一金融衍生工具的了解甚少，交易也少。之后，随着投资者对国债期货了解的逐步增加，以及政府的大力支持，1993 年 10 月，上交所重新推出了新的国债期货合约，并向个人投资者开放，得到广大投资者的青睐，交易之初就获得了较大成功，交易量急剧增加，国债期货交易在全国范围内兴起。此后，各地的商品期货交易中心和地方证券交易所也陆续推出了自己的国债期货。到 1994 年年底，截至深圳证券交易所（简称"深交所"）推出国债期货之时，开展国债期货交易的场所达 14 家。随着国债期货交易在多个证券交易所和商品期货交易所的展开，参与交易的个人和机构投资者日益增多，国债期货交易量成倍增长，由此进入快速发展阶段。数据显示，1994 年我国国债期货总成交量规模达 28 000 亿元。

国债期货试点交易期间，上交所、北京商品交易所和深交所推出的产品交易活跃度最高、影响也最大，是我国国债期货试点交易期间 3 个主要的交易场所。表 1-1、表 1-2 分别是 1994 年和 1995 年上交所、深交所、北京商品交易所作为当时我国国债期货交易主要场所的交易情况。

表 1-1　1994 年 3 个主要国债期货交易场所交易情况

交易场所	成交量/万手	成交额/亿元
上交所	9 183.4	235 111.09
北京商品交易所	2 937.82	3 886.63
深交所	128.48	312.94

表 1-2　1995 年 3 个主要国债期货交易场所交易情况

交易场所	成交量/万手	成交额/亿元
上交所	15 000	235 111.09
北京商品交易所	4 273.31	3 886.63
深交所	4 631.64	7 644.70

资料来源：中国统计出版社 1996 年出版的《中国证券期货统计年鉴》。

2. 国债期货试点的暂停及原因

（1）国债期货试点的暂停。

试点交易时期国债期货交易极大活跃了当时的金融市场，交易者对国债期货交易也有了大致的了解，并且在一定程度上推动了国债现货的发行。但是，诸如交易制度不健全、品种设置不合理、利率非市场化、过度投机及操纵市场等问题，引发了一系列国债期货交易风波。1994 年，上交所"314"品种无法正常交易，最终不得不采取协议平仓。1995 年，国债期货市场中的投机氛围日益浓厚，对赌、内幕交易层出不穷，导致市场秩序混乱，爆发了震惊中外的"327"事件。"327"事件后，虽然中国证监会和财政部下发了《国债期货交易管理暂行办法》等一系列监管法规，但市场投机氛围依然浓厚，又发生了"319"事件。最终，我国国债期货试点交易于 1995 年 5 月 18 日被迫暂停。

（2）国债期货试点暂停的原因。

正如中国证监会指出的那样，国债期货试点交易在短时间内失败的关键在于 20 世纪 90 年代的中国不完全具备开展国债期货交易的条件。国债期货试点失败有其直接原因和深层原因。

①直接原因。

其一，部分交易者违规操作，操纵市场。我国国债期货试点交易期间，国债现货市场不完善，现货发行规模较小；同时国债期货又是一个新兴事物，投资者不够成熟；并且当时处于高通胀时期，政府为确保国债现货的流通，对部分国债实行保值补贴政策，而保值补贴率具有不确定性。以上这些因素都导致国债期货具有较大的炒作空间。由此，一些大型机构投资者，利用其在资金、信息等方面的优势违规操作，造成市场价格扭曲和混乱。

其二，交易制度不健全。第一，保证金水平较低。当时我国国债期货交易按照国际惯例实行保证金制度，保证金水平为 1.5%～2.5%，虽然高于当时国际的 1%，但投资者仍可以进行高于 40 倍的杠杆交易。第二，没有涨跌停板制度。国债期货试点交易时期，市场动荡频繁，价格波动剧烈，但是，这时没有按市场运行惯例设置涨跌停板。第三，缺少持仓限额制度。为了避免头寸过度集中、市场被少数投资者操纵，市场规则中常常包含持仓限额制度。"327"事件中，若是有持仓限额，万国证券就无法在最后大量进行做空，影响市场正常运转。第四，信息披露制度不完善。"327"事件的导火索是1995年2月23日关于国债发行计划和保值补贴率的公布，类似信息应该属于保密性信息，但是这些信息早在3个月前就在市场上流传。正是信息披露制度的不完善，造成市场的不公平竞争。以上种种情况都在客观上加剧了市场投机氛围。

②深层原因。

其一，利率非市场化。国债期货最初发展起来的原因就在于满足投资者规避利率风险的需要，而国债期货试点交易时期，中国利率处于管制状态，存贷款利率水平较为稳定。利率管制导致投资者缺少对规避利率风险的需求，由此抑制国债期货市场发展。

其二，国债现货市场发展落后。试点时期我国国债现货市场发展较为落后，主要表现为：第一，国债现货存量较少，并且流动性较差，严重影响国债期货的到期交割；第二，国债品种单一，完全无法满足国债期货交割；第三，缺乏统一的国债市场。

其三，缺乏有效的监管制度。试点交易时期中国还没有形成有效的国债市场监管体制，其监管手段和技术都不足以对国债期货市场进行有效监管和风险防控。监管缺失造成严重后果，主要有三点：第一，过多的交易所推出国债期货交易，压制了交易量，使得交易者相互之间产生恶性竞争，严重扰乱金融秩序；第二，缺失合理的国债期货合约，造成市场割裂；第三，部分交易所为了获取短期利益，纵容大客户操纵市场，有的甚至允许客户进行透支交易，使得风险加大。

（二）国债期货市场重启及发展阶段

1. 重启的有利条件

1995年国债期货试点交易关闭，直到2013年，时隔18年终于重启，我国的金融生态也发生了很大变化。利率市场化、国债现货市场等都取得了长足的进步，为重启国债期货交易提供了条件。

（1）利率市场化取得阶段性进步。

期货市场产生顺应了经济发展的需要，其基本功能是价格发现、风险管理和投资功能。利率是影响国债价格的核心要素，开展国债期货交易的基本条件是利率市场化。

我国的利率市场化在2013年已经取得了阶段性的成果，并且正朝着最终实现利率市场化的目标推进。我国利率市场化改革并不是实现完全的利率自由化，而是要形成政府指导下的市场自主决定利率的机制。我国利率体制改革可以大致分为三个阶段：1978—1989年，主要是调整利率水平；1990—1992年，主要是调整利率结构；1993年以后，大致是进行利率机制改革，让利率成为宏观调控和资源配置的手段之一。到2013年，在放松管制方面，同业拆借市场利率、贴现和再贴现利率及外币存贷利率都已放开。在利率结构方面，国债利率和银行的存款利率不再是倒挂的，利率结构趋于合理。

（2）国债现货市场健康发展。

国债期货市场发展离不开现货市场的支持，二者是相辅相成的。成熟的国债现货市场为国债期货市场发展奠定良好基础，二者通过期货合约交割相联系。期货市场的发展程度取决于现货市场的规模及市场效率。

从国际上的成功经验来看，发达的国债现货市场是推出国债期货交易的基础。发达的国债现货市场具体表现为国债现货的发行总量具有一定规模、品种结构完善及交易者结构合理、市场交易活跃等。

进入21世纪，我国国债现货年发行总量不断上涨。从2000年不足5 000亿元的发行额发展至2010年稳定处于15 000亿元以上的发行额。图1-1为国债期货重启前的国债现货发行额。

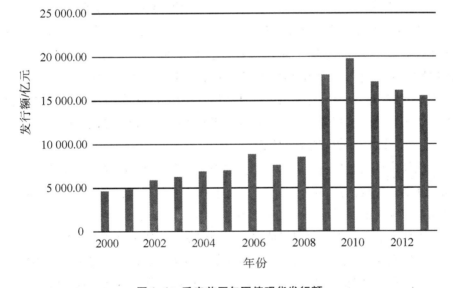

图1-1 重启前历年国债现货发行额

（3）国债投资者日趋成熟。

2013年，我国债券市场主要分成两个部分：交易所债券市场和银行间债券市场。这两个市场具有不同的市场参与者群体和债券清算与托管体系，交易主体能够明确划分为资金供给方、资金需求方和投机者三类，从而形成与国债期货套期保值和价格发现等功能相适应的市场交易者群体。

（4）借鉴国际经验和总结试点教训。

国际上发达的国家和地区对国债期货市场的研究和实践已经构建了完整的理论体系和积累了丰富的市场经验，我国对前期试点交易失败的总结也比较深刻。这些对我国重启国债期货交易有十分重要的借鉴意义。

2. 重启经过及发展

2012 年 2 月 13 日，中国国债期货仿真交易启动，推出了五年期国债期货仿真交易，为之后的国债期货正式上市做准备。

2013 年 9 月 6 日，五年期国债期货在中国金融期货所（简称"中金所"）正式挂牌上市交易，标志着我国国债期货市场正式重启。

2015 年，中金所推出十年期国债期货。

2018 年，中金所推出二年期国债期货。至此形成了短、中、长期较为完备的国债期货产品结构。

三、 我国国债期货市场现状

国债期货市场重启以来，我国国债期货市场迅速发展，年成交量逐步攀升、产品品种逐步丰富，从 2013 年的仅有单一品种（五年期国债期货），以及 2014 年全年交易量 922 871 手（单边）发展到 2020 年我国的国债期货市场已经具有三个交易品种（二年期、五年期、十年期），年成交总量 2 403.5万手，年成交金额 263 689.25 亿元，并且仍处于快速增长期。下面我们从我国国债期货制度体系、产品结构、市场规模市场交易状况、投资者结构、市场功能发挥等多个维度系统分析我国国债期货市场的现状。

（一）我国国债期货制度体系

任何市场运行都离不开一套完整的制度体系支撑，我国的国债期货市场制度体系主要包括合约设计制度、交易制度、结算制度、交割制度、风险防范制度。我国国债期货制度体系如图 1-2 所示。

总体上来看，当前我国国债期货市场交易制度还是比较完善的。

合约设计制度方面，当前我国国债期货市场上进行交易的 3 个国债期货品种合约在中国金融期货交易所官网上都有明确规定。较之试点阶段，最大的改变在于合约标的采用了名义标准券，在交割时通过明确名义标准券与可交割券的转换系数实现二者转换，这极大地扩大了可交割券种的范围，避免了国债期货市场规模与相应债券发行额失衡而产生的价格扭曲、操纵市场等乱象的产生。此外，采用名义标准券作为合约标的，还可以避免交割给国债期货交易带来的不利影响，保证了国债期货市场平稳、连续运行。

交易制度方面，我国国债期货市场在交易日开始的前 15 分钟采取集合竞价方式确定当日的开盘价，交易日中采用连续竞价的方式，通过实时价格

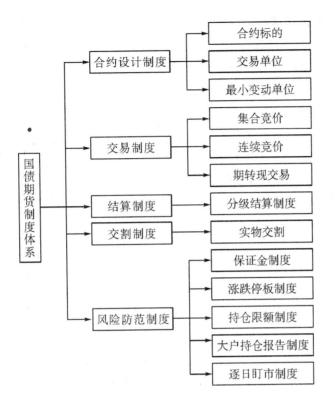

图1-2 我国国债期货制度体系

变动来及时反映市场情况。在交易双方达成协议的情况下，还可进行期转现交易。这使得我国国债期货交易更加顺畅，流动性更强。

结算制度方面，采取的是分级结算的方式，即具有资质的参与者经过严格审核后才可成为结算会员，结算会员与交易会员分离。分级结算的安排，可以提高结算效率，并且能够控制结算风险。

交割制度方面，我国国债期货市场如今采取国际上通用的交割方式，即规定在实际交割中使用一定范围内的所有符合条件的国债进行交割，这也是由合约设计中采用名义标准券作为标的决定的。这种交割方式有利于国债期货到期时，其交割可以顺利完成，规避"多逼空"的风险发生。

风险防范制度方面，各个国家的国债期货市场均将其视为运行制度设计中的核心，我国亦是如此。第一，我国根据各个国债期货品种设置了不同的初始保证金、维持保证金，在控制市场风险的同时，保证了资金市场的充分流动。第二，对各个品种国债期货的持仓限额做出了规定，防止期货合约过于集中在少数交易者手中，从而操纵市场。第三，设置了涨跌停板制度，以此防止国债期货价格异常波动。第四，逐日盯市制度规定每天对市场参与者的盈亏进行计算，防范信用风险。

（二）我国国债期货产品结构

当前我国国债期货市场上交易的国债期货合约有三种，分别为二年期、五年期、十年期，形成了短、中、长期的产品结构。表1-3为我国国债期货市场产品结构。

表1-3　我国国债期货市场产品结构

种类	二年期	五年期	十年期
合约标的	面值为200万元、票面利率为3%的名义中短期国债	面值为100万元、票面利率为3%的名义中期国债	面值为100万元、票面利率为3%的名义长期国债
可交割国债	发行期限不高于5年，合约到期月份首日剩余期限为1.5~2.25年的记账式附息国债	发行期限不高于7年、合约到期月份首日剩余期限为4~5.25年的记账式附息国债	发行期限不高于10年、合约到期月份首日剩余期限不低于6.5年的记账式附息国债
报价方式	百元净价报价		
最小变动单位	0.005元		
合约月份	最近的三个季月（3月、6月、9月、12月中的最近三个月循环）		
交易时间	09：30—11：30，13：00—15：15		
最后交易日交易时间	9：30—11：30		
每日价格最大波动幅度限制	上一交易日结算价的±0.5%	上一交易日结算价的±1.2%	上一交易日结算价的±2%
最低保证金	合约价值的0.5%	合约价值的1%	合约价值的2%
最后交易日	合约到期月份的第二个星期五		
最后交割日	最后交易日后的第三个交易日		
交割方式	实物交割		
交易代码	TS	TF	T
上市交易所	中国金融期货交易所		

资料来源：中国金融期货交易所 http://www.cffex.com.cn/。

可以看到，合约标的方面，二年期国债期货采用的是面值为200万元面值、票面利率为3%的名义标准券，五年期、十年期国债期货则采用100万元面值、票面利率为3%的名义标准券。在可交割债券方面，不同品种国债期货也做出了明确规定。此外，各个品种每日价格变动幅度限制有所不同，二年期、五年期、十年期国债期货每日价格限制幅度分别为：±0.5%、±1.2%、±2%。

3个品种的国债期货形成了短、中、长期的国债期货产品，一定程度上能够覆盖国债现货市场上的大部分产品的收益率曲线。

（三）我国国债期货市场规模

1. 市场总成交量

图 1-3 为我国国债期货市场重启到 2020 年的市场总成交量。

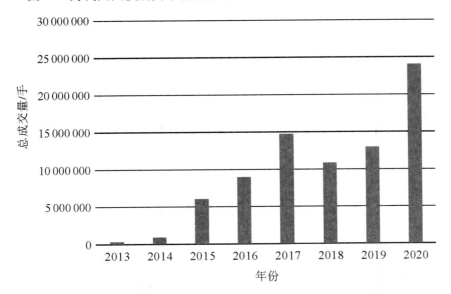

图 1-3　市场总成交量

从图 1-3 可以看出，我国国债期货市场重启以来，成交量总体呈现上涨趋势。2013 年 9 月 6 日，五年期国债期货在中国金融期货交易所正式上市，截至当年年末总成交量达 32.9 万手。2014 年总成交量达 92.3 万手，同比增长 180.55%。2015 年推出十年期国债期货后，成交量迅速增加至608.7 万手，同比增长 559.48%。之后的 2016 年、2017 年国债期货总成交量继续上升，分别为 893.4 万手、1 477.0 万手，同比增长率分别为46.77%、65.32%。2018 年推出了二年期国债期货，但由于受到经济下行压力加大、市场流动性保持合理充裕、中美贸易摩擦加剧等因素影响，国债收益率下行，机构利率风险管理需求下降，总成交量较 2017 年有所下降，总成交量为 1 086.6 万手，同比增长 -26.43%。2019 年，市场状况回暖，成交量上涨至 1 303.2 万手，同比上一年增长 19.93%。2020 年，总体成交量达历史最高点，全年成交 2 403.5 万手，同比增长 84.43%。

2. 市场总成交额

图 1-4 反映了我国国债期货市场年总成交额的情况，总体上看与成交量变化情况相同。

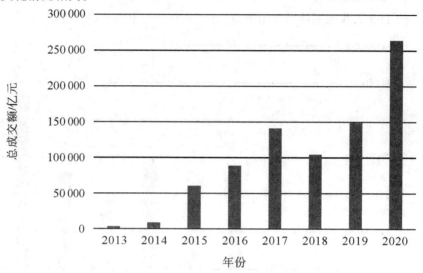

图 1-4　市场年总成交额

2013 年，五年期国债期货成交额为 3 063.89 亿元；2014 年，其成交额为 8 785.17 亿元，同比增长 186.73%。2015 年十年期国债期货上市，成交额为 60 106.75 亿元，同比增长 584.18%。2016 年成交额为 89 013.68 亿元，同比增长 48.09%。2017 年成交额为 140 850.20 亿元，同比增长 58.23%。2018 年二年期国债期货上市交易，但受经济下行压力增大等因素影响，成交额为 103 819.28 亿元，同比增长 −26.29%。2019 年成交额为 148 158.25亿元，同比增长 42.71%。2020 年成交额为 263 689.25 亿元，同比增长 77.98%。

（四）我国国债期货市场交易情况

1. 各品种交易情况

图 1-5 为我国各品种国债期货的交易情况。最早推出五年期国债期货年成交量先是缓慢上升，十年期国债推出后其成交量以较大幅度逐步上升，五年期国债期货成交额逐步减少。这说明随着产品的多样化，投资者会对国债期货的期限进行选择。十年期国债期货更受偏好，说明我国投资者对规避长期利率风险的需求更大。

2. 成交持仓比

成交持仓比主要反映市场交易的激烈程度，一般而言较为成熟的市场成交持仓比通常比较低，而不成熟的市场成交持仓比通常较高。

图 1-6 显示的是 2013 年到 2020 年的成交持仓比。

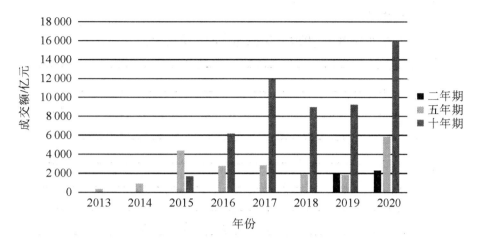

图1-5　各品种交易情况

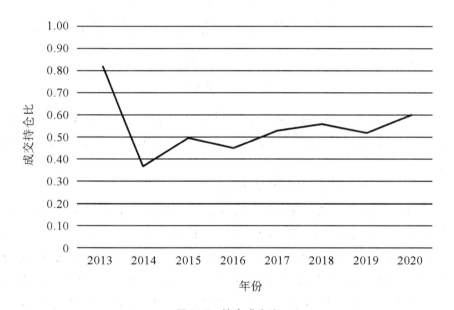

图1-6　持仓成交比

我们通过图1-6可以看出，2013年成交持仓比为0.82。2014年迅速下降至0.37，此后波动上升。2015年成交持仓比为0.50，较上年上升0.13。2016年成交持仓比为0.45，较上年下降0.05。2017年，成交持仓比为0.53，较上年上涨0.08。2018年成交持仓比为0.56，较上年上升0.03。2019年成交持仓比为0.52，较上年下降0.04。2020年成交持仓比为0.60，较上年上升0.08。可以看出，2015年后，成交持仓比每年的变动都不大，处于合理水平。这表明我国国债期货市场自2013年重启以来经历了一个从不成熟到相对成熟的过程。

3. 交割情况

图 1-7 为 2013 年到 2020 年国债期货的年交割量。

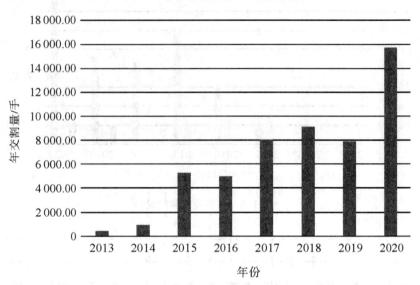

图 1-7　年交割量

较之成交量，国债期货呈现交割量较低的特点，这是因为大部分投资者投资期货主要是想运用其套期保值的功能。总体上来看，交割量随着交易量的上升而增加。

（五）我国国债期货市场投资者结构

我国的国债期货市场在参与者结构上，呈现高度机构化的特点，并且机构化程度有逐步提升的趋势。2018 的国债期货市场运行报告显示，我国国债期货市场机构投资者日均持仓比为 81.30%，机构日均成交占比为43.50%。2019 年，机构投资者日均持仓达 15 万手（双边），占日均持仓量的 91.30%，机构日均成交 5.1 万手（双边），占日均成交量的 51.56%。2020 年 2 月，中国人民银行与财政部、银保监会、证监会发布联合公告，允许符合条件的试点商业银行和具有投资管理能力的保险机构，按照依法合规、风险可控、商业可持续的原则参与国债期货交易。随着银保机构逐步参与国债期货交易，我国国债期货市场机构化程度将进一步提升。

（六）市场功能发挥

国债期货是在国债现货基础上发展而来的高级金融衍生工具，与其他期货一样具有价格发现和套期保值的功能。国内学者对我国国债期货这两种功能的研究取得了丰富的成果。

1. 价格发现功能

价格发现，是指期货能够将市场上的信息迅速地反映在价格中，由此对现货市场价格趋势有预测的作用。国内学者对国债期货的价格发现功能做了较多的研究，他们在实证中所用方法主要有三种：基于无偏估计理论判断期货价格的无偏性，基于价格引导关系判断期货价格的领先性，基于信息传递比较期现市场的波动溢出效应。

基于无偏估计理论判断期货价格的无偏性的研究中，徐苏江在 2015 年通过极大似然估计检验，得出国债期货对国债现货的协整关系估计量为 0.85，不是无偏估计量，但之后通过误差修正模型、格兰杰因果关系等方法进行进一步的检验，认为中国国债期货具备价格发现功能。

基于价格引导关系判断期货价格领先性的研究中，周冰在 2013 年通过格兰杰因果检验发现国债期货仿真交易市场并不具备价格发现功能，认为可能是由于仿真交易并不能充分反映市场信息及投资者的预期。2017 年王苏生和于永瑞等选择使用中国五年期国债期货和现货的 5 分钟高频数据以更好地满足实证检验中要求的大样本性质，最终发现我国国债期货已具有价格发现能力，但还有待进一步提升。张恒阳在 2020 年基于 VAR 模型检验了一年期利率波动对二年期国债的影响，实证结果并不显著，意味着二年期国债不能反映市场利率的变动，价格发现功能有待进一步提高。2020 年夏俊以五年国债指数作为现货价格数据，通过 VECM 模型检验认为，我国五年期国债期、现货之间的均衡关系较为稳定。

基于信息传递比较期现市场的波动溢出效应研究中，张雪莹在 2015 年通过 BEKK-GARCH 模型发现我国五年期国债期货与国债现货具有双向的波动溢出效应，并且期货的波动溢出更强。2015 年曹玲玲和何春艳基于 DCC-GARCH 模型发现国债期货和国债现货的价格具有较强的联动性。

综上，我们可以发现我国国债期货市场的价格发现功能是逐步改进的，整体上来看整个国债期货市场已经具有价格发现功能，但是不同品种之间的价格发现功能的强弱程度不同。学者对五年期国债期货的研究较多，结论均反映五年期国债期货具有价格发现功能；对十年期国债期货的研究也发现其具有价格发现功能；对二年期国债期货价格发现功能研究较少，相关研究结果表明其价格发现功能较弱，有待进一步提高。

2. 套期保值功能

套期保值是国债期货的基本功能，也是国债期货产生的最主要原因，指投资者为了降低现货市场上价格波动带来的风险，在期货市场上进行反向操作，以此抵消在现货市场上价格变化带来的盈亏。不同于价格发现功能衡量标准分化，研究国债期货的套期保值功能发挥情况主要通过计算出最优套期保值率的方式，而后通过一定的标准分析其套期保值效果。

2018 年牛耘通过使用 4 种不同方法计算十年期国债期货套期保值比率，

并采用单位风险补偿最大化和风险最小化作为衡量标准，得出十年期国债期货基于单位风险补偿最大化标准下，对于 7~10 年国债现货套保效果最好；而基于风险最小化标准下，对于 5~7 年国债现货套保效果最好。刘爽、游碧蓉在 2019 年用不同方法计算了五年期国债期货对于不同期现的国债现货的最优套保比例，基于风险最小化标准分析套保效果，发现五年国债期货对于 5~7 年国债现货套保效果最佳。

国内学者关于国债期货的套期保值功能的研究成果十分丰富，基本上都能得出我国国债期货具有套期保值功能的结论，并且不同品种的国债期货对于该品种的可交割券的套期保值效果最佳。

四、 中美国债期货市场对比研究

美国国债期货主要在芝加哥期货交易所（Chicago board of trade，CBOT）进行交易。美国国债期货市场是世界上最早成立的国债期货市场，第一张国债期货合约就诞生于此，并且也是当今世界最成熟、最活跃的市场。因此，对比分析中美两国国债期货市场现状，有助于我们发现我国国债期货市场存在的缺陷，并借鉴成熟市场的发展经验。

（一）中美两国国债期货市场制度对比

合约设计方面，美国国债期货不同品种均采用名义标准券作为合约标的，这与我国国债期货的合约标的设计一致。

交易制度方面，美国国债期货以 1 个基点或 1 个的 1/32 的 1/4 进行报价，其中 CBOT 二年期国债期货 1 个基点代表 2 000 美元，其他产品 1 个基点为 1 000 美元。此外，他们还设置了不同的交易指令，如限价指令、止损指令、有保护的止损指令等，方便投资者构建灵活的交易策略。

结算制度方面，美国国债期货市场实行每日结算和最终结算。由 CME 工作人员根据各期货合约在全球交易系统的交易活动，按照到期月的不同分为主力合约、次合约和剩余合约，它们的结算方式各有不同。

风险防范制度方面，美国首创"三级管理体系"，通过政府监管、行业自律和交易所三级监管防范风险。此外，还设置了保证金制度、价格限制制度及持仓限额制度。

中国国债期货市场在制度方面与美国国债期货市场差异不大，两个市场的制度体系都相对完善。

（二）中美两国国债期货市场产品结构对比

美国国债期货产品结构十分健全，美国国债的每一种基准票期都有与之对应的美国国债期货和期权合约，其产品的品种期限包括：二年期（ZT）、五年期（ZF）、十年期（ZN）、长期（ZB）和超长期（UB）。整体上看，美国国债期货合约覆盖了从短中期到超长期几乎整条的美国国债收益率曲线，可以满足投资者对特定现货的利率风险管理需要。

美国国债期货的合约标的均是票面利率为 6% 的名义标准券。每一种合约都有一揽子的可交割证券，按到期期限限定空方在交割月进行交割的现券范围，具体如表 1-4 所示。

表 1-4　美国国债期货产品结构

产品	二年期（ZT）	五年期（ZF）	十年期（ZN）	长期（ZB）	超长期（UB）
面额/万美元	20	10	10	10	10
可交割券到期期现/年	1.75~2	4.2~5.25	6.5~10	15~25	25~30

资料来源：芝加哥期货交易所 www. cmegroup. com。

从品种结构上来看，美国的国债期货产品多样化程度更高，除了拥有与中国国债期货市场相同的二年期、五年期、十年期国债期货外，还有长期和超长期国债期货，几乎能完全覆盖其国债收益率曲线，能够满足更多投资者的需要。

（三）中美两国国债期货市场交易情况对比

相关数据显示，截至 2020 年 11 月 20 日，美国国债期货日均总成交量约为 351 万手。从品种成交上看，二年期合约日均成交为 44 万手，五年期合约日均成交 84 万手，十年期合约日均成交 147 万手，长期十年期合约日均成交 23 万手，长期国债期货日均成交 34 万手，超长期国债期货合约日均成交 18 万手，整体来看十年期国债期货是交易量最大的品种，其次是五年期国债期货。从品种持仓上看，二年期合约持仓 187 万手，五年期持仓 290 万手，十年期持仓 308 万手，长期 10 年、长期和超长期合约持仓量分别为 91 万、117 万和 90 万手，持仓量最大的是十年期国债期货，其次是五年期国债期货，与各品种合约交易量所呈现的情况一致。

从交易量来看，美国国债期货市场日均成交量为 351 万手，远超中国国债期货市场的 9.8 万手。从对应产品成交量来看，美国各产品的日均成交量均高于中国对应产品。因此，可以得出美国国债期货市场交易比中国国债期货市场更活跃的结论。

（四）中美两国国债期货市场参与者结构

从参与者结构来看，其主要以机构为主。美国商品期货委员会（U. S. Commodity Futures Trading Commission）公布的美国国债期货市场参与者主要分为四类：交易商、资产管理机构、对冲基金和其他机构。其中资产管理机构和对冲基金是市场参与最为活跃的两个类型机构，在各交易品种当中，二者的占比都在 60% 以上。而且从多空角度来看，资产管理机构主要以多头策略为主，而对冲基金主要以空头策略为主。

从投资者结构方面来看，中美两国国债期货市场在参与者结构上的特点是一致的，都是以机构投资者为主，但是美国的机构主体更为丰富。

五、 我国国债期货市场存在的问题及对策

（一）我国国债期货市场存在的问题

通过前文对我国国债期货市场现状及中美两国国债期货市场对比分析，我们可以发现当前我国国债期货市场在以下几个方面还存在不足。

1. 交易活跃度不足

通过前文的分析，我们可以发现，我国国债期货市场仍处于发展阶段，在交易活跃度方面与处于成熟期的美国国债期货市场还有较大的差距，3 个国债期货品种的交易量、成交额仍然比美国低。

2. 产品结构不能完全覆盖国债收益率曲线

根据前人的研究结果，我们得到不同品种国债期货对于对应期限的国债现货的套期保值效果最佳。近年来我国超长期债券发展迅速，自 2015 年财政部对 30 年期国债现货保持了高频发行。2020 年 30 年期国债发行量为 4 750 亿元，较 2015 年增长了 8 倍，占国债发行总量的 6.7%，较 2015 年提升了 4.2 个百分点。超长期债券的一级市场迅速发展、快速扩容，吸引了大批机构参与二级市场交易，2020 年 30 年期国债现货交易额为 2.56 万亿元，占国债交易总额的 5.51%。尽管 30 年期国债现货市场较为活跃，但是超长期国债期货还未正式上市交易，而目前保险机构和一部分试点商业银行等已经获批参与国债期货市场交易，这些机构持有大量的超长期国债，对规避超长期国债的利率风险需求较大，因此进一步健全和完善国债期货产品结构、推出超长期国债期货是十分必要的。

3. 商业银行参与国债期货市场交易程度较低

目前我国国债期货市场的主要参与者以机构为主，但是商业银行作为国债现货市场最主要参与者参与国债期货市场才刚刚开始启动，只允许部分试点银行参与国债期货交易。

（二）对策建议

1. 进一步完善做市商制度

2019 年 5 月 6 日，我国国债期货市场正式推行做市商制度，首批 8 家做市商入场开展做市交易。引入做市商在一定程度上能够提升国债期货的流动性，并且能够一定程度上促进现货交易，进一步提升期现联动，从我国国债期货市场的发展来看，做市商制度还需要进一步培育和完善，从而推动国债

期货市场定价效率和流动性提升。

2. 完善国债期货产品体系，推出30年期等超长期国债期货产品

根据美国等发达的国债期货市场发展经验，国债期货产品多样性是国债期货市场发展的必要条件，并且有多方面好处。多样化的产品体系，能够更加全面地反映市场的信息，使产品体系越完整，有利于国债期货市场发挥其价格发现功能。此外，若是国债期货产品能够如美国的国债期货产品那样，覆盖国债收益率曲线，那么现货市场的价格波动带来的投资者避险需求将在国债市场上得到进一步满足。因此，适时推出更多的国债期货产品，尤其是30年期等超长期产品，不断完善国债期货产品体系，既能促进市场价格发现功能的发挥，又能满足投资者套期保值的需要。

3. 加强投资者教育

发展期货市场的初衷是为现货市场上的多空双方提供套期保值功能，国债期货投资者应该根据自身对风险控制的需求来选择合适的品种及数量以对冲利率风险。管理者应加强对投资者的教育，在不打击投资者积极性的同时，应使投资者充分了解国债期货的风险和规则制度，引导投资者根据自己的风险偏好使用不同的模型选择国债期货进行套期保值，充分发挥市场的金融功能。

参考文献

[1] 张晓菊. 中国国债期货的运行制度研究 [D]. 上海：同济大学，2007.

[2] 龙昱. 中国国债市场结构分析及发展建议 [D]. 北京：对外经济贸易大学，2002.

[3] 杜瑞岭. 银保机构参与国债期货交易对期货和现券市场的影响 [J]. 债券，2020 (11)：26-31.

[4] 汪蓉. 发展和完善我国国债期货市场的思考 [D]. 大连：东北财经大学，2017.

[5] 冯婷婷. 海外国债期货市场综述 [J]. 吉林金融研究，2015 (8)：23-32，36.

[6] 徐苏江. 我国国债期货对现货的价格影响 [J]. 上海金融，2015 (7)：82-86.

[7] 周冰，陈杨龙. 国债期货核心功能研究及实证检验：基于我国国债期货仿真交易观察 [J]. 财政研究，2013 (4)：24-28.

[8] 王苏生，于永瑞，刘惠敏，等. 基于高频数据的中国国债期货价格发现能力研究 [J]. 运筹与管理，2017，26 (6)：117-123，131.

[9] 张恒阳. 利率波动对国债期货价格的影响：基于 VAR 模型的实证分析 [J]. 全国流通经济，2020（31）：169-171.

[10] 夏俊. 国债期货的价格发现功能实证研究 [J]. 市场研究，2020（1）：15-16.

[11] 张雪莹，龙腾飞. 国债期货与现货之间的价格传导及波动溢出效应 [J]. 债券，2015（6）：18-23.

[12] 曹玲玲，何春艳. 我国国债期货与现货价格的联动分析：基于 DCC-GARCH 模型 [J]. 金融教学与研究，2015（6）：62-66.

[13] 牛耘. 我国十年期国债期货的最优套期保值比率研究 [D]. 太原：山西财经大学，2018.

[14] 刘爽，游碧蓉. 五年期国债期货最优套期保值比率的实证研究 [J]. 福建农林大学学报（哲学社会科学版），2019，22（5）：59-68.

课题2　中国十年期国债期货的价格发现功能研究

摘要： 本课题以我国十年期国债期货为研究对象，通过高频数据检验十年期国债期货的价格发现功能。研究表明，在价格引导关系方面，十年期国债期货的价格单向引导国债现货；在波动溢出效应方面，十年期国债期货与国债现货市场存在双向的波动溢出效应，并且期货向现货的溢出更强。两方面的检验结果都表明我国十年期国债期货具备较强的价格发现功能。

关键词： 价格引导；波动溢出；国债期货；国债现货

一、引言

在期货市场出现前，关于价格的信息来自现货市场的交易，但现货交易多是零散的，并且是基于当下对现货的需求，难以反映未来价格的变动趋势。而在期货市场上，供需双方集中公开竞价交易，使得期货市场的价格具备真实性、预期性、连续性和权威性，从而能够较好地反映未来现货价格的变动趋势。所谓价格发现功能，就是指期货市场公开交易竞争形成的价格能够较好地反映商品的供求关系，从而对现货价格形成指导作用。期货市场具备价格发现功能的主要原因在于期货市场的特征：首先，在一个完善的期货市场中，期货交易的透明度较高，所有的交易都是通过公开竞价达成的，避免了欺诈和垄断行为；其次，期货市场供求集中，统一在期货交易所进行交易，从而期货市场的信息质量较高，一方面公开竞价能反映众多市场参与者的预期，另一方面集中交易避免了信息的分散；最后，由于期货市场是对未来商品的价格进行交易，因此期货价格具备预期性。

价格发现是国债期货的核心功能之一，如果国债期货市场不具备这个核心功能，国债期货市场的发展就不够完善。国债期货的另一核心功能风险管理也依附于价格发现功能。除此之外，国债现货的到期收益率是市场利率的重要组成部分，国债期货的价格是在现有信息集下对国债现货将来价格的预期，这个预期价格如果能够较好地反映未来国债现货的价格走势，意味着它能够揭示未来的收益率水平及资金供求等状况，有利于形成一个合理的利率体系，对于我国国债期货市场的参与者规避投资风险、提高投资效率等具有重要意义。本课题聚焦我国十年期国债期货，对其价格发现功能进行研究。我们之所以选择十年期国债期货作为研究对象：一方面，我国十年期国债期货自推出以来，很快成为交易量最大、成交最为活跃的国债期货品种，相较其他期限的国债期货，十年期国债期货的市场需求量更大，并且十年期国债期货的时间跨度更长，对利率走向判断的指导作用也更强；另一方面，由于五年期国债期货推出较早，我国已有较多相关文献进行研究，数据方面也由一开始的仿真交易数据变为高频数据，而十年期国债期货的推出时间较晚，对于其价格发现功能进行研究的相关文献几乎缺失，但十年期国债期货上市至今已有近六年时间，可以获得充足的交易数据。因此本课题综合考虑研究价值和现实意义，选择十年期国债期货作为研究对象，通过高频数据检验期货市场的价格发现功能。之后，本课题通过日数据对近一年三个品种的国债期货市场的价格发现功能进行了检验，发现二年期国债期货尚不具备价格发现功能，而五年期、十年期已具备价格发现的能力，并且十年期日数据的检验与高频数据检验得到的结果一致。

二、 文献综述

期货市场具备价格发现功能主要是期货市场具有的交易成本低、透明度高、公开集中交易、成交活跃和期货价格的预期性等特征使得期货市场反映信息的速度更快。期货市场价格发现的理论界定虽然清晰，但在实证中没有一个统一的表述，目前主要有以下几种观点：

（1）萨缪尔森（Samuelson）在 1965 年提出期货的价格是在现有信息集下对未来现货价格的无偏估计，在对期货市场进行实证检验时若构造线性模型 $S_T = a + bF_{t,T} + \varepsilon$，其中 S_T 为未来现货价格，即在 T 期的价格，$F_{t,T}$ 为到期日为 T 的期货在 t 期的价格，即期货的当前价格。若市场有效，期货具有价格发现功能，基于无偏估计的理论，则实证检验的结果应为 $a=0$，$b=1$。比格曼（Bigman）在 1983 年就基于这种理论对玉米、小麦和大豆期货的价格发现功能进行了检验，发现这三种期货并不具备价格发现功能。巴塔查里亚（Bhattacharya）在 2007 年判定期货市场无效的依据之一正是期货价格不是现货价格的无偏估计。然而，这种理论在后来却受到了质疑，一方面，期货价格和现货价格的时间序列数据经实证检验后发现是非平稳的，不能直接简单地将两个价格的时间序列构造线性模型进行回归。马伯利（Maberly）在 1985 年提出 Bigman 实证结果的产生是应用 OLS 删除部分样本数据的结果，埃兰（Elam）在 1988 年提出由于价格数据的非平稳性，Bigman 传统模型的检验是不合理的；另一方面，由于现实世界中交易成本的存在，只有当期货与未来现货的价差超过交易成本时，期现套利者才会有利可图去进行套利，进而实现市场的均衡。因此在具备价格发现功能的国债期货市场，期货价格也并不一定是现货价格的无偏估计。陈蓉在 2008 年对期货价格的实证检验进行了说明，认为不能将无偏理论作为判定标准，徐苏江在 2015 年通过极大似然估计检验，得出国债期货对国债现货的协整关系估计量为 0.85，不是无偏估计量，但之后通过误差修正模型、格兰杰因果关系等方法进行进一步的检验，认为中国国债期货具备价格发现功能。综上所述，国债期货价格即使不是国债现货价格的无偏估计，也不能直接判断国债期货不具备价格发现功能，需要进行更多的实证检验。

（2）通过研究期、现价格的相互引导关系来研究期货市场的价格发现功能。具体来说，通过研究期货价格的滞后值来确定是否会影响现货价格。如果有影响，则说明了期货的价格引导了现货的价格，期货市场具有价格发现功能；相反，如果现货价格的滞后值影响了期货价格，并且期货价格滞后值对现货价格无影响，则说明了现货价格引导了期货价格，期货市场不具备价格发现功能。当下流行的检验期货市场的价格发现功能多是基于这种思路。鉴于期、现价格的非平稳性，沈（Shen）在 1990 年提出应该使用协整检验来研究价格发现功能，现今多数学者都是通过这种方法考察期、现市场的长短期均衡关系。期货市场价格发现的研究在我国最初源自对商品期货的研究，如华仁海 2002 年对上海期货交易所的铝、铜金属期货的价格发现功能进行了实证研究，主要通过误差修正模型、格兰杰因果检验和 Garbade-Silber 模型发现了金属铜期货和现货价格存在双向引导关系，并且铜现货起着价格发现的主要作用；而金属铝的期货价格是在铝的价格发现功能中起着决定性的作用。伊克夫在 2020 年采取了华仁海类似的方法检验了我国橡胶期货的价格发现功能，发现橡胶期、现货之间存在双向引导关系，但期货发现能力更强。我国国债期货价格发现的研究最早是对 2012 年 2 月中金所推出的仿真交易的数据进行研究。如周冰 2013 年通过格兰杰因果检验发现国债期货仿真交易市场并不具备价格发现功能，认为可能是由于仿真交易并不能充分反映市场信息及投资者的预期。王苏生和于永瑞等于 2017 年在上述研究的基础上，改善了对数据的处理方式，选择使用中国五年期国债期货和现货的 5 分钟高频数据以更好地满足实证检验中要求的大样本性质，最终发现我国国债期货已具有价格发现能力，但还有待进一步提升。张恒阳 2020年基于 VAR 模型检验了一年期利率波动对二年期国债的影响，实证结果并不显著，意味着二年期国债不能反映市场利率的变动，价格发现功能有待进一步提高。夏俊 2020 年以 5 年国债指数作为现货价格数据，通过 VECM 模型检验认为我国五年期国债期、现货之间的均衡关系较为稳定。杜朝运和郭晟宇在 2020 年通过选取近五年的十年期国债期、现货的日数据对价格发现功能进行检验，发现国债现货的对数收益率受到国债期货的对数收益率滞后一、二期的影响，并认为国家允许更多金融机构参与国债期货的交易，会使得国债期货市场的流动性得到增强，进而加强国债期货对国债现货的价格引导能力。

（3）有学者认为研究期货和现货价格之间的引导关系并不一定能反映信息在两个市场间进行了传递，他们认为仅仅研究价格的传导关系并不足以支撑价格发现功能的研究，期货市场具备价格发现功能不仅仅意味着期货价格会引领现货价格，更意味着期货市场会向现货市场传递信息，期货市场的波动会传递给现货市场。罗丝（Rose）1989 年提出信息在两个市场间进行传递与收益率的波动具有相关性，信息先到达的市场价格先波动，并且会将这种波动传递给其他市场。这种研究理论被称为波动溢出效应，具体来说，一个市场价格受到冲击不仅会影响另一个相关市场的价格水平，还会影响相关市场价格的波动性。在实证中对于波动性的研究多是通过 GARCH 模型检验，胡秋灵和马丽 2011 年研究我国股票和债券市场的波动溢出，基于 BEKK-GARCH 模型将股票市场不同行情进行划分并与债券市场联立进行了检验，发现不同行情下具有不同的溢出效应。张雪莹 2015 年通过 BEKK-GARCH 模型发现我国五年期国债期货与国债现货具有双向的波动溢出效应，并且期货的波动溢出更强。曹玲玲和何春艳 2015 年基于 DCC-GARCH 模型发现国债期货和国债现货的价格具有较强的联动性，但没有具体分析波动溢出效应。Dengli Tang，Yuanhua Yang 在 2018 年通过 5 分钟高频数据对中国五年期国债期货进行了检验，发现期货对现货的波动溢出更强。燕志鹏和顾新莲 2020 年基于 BEKK-GARCH 模型研究了焦煤期货价格发现功能，认为焦煤期货具备价格发现功能，并且在价格发现中，期货的贡献度与手续费负相关，但与保证金的比例呈现正相关。王良和李璧肖 2020 年通过三元 BEKK 模型对原油期货的波动溢出进行了检验，发现原油期货对原油现货的波动溢出总体更为显著且持续时间更长。

综上所述，期货市场的价格发现功能在实证中的检验标准主要有三种：基于无偏估计理论判断期货价格的无偏性；基于价格引导关系判定期货价格的领先性；基于信息传递比较期现市场的波动溢出效应。本课题在前人的研究基础上认为价格引导关系和波动溢出效应的判断标准更为合理，而无偏估计的理论则具有一定的缺陷。因此本课题将分别从价格引导和波动溢出两个视角对十年期国债期货的价格发现功能进行实证研究。另外，与五年期国债期货相比，对十年期国债期货的相关研究较少。而与二年期国债期货相比，十年期国债期货则更受市场欢迎，因此对十年期国债期货的价格发现功能进行研究更具实用性。故本课题旨在针对我国推出的十年期国债期货，运用协整检验、向量误差修正模型、格兰杰因果检验、方差分解和 BEKK-GARCH 模型等方法，通过市场交易的数据从波动溢出和价格引导两方面进行实证分析，进而研究我国十年期国债期货是否具备了价格发现功能。

三、 数据和研究方法

（一）数据选择

本课题主要研究我国十年期国债期货价格与现货价格之间的关系。期货价格数据来源于 wind 数据库，以上市交易的十年期国债期货的 5 分钟收盘价作为期货价格。国债期货合约在一定时间内都会到期，并且在进入交割月份后，交易量会较少，数据容易突变。为了获得连续的期货价格序列，大多数学者通常选择近期月份的期货合约的日收盘价作为期货价格。本课题在此方法上做了一定的改进：一方面，通过选用 5 分钟高频数据来尽量避免数据的突变，增强数据的稳定性，并提高实证结果的精度；另一方面，本课题采取期货合约进入交割月的前一个月就选用下一个最近期月份的期货合约。这样既能确保所选择的合约大多都为主力合约，又能在很大程度上避免简单选用主力合约引起的合约频繁切换从而无法准确反映市场真实情况。

一般关于国债现货的价格数据，考虑用 CTD 价格并经转换因子调整得到连续的现货价格序列。但在市场交易中，由于流动性等原因，CTD 价格的有关数据并不一定能及时获得。为了获得现货价格的 5 分钟高频数据，笔者用国债 ETF 指标替代 CTD 并通过加权转换因子调整作为现货价格。一方面，国债 ETF 是由众多国债组成，与国债具有紧密关联；另一方面，国债 ETF 交易活跃，流动性较强，5 分钟高频数据通过 wind 可以直接获得。因此本课题选取与十年期国债期货联系紧密且流动性较好的国泰上证十年期国债 ETF（511260）作为国债现货的替代，数据来源于 wind 数据库。

另外，本课题通过日数据对二年、五年和十年期三种国债期货市场的价格发现功能分别进行了检验。由于二年期国债期货并无相应的国债 ETF，并且日数据较易获得 CTD 的相关数据，因此在这部分实证中，本课题选用 CTD 作为国债现货再次对价格发现功能进行了检验，数据来源于 wind 数据库。

（二）数据处理

本课题主要样本的时间跨度为 2017 年 11 月 1 日到 2020 年 12 月 9 日，样本起始时间为 2017 年，主要是因为国泰上证十年期国债 ETF（511260）是在 2017 年发售的。国债期货与国债 ETF 的交易时间并不一致，因此剔除时间不一致的数据，共得到 13 886 对数据，删除一对显然异常的数据，实证数据共 13 885 对。同时，不同的国债组成国债 ETF，因此国债 ETF 的转换因子是由不同债券的转换因子加权而成的，转换因子的数据来源于中国金融期货交易所。以 2019 年 6 月 30 日的国泰上证十年期国债 ETF 的构成为例，表 2-1 是持仓占比和对应的转换因子，据此算出该时期国债 ETF 对应的加权转换因子为 1.026 8。同理，分别算出 2017 年 11 月 1 日到 2020 年 12 月 9 日各时期国债 ETF 对应的加权转换因子，并将国债 ETF 的价格经过转换因子调整为标准券价格，从而得到国债现货连续的价格序列。另外为了减少异方差性，对所得到的十年期国债期、现价格做对数处理，并记为 lnFt 和 lnSt。

表 2-1 国泰上证十年期国债 ETF 持仓和对应的转换因子

序号	品种代码	品种简称	占基金资产净值比例/%	转换因子
1	180 027. IB	18 附息国债 27	66.37	1.019 9
2	180 011. IB	18 附息国债 11	9.76	1.052 3
3	180 019. IB	18 附息国债 19	9.66	1.042 0
4	180 028. IB	18 附息国债 28	4.73	1.019 7
5	019 586. SH	18 国债 04	2.58	1.062 8
6	加权			1.026 8

另外，通过日数据分别检验二年、五年和十年期国债期货市场的价格发现的研究中，样本时间跨度为 2019 年 12 月 2 日到 2020 年 12 月 31 日，得到期货数据 265 * 3，现货数据 265 * 3，并将数据进行对数化处理，二年、五年和十年期期、现价格的对数分别记为 lnftts 和 lnstts、lnfttf 和 lnsttf、lnftt 和 lnstt。

（三）研究方法

本课题首先对十年期国债期货和现货的价格引导关系进行实证检验。如果我国十年期国债期货市场具备价格发现功能，那么国债期货的价格变动应当领先于国债现货的价格变动，考虑到这一点，本课题借助计量经济学中的 Granger 因果检验进行实证分析。Granger 因果检验的前提是理论上存在因果关系，而国债期货是对国债现货的未来价格的预期，在理论层面期货与现货价格无疑是满足 Granger 因果检验的前提的，因此我们可以通过此检验验证现实的交易数据中是否符合这种因果关系。期货与现货价格理论上的长期均衡关系，可以通过 VECM 模型衡量。一方面，VECM 模型可以反映国债期货与现货价格的长期均衡关系，并且误差修正项的系数能够反映偏离长期均衡时的调整速度；另一方面，VECM 模型中各滞后项的系数能够反映短期变动对于被解释变量的影响。据此，使用 VECM 模型能较好地考察国债期货与现货价格的长期均衡关系，并对期货的价格发现功能从短期和长期进行检验。另外，由于时间序列数据多是非平稳的，因此我们先要进行平稳性检验。完成对数据的检验后，我们则通过实证模型检验十年期国债期货是否具备价格发现功能。下面将对向量误差修正模型和格兰杰检验进行简单介绍：

1. 向量误差修正模型（VECM）

VECM 模型的一般表达式：$\triangle Y_t = c + \alpha \, ecm_{t-1} + \beta_1 \triangle Y_{t-1} + \cdots + \beta_{p-1} \triangle Y_{t-p+1} + u_t$。其中 c 为常数矩阵；ecm_{t-1} 为误差修正项，它表明的是变量之间的长期均衡关系；α 为误差修正项的系数矩阵，当变量变动或偏离时，α 反映了 ecm_{t-1} 对变量的调整速度；解释变量的各项系数矩阵 β_i 则反映了短期解释变量的变动对被解释变量的影响；p 为滞后项；μ_t 为随机误差项。由于本课题主要的研究变量只有两个，因此本课题的向量误差修正模型可分开写为：

$$\triangle \ln Ft = c_1 + \alpha_1 \, ecm_{t-1} + \sum_{i=1}^{p-1} \gamma_{1i} \triangle \ln F_{t-i} + \sum_{i=1}^{p-1} \beta_{1i} \triangle \ln S_{t-i} + \mu_{1t}$$

$$\triangle \ln St = c_2 + \alpha_2 \, ecm_{t-1} + \sum_{i=1}^{p-1} \gamma_{2i} \triangle \ln F_{t-i} + \sum_{i=1}^{p-1} \beta_{2i} \triangle \ln S_{t-i} + \mu_{2t}$$

2. 格兰杰因果检验（Granger）

模型 1：$\ln Ft = c + \sum_{i=1}^{p} \alpha_i \ln F_{t-i} + \sum_{i=1}^{p} \beta_i \ln S_{t-i} + \mu_t$

原假设 $H_0: \beta_1 = \beta_2 = \cdots = \beta_p = 0$ 意味着现货价格的滞后值对期货价格并无影响，即现货价格不是期货价格的格兰杰原因。实证结果若拒绝原假设，则意味着现货价格的滞后值对期货价格的变化有影响，现货价格会引导期货价格。

模型 2：$\ln St = c + \sum_{i=1}^{p} \alpha_i \ln F_{t-i} + \sum_{i=1}^{p} \beta_i \ln S_{t-i} + \mu_t$

原假设 $H_0: \alpha_1 = \alpha_2 = \cdots = \alpha_p = 0$ 意味着期货价格的滞后值对现货价格并无影响，也即期货价格不是现货价格的格兰杰原因。实证结果若拒绝原假设，则意味着期货价格的滞后值对现货价格的变化有影响，期货价格会引导现货价格。

另外，有学者认为价格之间的传导关系并不一定反映了信息在两个市场间的传递，信息的传递需要通过二阶矩即波动性来检验，因此本课题通过 BEKK-GARCH 模型对波动溢出效应进行检验。BEKK-GARCH 模型能够反映协方差和方差是否受到前期方差和扰动项的影响，引入期货和现货的前期扰动项和方差，可以根据非对角元素是否显著判断期货（现货）是否受到现货（期货）波动的影响，并根据元素的大小判断期货市场的波动溢出效应是否更强。BEKK-GARCH 模型方差方程的一般表达式可记为：$H_t = MM' +$

$A(u_{t-1}\ u'_{t-1})\ A' + BH_{t-1}\ B'$，其中 H_t 为条件协方差矩阵，M 为常数矩阵，A 为 ARCH 系数矩阵，B 为 GARCH 系数矩阵。由于本课题的研究变量只有两个，因此 BEKK-GARCH 模型的具体矩阵形式为：

$$\begin{pmatrix} h_{11,t} & h_{12,t} \\ h_{21,t} & h_{22,t} \end{pmatrix} = \begin{pmatrix} m_{11} 0 \\ m_{21} & m_{22} \end{pmatrix} \begin{pmatrix} m_{11} 0 \\ m_{21} & m_{22} \end{pmatrix}' +$$

$$\begin{pmatrix} a_{11} & a_{12} \\ a_{21} & a_{22} \end{pmatrix} \begin{pmatrix} u_{1,t-1}^2 & u_{12,t-1} \\ u_{21,t-1} & u_{2,t-1}^2 \end{pmatrix} \begin{pmatrix} u_{1,t-1}^2 & u_{12,t-1} \\ u_{21,t-1} & u_{2,t-1}^2 \end{pmatrix}' \begin{pmatrix} a_{11} & a_{12} \\ a_{21} & a_{22} \end{pmatrix}' +$$

$$\begin{pmatrix} b_{11} & b_{12} \\ b_{21} & b_{22} \end{pmatrix} \begin{pmatrix} h_{11,t-1} & h_{12,t-1} \\ h_{21,t-1} & h_{22,t-1} \end{pmatrix} \begin{pmatrix} b_{11} & b_{12} \\ b_{21} & b_{22} \end{pmatrix}$$

波动溢出效应的检验主要是检验 A、B 矩阵中的各项元素是否显著，其中，对角元素表示变量是否受自身波动的影响，非对角元素则表示变量是否受另一变量波动的影响。如果存在波动溢出效应，那么非对角元素至少有一个会在统计上显著，如果都显著，则通过比较绝对值的大小来判断波动溢出效应的强弱，并据此分析我国十年期国债期货市场向现货市场传递信息的能力是否比现货市场向期货市场传递信息的能力强。在价格引导关系实证检验的基础上通过波动溢出效应再次检验我国十年期国债期货市场是否已经具备价格发现功能。

四、 实证检验

（一） 二年、五年和十年期国债期货成交数据对比

本课题对 2018—2020 年三种国债期货的成交量和成交金额进行对比，从数据上证实十年期国债期货在国债期货市场上占据主导地位，对研究国债期货市场的价格发现功能更具现实意义。如表 2-2 所示，在 2018 年、2019 年和 2020 年，无论是在成交量还是成交额上，十年期国债期货都远超五年期和二年期国债期货，甚至二者之和都低于十年期国债期货，这充分说明市场对于十年期国债期货的需求更大。因此，十年期国债期货市场应当更具备有效性和代表性，反映信息的速度相比五年期和二年期国债期货市场应当更迅速。故本在后续的实证部分对十年期国债期货市场的价格发现功能进行检验，对揭示国债期货市场的价格发现功能更具有研究价值和实践意义。

表 2-2　2018—2020 二、五、十年期国债期货成交数据

年份	种类	成交量/手	成交额/亿元
2018	十年期国债期货	8 988 739	85 175.79
2018	五年期国债期货	1 842 894	17 965.14

表2-2（续）

年份	种类	成交量/手	成交额/亿元
2018	二年期国债期货	34 093	678.35
2019	十年期国债期货	9 246 206	90 403.39
2019	五年期国债期货	1 798 330	17 907.74
2019	二年期国债期货	1 987 566	39 847.11
2020	十年期国债期货	15 912 311	158 326.03
2020	五年期国债期货	5 809 792	58 698.73
2020	二年期国债期货	2 312 956	46 664.49

（二）价格引导关系的实证分析

1. 描述性分析

图 2-1 中左图为剔除时间不一致的数据后十年期国债期、现对数价格走势图，显然，我们可以发现现货的对数价格有一组异常数据，删除该数据后得到的样本容量为 13 885 对，其价格走势如图 2-1 中右图所示。观察该价格走势图，不难发现，十年期国债期、现货的对数价格存在某种相关关系，因此需要进一步通过实证模型检验这种关系。

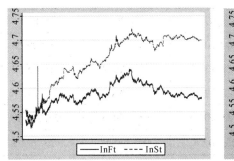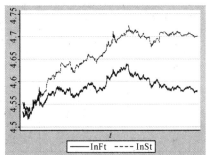

图 2-1　十年期国债期、现货对数价格走势

2. ADF 检验

在模型检验前，需要验证数据的平稳性。由表 2-3 可知，十年期国债期、现货的对数价格的 $Z(t)$ 统计量的绝对值均小于临界值的绝对值，因此不能拒绝原数据是非平稳的假设，相应的 p 值也表明期、现的对数价格序列均是非平稳的。进一步对期、现对数价格的一阶差分进行检验。由表 2-3 易得，期、现对数价格一阶差分（对数收益率）的 $Z(t)$ 统计量绝对值大于临界水平，相应的 p 值也表明期、现对数收益率是平稳的。因此，十年期国债期货和现货的对数价格均为 $I(1)$。

表 2-3 期货、现货对数价格及差分的 ADF 检验

变量	$Z(t)$ 统计量	1%临界值	p 值
$\ln F_t$	−1.544	−3.960	0.813 4
$\ln S_t$	−1.193	−3.960	0.911 9
$\triangle \ln F_t$	−60.096	−3.960	0.000 0
$\triangle \ln S_t$	−65.532	−3.960	0.000 0

3. 协整检验

由 ADF 检验可知，十年期国债期、现对数价格是非平稳的，均为 I(1) 过程，因此需要对期、现价格进行协整检验，以判断期、现价格是否具有协整关系。协整检验需要确定期、现对数价格的最佳滞后项，最佳滞后项的估计如表 2-4 所示，可以明确看出滞后四阶最佳，因此应选择滞后四阶进行检验。确定四阶滞后阶数后进行协整秩检验，结果如表 2-5 所示，期、现对数价格的协整秩为 1，即两者之间存在协整关系，协整关系为 $\ln F_t = 0.507\,3\ln S_t + 2.213$，取指数后可以显然发现期货价格并不是现货价格的无偏估计。

表 2-4 最佳滞后阶数的检验

滞后阶数	FPE	AIC	HQIC	SBIC
0	4.60E−07	−8.910 75	−8.910 39	−8.909 66
1	1.70E−13	−23.739 5	−23.738 4	−23.736 2
2	1.60E−13	−23.796 2	−23.794 4	−23.790 8
3	1.60E−13	−23.801 3	−23.798 8	−23.793 7*
4	1.6E−13*	−23.802 6*	−23.799 4*	−23.792 8

表 2-5 期、现对数价格的协整检验

假设	迹检验	5%临界值	最大特征值检验	5%临界值
H_0：$r=0$	35.407 4	18.17	33.094 3	16.87
H1：$r \leqslant 1$	2.313 1*	3.74	2.313 1	3.74

4. 误差修正模型

由协整检验已知，十年期国债期、现货的对数价格存在协整关系，在此基础上，构建 VECM 模型来考察短期偏离和长期均衡对期货和现货对数价格的影响，并据此研究期、现的价格引导关系。

误差修正模型建立在期、现对数价格的一阶差分（即期、现的对数收

益率）的基础上，故应选择滞后 3 阶进行估计，估计结果如表 2-6 所示。从误差修正项的系数来看：一方面，现货对数收益率相应的系数大于期货对数收益率相应的系数，这表明偏离均衡时，现货市场的调整幅度会更大，即意味着现货市场的信息处于劣势，而期货市场具有信息优势；另一方面，观察 p 值可知，期货对数收益率的系数并不显著，而现货对数收益率的系数在 1% 的水平下显著，说明期、现偏离均衡时，现货将进行调整，期货受到的影响较小，即意味着期货引领了现货。因此，从误差修正项的系数来看，也从长期均衡关系来看，期货的价格引导了现货的价格。在期货的误差修正方程中，滞后 1、2 期的期货对数收益率的参数估计均显著，而对于各滞后期的现货对数收益率的参数估计均不显著，说明期货的对数收益率在短期受自身前期的影响，而不受现货前期的影响，即意味着现货价格对于期货的影响相对较少，期货价格更受自身前期值的影响。在国债现货的误差修正方程中，前三期的期货对数收益率的参数估计均显著，前二期的现货对数收益率的参数估计也均显著，说明现货对数收益率受期货前期对数收益率的影响，也受自身前期值的影响，即意味着现货的价格既受到自身前期的影响，也受到期货价格的影响。另外，在国债现货误差修正方程中，比较期货对数收益率前期和现货对数收益率前期相应系数的大小，发现期货对数收益率前期的系数均大于现货对数收益率前期的系数，说明现货对数收益率虽然受到自身前期的影响，但期货对数收益率的影响占据主要地位。因此，VECM 模型清楚的表现了我国十年期国债期货的价格引导现货的价格。

表 2-6　VECM 模型估计结果

变量	$\triangle \ln Ft$ 估计结果			$\triangle \ln St$ 估计结果		
	参数估计值	标准差	p 值	参数估计值	标准差	p 值
ecmt-1	0.000 109 3	0.000 317 7	0.731	0.001 43	0.000 425	0.001
$\triangle \ln Ft$-1	-0.028 087 8	0.008 606 1	0.001	0.127 942 4	0.011 502	0.000
$\triangle \ln Ft$-2	-0.023 881 3	0.008 646	0.006	0.072 233 9	0.011 555	0.000
$\triangle \ln Ft$-3	-0.001 654 4	0.008 651 1	0.848	0.053 978 6	0.011 562	0.000
$\triangle \ln St$-1	0.001 539 8	0.006 424 5	0.811	-0.243 653 1	0.008 586	0.000
$\triangle \ln St$-2	-0.011 32	0.006 593 7	0.086	-0.060 688 8	0.008 813	0.000
$\triangle \ln St$-3	-0.004 040 2	0.006 404 9	0.528	-0.021 030 2	0.008 56	0.014
c	2.57E-06	5.52E-06	0.642	-1.96E-07	7.38E-06	0.979

5. 格兰杰因果检验

在 VECM 模型的基础上，我们进一步通过格兰杰因果检验考察，检验结果如表 2-7 所示。根据检验结果，我们可以拒绝"国债期货对数价格不是国债现货对数价格的格兰杰原因"的假设，但无法拒绝"国债现货对数价格不是国债期货对数价格的格兰杰原因"。由此可以得出结论，十年期国债期货的价格领先于现货价格，再次证实了 VECM 模型中所得到的结论。

表 2-7　格兰杰因果检验

原假设	F 统计量	p 值
$\ln Ft$ 不是 $\ln St$ 的格兰杰原因	185.87	0.000
$\ln St$ 不是 $\ln Ft$ 的格兰杰原因	3.750 1	0.441

6. 脉冲响应函数和方差分解

由格兰杰因果检验可知，我国十年期国债期货对数价格是现货对数价格的格兰杰原因，但现货对数价格并不是期货对数价格的格兰杰原因，因而脉冲响应函数所依赖的变量顺序应该是 $\ln Ft$、$\ln St$，方差分解也应以此顺序进行。脉冲响应着重于分析国债期货和国债现货受到新信息冲击后的影响。图 2-2（a）为我国十年期国债期货对现货的脉冲响应，由图 2-2（a）可知，给国债期货一个单位的现货对数价格残差的冲击，国债期货至多变化 0.001 个百分点，变化幅度很小；图 2-2（b）为国债现货对期货的脉冲响应，由图 2-2（b）可知，给国债现货一个单位的期货对数价格残差的冲击，国债现货至少变化 0.01 个百分点，即国债现货对国债期货冲击的响应幅度至少是国债期货对国债现货冲击的响应幅度的 10 倍。也就是说我国十年期国债期货对现货的影响更为显著。图 2-3 为同一坐标刻度对比，可以更加明显地发现国债现货一个单位对数价格残差的冲击对国债期货几乎没有影响，而国债期货对现货的引导则非常明显。

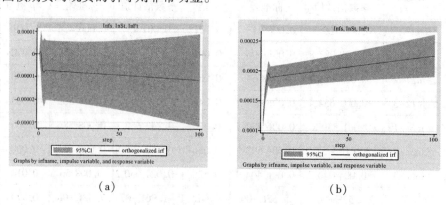

（a）　　　　　　　　　　　（b）

图 2-2　国债期、现货对现、期货的脉冲响应

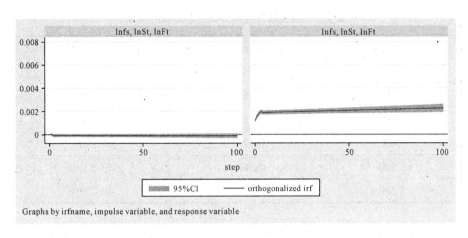

图 2-3　十年期国债期货、现货脉冲响应结果

方差分解着重于分析十年期国债期货和现货对数价格对预测方差的贡献程度。本课题由于选用的为 5 分钟高频数据，因此预测阶数应较高。由表 2-8 可知，在十年期国债期货对数价格的方差分解中：第 1 期国债期货对数价格的贡献占比为 100%，国债现货对数价格的贡献占比为 0；在第 1 500期国债期货对数价格的贡献占比为 99.470%，国债现货对数价格的贡献占比为 0.530%。这表明国债期货对数价格的方差分解中，现货对数价格并不产生显著贡献，主要是国债期货受自身的影响。而在国债现货对数价格的方差分解中则不同，如表 2-9 所示，国债现货对数价格的方差分解中：第 1 期国债现货对数价格的贡献占比为 97.484%，国债期货对数价格的贡献占比为2.516%；第 1 500 期国债现货对数价格的贡献占比为 46.775%，国债期货对数价格的贡献占比则为 53.225%。这表明在国债现货对数价格的方差分解中，前期主要为国债现货自身对数价格的贡献，但之后每期国债期货对数价格的贡献占比都在增大，在第 1 500 期，国债期货对数价格的贡献占比已经超过现货自身的贡献占比，国债期货对现货的影响相较现货自身的影响更为显著。

表 2-8　国债期货对数价格方差分解的结果

预测阶数	$\ln Ft$ 贡献度	$\ln St$ 贡献度
1	100.000%	0.000%
300	99.925%	0.075%
600	99.837%	0.164%
900	99.726%	0.274%
1 200	99.602%	0.398%
1 500	99.470%	0.530%

表 2-9　国债现货对数价格方差分解的结果

预测阶数	lnFt 贡献度	lnSt 贡献度
1	2.516%	97.484%
300	19.418%	80.582%
600	29.172%	70.828%
900	38.402%	61.598%
1 200	46.477%	53.523%
1 500	53.225%	46.775%

脉冲响应函数和方差分解的结果再次支持了 VECM 模型和 Granger 因果检验中所得到的结论。

(三) 波动溢出效应的实证分析

信息传递的波动溢出效应的检验结果如表 2-10 所示，由 p 值可知，所有参数的估计结果均显著。因此，可以证实我国十年期国债期货市场与现货市场存在波动溢出效应。对角元素 a11 和 b11 代表了国债期货受前期期货波动的影响；a22 和 b22 代表了国债现货受前期现货波动的影响。非对角元素 a12 和 b12 表示我国十年期国债期货市场向现货市场的波动溢出，a12、b12 分别表现为 ARCH、GARCH 型效应。参数估计结果均显著，说明我国十年期国债期货市场的波动会传递给现货市场；非对角元素 a21 和 b21 表示了我国十年期国债现货市场向期货市场的波动溢出，a21、b21 分别表现为 ARCH、GARCH 型效应。参数估计结果均显著，意味着我国国债现货市场的波动会传递给期货市场。故我国十年期国债期货市场与现货市场存在双向的波动溢出。从参数估计的绝对数来看，∣a12∣>∣a21∣（0.011 876>0.002 417），说明期货市场对现货市场的 ARCH 型效应更强；∣b12∣>∣b21∣（0.009 375>0.002 335），则说明期货市场对现货市场的 GARCH 型效应更强。因此，通过 BEKK-GARCH 模型的检验，我们发现我国十年期国债期货市场与现货市场存在双向的波动溢出效应，并且期货的溢出更强，从信息传递的视角再次证实了我国十年期国债期货市场已具备价格发现功能。

表 2-10　BEKK-GARCH 模型的估计结果

参数	估计结果	标准差	t 值	p 值
m11	-0.000 587	0.000 009	-65.307 170	0.000 000
m21	0.000 080	0.000 025	3.160 460	0.001 575
m22	0.000 259	0.000 035	7.401 280	0.000 000

表2-10（续）

参数	估计结果	标准差	t 值	p 值
a11	2.475 576	0.024 237	102.139 790	0.000 000
a12	−0.011 876	0.000 282	−42.162 520	0.000 000
a21	−0.002 417	0.000 159	−15.247 170	0.000 000
a22	2.483 086	0.024 474	101.459 630	0.000 000
b11	0.356 434	0.009 239	38.578 910	0.000 000
b12	0.009 375	0.000 749	12.516 790	0.000 000
b21	0.002 335	0.000 118	19.861 270	0.000 000
b22	0.351 720	0.009 481	37.097 010	0.000 000

（四）二年、五年和十年期国债期货价格发现功能的对比

我们首先通过 ADF 检验发现二、五和十年期国债期现的对数价格均为 I（1）。检验结果如表 2-11 所示，lnftts 和 lnstts 的 p 值分别为 0.735 1 和 0.726 7，二年期国债期货和现货的对数价格是非平稳的。同理，五年期和十年期国债期、现的对数价格均是非平稳的。因此我们对对数收益率的平稳性进行检验，△lnftts 和 △lnstts 的 p 值均为 0，二年期国债期、现对数收益率序列是平稳的。同理，五年期和十年期国债期、现的对数收益率均是平稳的。

表 2-11 平稳性检验

变量	Z (t) 统计量	1%临界值	p 值
lnftts	−1.735 0	−3.990 0	0.735 1
lnstts	−1.754 0	−3.990 0	0.726 7
△lnftts	−9.709 0	−3.990 0	0.000 0
△lnstts	−9.348 0	−3.990 0	0.000 0
lnfttf	−1.866 0	−3.990 0	0.672 0
lnsttf	−1.881 0	−3.990 0	0.664 4
△lnfttf	−9.537 0	−3.990 0	0.000 0
△lnsttf	−8.889 0	−3.990 0	0.000 0
lnftt	−2.127 0	−3.990 0	0.531 1
lnstt	−2.041 0	−3.990 0	0.578 8
△lnftt	−8.857 0	−3.990 0	0.000 0
△lnstt	−8.623 0	−3.990 0	0.000 0

VECM 模型的估计结果如表 2-12 所示。从误差修正项的系数来看：二年期国债期、现货的 VECM 模型中，期货和现货对数收益率相应的系数均不显著，说明二年期国债期、现的长期均衡对二年期国债期、现的价格影响较小，期、现的价格引导关系需要进一步论证；五年期国债期、现货的 VECM 模型中，期货对数收益率相应的系数不显著，而现货对数收益率的系数显著，说明五年期国债期货价格与现货价格偏离均衡时，对期货价格的影响较小，而现货价格将进行调整，即意味着期货价格会引领现货价格；十年期国债期、现的误差修正模型中可以得到与五年期国债期、现货相同的结论。因此，从 VECM 模型中，发现五年和十年期国债期货市场已经具备价格发现功能，而二年期国债期货市场的价格发现功能则难以判断，需要进一步的检验。

表 2-12　二年、五年、十年期的 VECM 模型估计结果

变量	$\triangle \ln ftts$ 估计结果		$\triangle \ln stst$ 估计结果	
	参数估计值	p 值	参数估计值	p 值
$ecmt-1$	−0.037 3	0.023 0	0.002 4	0.903 0
$\triangle \ln ftts-1$	0.086 7	0.201 0	0.472 2	0.000 0
$\triangle \ln stts-1$	0.038 3	0.478 0	−0.227 4	0.001 0
c	0.000 0	0.981 0	0.000 0	0.756 0
变量	$\triangle \ln fttf$ 估计结果		$\triangle \ln sttf$ 估计结果	
	参数估计值	p 值	参数估计值	p 值
$ecmt-1$	−0.050 1	0.315 0	0.207 8	0.000 0
$\triangle \ln fttf-1$	0.131 6	0.099 0	0.271 6	0.001 0
$\triangle \ln sttf-1$	0.013 9	0.837 0	−0.186 0	0.007 0
c	0.000 0	0.919 0	0.000 0	0.981 0
变量	$\triangle \ln ftt$ 估计结果		$\triangle \ln stt$ 估计结果	
	参数估计值	p 值	参数估计值	p 值
$ecmt-1$	0.014 6	0.275 0	0.107 0	0.000 0
$\triangle \ln ftt-1$	0.040 4	0.528 0	0.276 6	0.034 0
$\triangle \ln stt-1$	−0.052 7	0.073 0	−0.037 4	0.530 0
c	0.000 0	0.954 0	0.000 0	0.997 0

格兰杰因果检验的结果如表 2-13 所示，在二年期中，不能在 1% 的水

平下拒绝现货领先于期货，但可以拒绝期货领先于现货，说明二年期的期货并未引导现货，相反是现货引导了期货。在五年期中，不能在 1% 的水平下拒绝期货领先于现货，但可以拒绝现货领先于期货，说明是期货引导了现货。同理，十年期能得到与二年期相反、五年期相同的结论。格兰杰因果检验表明我国二年期国债期货市场尚不具备价格发现功能，而五年、十年期国债期货市场已经具备价格发现的功能。

表 2-13　二年、五年、十年期的格兰杰因果检验

原假设	F 统计量	p 值
ln$ftts$ 不是 ln$stts$ 的格兰杰原因	0.561 2	0.454 0
ln$stts$ 不是 ln$ftts$ 的格兰杰原因	8.219 6	0.004 0
ln$fttf$ 不是 ln$sttf$ 的格兰杰原因	32.117 0	0.000 0
ln$sttf$ 不是 ln$fttf$ 的格兰杰原因	0.174 5	0.676 0
lnftt 不是 lnstt 的格兰杰原因	28.744 0	0.000 0
lnstt 不是 lnftt 的格兰杰原因	2.709 6	0.100 0

　　二年、五年、十年期国债期货近一年日数据波动溢出效应的检验如表 2-14 所示，其中 tsa12 表示二年期期货对现货的 ARCH 效应，tsb12 表示二年期期货对现货的 GARCH 效应（tsa21，tsb21 则相反，为二年期现货对期货的 ARCH，GARCH 效应）。同理，tfa12 和 ta12 分别为五年期和十年期期货向现货的 ARCH 效应，tfb12 和 tb12 分别为相应年限期货向现货的 GARCH 效应（相应的 a21、b21 则为现货向期货的对应效应）。观察 p 值可知，在二年期市场，ARCH 和 GARCH 效应的系数均不显著，说明二年期国债期、现市场无波动溢出效应，期、现市场之间的信息传递能力较弱；在五年期市场，期货对现货的 ARCH 和 GARCH 型效应的系数均显著，而现货对期货的 ARCH 和 GARCH 型效应的系数均不显著，意味五年期国债期货对现货有单向的波动溢出效应；在十年期市场，期货对现货的 ARCH 和 GARCH 型效应的系数均显著，而现货对期货 ARCH 效应的系数显著，GARCH 效应系数不显著，并且 | ta12 | > | ta21 |，表明十年期市场中，期货与现货存在双向的波动溢出，但期货反映传递信息的能力更强。

表 2-14　二年、五年、十年期的 BEKK-GARCH 模型

参数	估计结果	p 值
tsa12	0.003 8	0.836 3
tsa21	0.022 2	0.062 1

表2-14（续）

参数	估计结果	p 值
tsb12	-0.013 9	0.687 9
tsb21	-0.007 7	0.661 6
tfa12	0.327 7	0.000 0
tfa21	0.004 8	0.899 5
tfb12	-0.482 1	0.000 1
tfb21	-0.098 8	0.161 8
ta12	0.182 8	0.000 4
ta21	-0.014 5	0.048 2
tb12	0.169 3	0.000 2
tb21	-0.015 3	0.088 5

通过日数据检验二年、五年和十年期国债期货市场的价格发现的研究中，我们发现二年期国债期货市场尚不具备价格发现功能，而五年和十年期国债期货市场已具备价格发现功能。十年期国债期货市场近一年日数据的检验与高频数据检验得出了一致的结论，即十年期国债期货已经具备价格发现功能。但从参数检验的显著性来看，高频数据的显著性更强；另外，比较二者 VECM 模型的回归结果，虽然能得到期货价格引领现货价格的一致结论，但我们可以发现低频回归中现货对数收益率所对应的长期均衡关系和一阶滞后期货收益率的系数的绝对值都大于高频回归的结果，这符合逻辑，高频数据更具精确性且频率更高，而日数据频率较低，所面临的调整幅度自然也就较大。

五、结论

本课题基于价格引导和波动溢出考察了我国十年期国债期货的价格发现功能。在价格引导关系方面，我们通过 ADF 检验发现十年期国债期货和现货的对数收益率是平稳的，因此十年期国债期货和现货的价格序列都为 $I(1)$。在此基础上我们通过协整检验发现它们之间存在协整关系，并且协整关系式表明国债期货价格并不是现货价格的无偏估计；研究表明存在长期关系后，进一步通过 VECM 模型和格兰杰因果检验发现我国十年期国债期货的价格能够引导现货的价格；并通过方差分解和脉冲响应证实了上述结论。另外，通过波动性判断期、现市场的信息传递，本课题借助 BEKK-GARCH 模型考察我国十年期国债期货市场与现货市场的波动溢出效应，发现十年期国债期货市场与现货市场存在双向的波动溢出效应，但期货市场的波动溢出更强，表明其传递信息的能力更强，再次证实了我国十年期国债期货市场已经具备价格发现功能。最后，通过近一年的日数据检验了二年、五年和十年期国债期货市场的价格发现功能，我们发现二年期国债现货价格引导期货价格，二年期国债期货市场尚不具备价格发现功能；而五年期和十年期国债期货市场得到了与二年期市场相反的结论，这两类国债期货市场已经具备价格发现功能。在十年期国债期货的研究中，日数据与高频数据的实证检验得到了一致的结论，但高频数据检验的显著性远高于日数据。

参考文献

[1]　陈蓉，郑振龙. 无偏估计、价格发现与期货市场效率：期货与现货价格关系 [J]. 系统工程理论与实践，2008（8）：2-11，37.

[2]　华仁海，仲伟俊. 对我国期货市场价格发现功能的实证分析 [J]. 南开管理评论，2002（5）：57-61.

[3]　王苏生，于永瑞，刘惠敏，等. 基于高频数据的中国国债期货价格发现能力研究 [J]. 运筹与管理，2017，26（6）：117-123，131.

[4]　王晋忠，胡晓帆. 中国国债期货的市场有效性研究 [J]. 经济评论，2015（6）：55-68.

[5]　杨晨辉，刘新梅，魏振祥，等. 基于 VAR 模型的我国期货市场定价效率的实证研究 [J]. 数理统计与管理，2011，30（2）：330-338.

[6]　周冰，陈杨龙. 国债期货核心功能研究及实证检验：基于我国国债期货仿真交易观察 [J]. 财政研究，2013（4）：24-28.

[7]　胡秋灵，马丽. 我国股票市场和债券市场波动溢出效应分析 [J]. 金融研究，2011（10）：198-206.

[8]　徐苏江. 我国国债期货对现货的价格影响 [J]. 上海金融，2015（7）：82-86.

[9]　杜朝运，郭晟宇. 我国国债期货有价格发现功能吗？[J]. 金融市场研究，2020（7）：110-119.

[10]　严敏，巴曙松，吴博. 我国股指期货市场的价格发现与波动溢出效应 [J]. 系统工程，2009，27（10）：32-38.

[11]　左浩苗，刘振涛，曾海为. 基于高频数据的股指期货与现货市场波动溢出和信息传导研究 [J]. 金融研究，2012（4）：140-154.

[12]　宋波，邢天才. 基于价格发现和统计套期保值的铜期货波动溢出效应检验 [J]. 统计与决策，2020，36（12）：148-151.

[13]　曹玲玲，何春艳. 我国国债期货与现货价格的联动分析：基于 DCC-GARCH 模型 [J]. 金融教学与研究，2015（6）：62-66.

［14］张雪莹，龙腾飞. 国债期货与现货之间的价格传导及波动溢出效应［J］. 债券，2015（6）：18-23.

［15］燕志鹏，顾新莲，耿宇宁. 焦煤期货价格发现功能的影响因素研究［J］. 价格理论与实践，2020（8）：116-119.

［16］BIGMAN D，GOLDFARB D，SCHECHTMAN E. Futures markets efficiency and the time content of the information sets［J］. The Journal of Futures Markets，1983，（3）：321-334.

［17］TANG D L，YUANHUA YANG，YU Y. Price discovery and volatility spillover effect in treasury bond futures and spot markets：evidence from China［J］. IOP Conference Series：Materials Science and Engineering，2018，439（3）：32-56.

课题 3　中国国债期货的市场有效性研究

摘要： 本课题针对我国建立不久的国债期货市场，运用无套利均衡分析方法建立期货和现货市场的均衡模型，并使用市场交易数据来分析其市场有效性。实证结果显示，国债期货价格大部分时间处于偏离无套利区间的状态，偏离值大多处于区间 [-1, 1]，回到均衡速度值多数时大于 1，在交易期间存在着较多的套利机会。引入国债 ETF 作为国债现货并使用高频数据的实证结果则验证了上述结论。综合来说，期货市场与现货市场并不均衡，期货市场的效率还有待提升。

关键词： 国债期货；市场有效性；无套利均衡分析

一、引言

国债期货市场是多层次资本市场建设的重要组成部分，具有价格发现和风险管理两大基本功能。早在 1992 年年底，我国就开展过国债期货的试点，但因为当时国债市场不完善、国债交易量较小、风险监管落后及利率非市场化等原因，国债期货试点于 1995 年 5 月被迫关闭。时至今日，市场条件已大为改善，截至 2013 年年末，我国可流通国债余额为 8 万多亿元，占国内生产总值的 15.24%，完全能够支撑国债期货的平稳运行[①]。在价格方面，除了银行存款利率的上限外，货币市场、债券市场和银行贷款的市场化都已经完成。经过多年的发展，我国的市场机制逐渐成熟，监管效率得到显著提高。市场条件的完善为国债期货市场的建立奠定了良好的基础。但是，国债期货市场经济功能的发挥还受到诸多因素的影响，例如，交易机制、流动性和参与者的成熟度等。那么，重新建立的国债期货市场是否有效地发挥了市场功能呢？这需要我们根据国债期货市场运行的实际状况进行检验。

国债期货的市场有效性分为信息有效性和资源配置有效性，前者检验市

---

① 数据来源：中国债券信息网 http://www.chinabond.com。（本文发表在《经济评论》2015 年 6 期上，为 2015 年的研究成果）

场对信息反应的效率，后者结合国债现货市场检验市场资源配置的效率，考查的是国债期货市场与现货市场的均衡关系。

国内以往对市场有效性的界定大多是基于有效市场假说（EMH），检验市场对信息反应的有效性，即信息有效性。相应的实证检验方法主要有随机游走检验法、CAPM 模型法和 GARCH 模型法等。研究的对象早期大多是股票市场，如俞乔、宋颂兴和金伟根、吴世农和吴超鹏、张兵和李晓明、鲁臻和邹恒甫等相继考察过股票市场信息有效性的问题，其检验结果都显示我国股市的信息有效性有待提高。研究对象其次是国债市场，但为数不多，如陈军泽和杨柳勇、李贤平、汤亮，等等。而随着我国资本市场多层次建设的推进，人们开始对衍生品市场加以关注，前期主要以发达国家成熟的期货市场为研究对象，探讨其信息有效性，如蒋舒和吴冲锋；近期则主要以我国新推出的品种如黄金期货、股指期货、国债期货和指数期权等作为研究对象，运用协整理论和 GARCH 模型，探讨其信息有效性，如杨波、张雪莹和龙腾飞、孙桂平。

但事实上，信息有效性只是运用统计学方法讨论了信息和市场价格之间的关系，并没有揭示市场价格变动更深层次的机制和原理，而这需要引入资本市场有效性研究的另一角度——资源配置有效性。早在 20 世纪 60 年代中期，萨缪尔森（Samuelson）就已经区分了市场的信息有效性和资源配置有效性，即对证券市场而言，资源配置有效性包含了两个方面，一方面是指一级市场即发行市场使得资金根据投资回报率流向优质产业，从而促进产业结构的调整和优化；另一方面是指二级市场即交易市场使得资金根据价格信号引导上市公司资源的重新配置。比弗（Beaver）在 1998 年曾指出，市场信息有效性并不包含社会需求性的含义，而只是讨论了信息和市场价格之间的关系，难以推断出其市场信息有效性越大，间接的资源配置效率就越好。这些文献所定义的资源配置有效性虽然针对的是证券市场，讨论的是股市和上市公司之间的均衡和联系，但可以引申到国债期货市场。与之类似，国债期货由于是以国债为标的的金融期货合约，其交易价格、交易方式与交易机制等决定了它与国债现货市场紧密相连，现货市场与期货市场的均衡程度决定着价格信号的质量，影响着资源配置的效率，反映出市场的有效性水平，因而更值得关注和研究。

我们总结国外国债期货市场有效性研究文献发现，在对资源配置有效性的探讨和研究中，主要研究方法是运用无套利均衡分析方法，通过建立期货市场和现货市场的均衡模型，得到期货的均衡价格，当期货价格显著偏离均衡价格时，期货市场就是缺乏效率的，如林德曼（Rendleman）和卡拉比尼（Carabini），埃尔顿（Elton）、格鲁伯（Gruber）和伦茨勒尔（Rentzler）。

　　但是，以上研究都是基于国库券期货市场，其期货均衡价格较易得到，而长期国债期货由于交割债券不确定、交割时间不确定、交割债券的息票利率不一致这三个原因导致其定价十分困难。赫尔（Hull）在 2011 年运用无套利均衡定价，认为在不考虑交易成本和市场摩擦的情况下，长期国债期货市场价格是现货价格以无风险利率在未来获得收益的价格。但这显然不符合实际，而卡玛拉（Kamara）1990 年在研究期货市场有效性时，将交割的不确定性纳入了考虑，运用交割转换期权定价模型，发现交割不确定性对期货市场的有效性有显著影响。然而我国国债期货市场并非采取滚动交割，因而并不存在交割不确定性。而 1990 年赫姆勒（Hemler）则结合长期国债期货定价模型和转换期权定价公式，专门研究了美国 CBOT 长期国债期货合约中的交割债券转换期权，发现该期权的价值并不太大，对于可以将在交割前三个月持有的最便宜交割债券转换为交割时的最便宜交割债券的期权，其平均价值少于面值的 0.30%。但 Hemler 研究的是美国市场，虽然具有一定的参考意义，但并不完全符合我国的国债期货市场现状。

　　综上所述，现阶段关于中国国债期货市场有效性的研究存在缺失。本课题旨在针对我国建立不久的国债期货市场，运用无套利均衡分析方法，通过市场数据实证分析其期现市场的均衡情况，从而验证其市场有效性。本课题创新之处在于：①不同于以往从信息有效性的角度研究市场有效性，本课题是从期现市场均衡即资源配置有效性的角度，对我国国债期货市场的资源配置有效性进行了实证检验；②通过无套利思想建立了期货市场和现货市场的均衡模型，考虑了交割债券转换期权，同时将交易费用、保证金持有成本、税收等因素纳入模型，尽可能接近现实，以实证研究国债期货市场的有效性；③引入国债 ETF 作为国债现货的替代，使用高频数据模拟了实际交易中可以采用的套利模式，对期现市场的均衡做了进一步的研究。

　　本课题后续内容结构如下：第二部分详细说明了国债期现市场均衡关系，构建了期现市场均衡模型，并对此进行了扩展，得到我国国债期货价格的无套利区间；第三部分利用国债期货交易数据来实证分析国债期货市场的有效性；第四部分进一步讨论了套利的稳定性问题；第五部分总结全文。

二、　我国国债期现市场均衡模型

（一）国债期货合约

　　中国金融期货交易所推出的五年期国债期货合约，合约标的是面值为 100 万元、票面利率为 3% 的五年期名义中期国债，可交割债券为合约到期月首日、剩余期限为 4~7 年的记账式附息国债。

（二）基础的期现市场均衡模型

为了获得一个无套利期现市场均衡模型，我们假设：①资本市场是完美的，特别是没有税收、交易成本和卖空限制，资产是完全可分的，同时市场是完全竞争的，买卖人数众多，买者和卖者都是价格的接受者，资源可自由流动，信息具有完全性；②国债期货价格和具有相同标的的利率的远期价格是相等的；③最便宜交割债券已知，即交割债券转换期权价值为 0。

同时，我们定义 T 是国债期货合约的交割日，t 为当前时刻，存在 $t \leq T$，I_t 是交割债券在 t 时刻的利息值，r_t 是在区间 $[t, T]$ 的无风险利率，F_t 是期货的现金价格（cash futures price），S_t 是债券的现金价格（cash bond price）。C 为持有国债的期间每次支付的利息额度，总共支付 k 次，日期为 $t < t_1 < \cdots t_j < \cdots < t_k < T$，对应的再投资收益率为 r_{t_j}。CF 是转换因子。

考虑在 t 时刻的两个投资策略。策略 1 是在现货市场买入国债并在期货市场持有等量的期货空头寸对冲，然后持有到期。对于该策略中的资产组合，本课题有现金流量如表 3-1 所示。

表 3-1　策略 1 现金流

t	t_j	T
1. 借入资金：$(S_t + I_t)$ 2. 购买国债：$-(S_t + I_t)$ 3. 以 Ft 卖空国债期货：0	1. 收到国债利息：C 2. 用利率 r_{t_j} 再投资：$-C$	1. 偿还借款： $-(S_t + I_t) \times (1 + r_t \times \dfrac{T-t}{365})$ 2. 国债现货利息收益 $\sum_{j=1}^{k} C \times (1 + r_{t_j} \times \dfrac{T - t_j}{365})$ 3. 期货平仓，现货卖出 $F_t - F_T + F_T \times CF + I_T$
合计 （T） 　 0	0	$-(S_t + I_t) \times (1 + r_t \times \dfrac{T-t}{365})$ $+ (F_t - F_T + F_T \times CF + I_T)$ $+ \sum_{j=1}^{k} C \times (1 + r_{t_j} \times \dfrac{T - t_j}{365})$

根据套利的定义，若 $V(0) = 0$ 时，如果 $V(T)$ 大于 0 则意味着套利存在，可见如果不存在套利空间，$V(T)$ 一定小于等于 0，即

$$V(T) = -(S_t + I_t) \times (1 + r_t \times \frac{T-t}{365}) + \sum_{j=1}^{k} C \times (1 + r_{t_j} \times \frac{T - t_j}{365}) +$$

$$(F_t - F_T + F_T \times CF + I_T) \leq 0 \qquad\qquad (1)$$

于是有国债期货价格上限的计算公式：

$$F_t \leq (S_t + I_t) \times \left(1 + r_t \times \frac{T-t}{365}\right) - \sum_{j=1}^{k} C \times \left(1 + r_{t_j} \times \frac{T-t_j}{365}\right) +$$

$$(1 - CF) \times F_T - I_T \tag{2}$$

策略 2 是在现货市场卖出最便宜交割债券（CTD），并在期货市场持有等量的期货多头寸对冲，然后持有到期。对于该策略中的资产组合，本课题有现金流量如表 3-2 所示。

表 3-2　策略 2 现金流

T	t_j	T
1. 卖空国债：$(S_t + I_t)$ 2. 短期投资：$-(S_t + I_t)$ 3. 以 F_t 买入国债期货：0	1. 借入资金：C 2. 支付国债利息：$-C$	1. 短期投资收益：$(S_t + I_t)$ $\times \left(1 + r_t \times \dfrac{T-t}{365}\right)$ 2. 支付利息资金本息和： $-\sum\limits_{j=1}^{k} C \times \left(1 + r_{t_j} \times \dfrac{T-t_j}{365}\right)$ 3. 期货平仓，国债平仓 $-(F_t - F_T + F_T \times CF + I_T)$
合计 （T）	0	0	$(S_t + I_t) \times \left(1 + r_t \times \dfrac{T-t}{365}\right)$ $-\sum\limits_{j=1}^{k} C \times \left(1 + r_{t_j} \times \dfrac{T-t_j}{365}\right)$ $-(F_t - F_T + F_T \times CF + I_T)$

同理，如果不存在套利空间，则有：

$$V(T) = (S_t + I_t) \times \left(1 + r_t \times \frac{T-t}{365}\right) - \sum_{j=1}^{k} C \times \left(1 + r_{t_j} \times \frac{T-t_j}{365}\right) - (F_t - F_T +$$

$$F_T \times CF + I_T) \leq 0 \tag{3}$$

于是有国债期货价格下限的计算公式：

$$F_t \geq (S_t + I_t) \times \left(1 + r_t \times \frac{T-t}{365}\right) - \sum_{j=1}^{k} C \times \left(1 + r_{t_j} \times \frac{T-t_j}{365}\right) + (1 - CF) \times$$

$$F_T - I_T \tag{4}$$

结合（2）和（4）式，可以得到：

$$F_t = (S_t + I_t) \times \left(1 + r_t \times \frac{T-t}{365}\right) - \sum_{j=1}^{k} C \times \left(1 + r_{t_j} \times \frac{T-t_j}{365}\right) + (1 - CF) \times$$

$$F_T - I_T$$

这就是我们基础的期现市场均衡模型，也是国债期货的定价公式。

（三）模型的现实性修正

前面假设（1）~（3）是一种理想市场状态，但是现实的资本市场并不完美，远期和期货价格存在一定差异，最便宜交割债券也无法提前得知。

因此现在我们放宽一些条件，修正其中的假设，使其研究的对象尽可能接近实际情况。

首先，对于假设（1），考虑到交易成本等一些费用的存在很可能会增加估计误差，如交割手续费、交易手续费、保证金占用成本等，假设成本值为 P，则期现市场均衡模型转变为一个无套利区间，为 $[F_t - P, F_t + P]$。

然后，考虑期货和远期价格一致的假设。科克斯（Cox）等认为国债期货价格比相应的远期价格要更低，这意味着我们估计的期货价格会偏高。但在国外的一些实证研究中，如林德曼（Rendleman）和卡拉比尼（Carabini）、埃尔顿（Elton）等都发现远期和期货的价格差异是不显著的。考虑到中国国内市场利率在短期内波动并不剧烈，因此我们在模型中没有考虑这一差异。

最后，考虑交割债券转换期权的价值。事实上，虽然大多数的国债期货合约都不会等到交割，而是在到期前通过对冲交易直接平仓，但仍然因为各种原因有一部分国债期货合约被持有到期且进行交割。然而正是这些交割行为的存在影响了投资者们对即将到期的国债期货价格的预期，使得到期国债期货价格收敛于国债现货价格，因此交割制度是影响国债期货市场价格的重要因素。事实上，2012 年中证期货赖科等已经使用仿真交易数据，采用 Hemler 的三种方法对国内市场的转换期权价值进行过测算，认为在目前情况下，国债期货合约产生的转换期权价值大致为期货价格的 0.1% 到 0.2%[①]。本课题采用这项成果，以其最大值纳入核算。则最终我们得到的无套利区间为 $[F_t \times (1 - 0.2\%) - P, F_t \times (1 + 0.2\%) + P]$。

当期货价格落入该无套利区间，则期货与对应的现货之间不存在套利机会，期现市场均衡，期货市场有效。当期货价格突破该区间，则通过观察期货价格突破界限的幅度和回到区间内的速度作为衡量期货市场的指标，偏离均衡的幅度越小，回到均衡的速度越快，市场的有效性越高。

（四）采用国债 ETF 研究期现市场均衡

在我国现行市场中，因为流动性等原因，最便宜交割债券（CDT）不一定能够及时从市场中获得，并且由于多在银行间进行市场交易，无法获得其高频数据。为了更贴近现实，本还引入了国债 ETF 作为国债现货的替代来进一步研究期现市场均衡关系。国债 ETF 与国债期货合约的标的指数相同，并且具有交易费用较低和管理费用较少的优点，因此可以替代 CTD 作为期现市场均衡中的现货。

考虑国债 ETF 和国债期货之间的基差 $b_t = S_t - CF \times F_t$。其中，$S_t$ 为国债

---

① 资料来源："国债期货交割期权的计量——质量期权"，中证期货，2012 年 7 月 20 日，国债期货策略专题报告。

ETF 价格，*CF* 为国债 ETF 的转换因子，F_t 为国债期货价格。根据到期日两个价格序列趋近收敛的规律，该基差理论值应该为零。但因为交易成本、保证金融资成本和国债 ETF 折溢价水平等因素的存在，基差在期现市场均衡时处于一个无套利区间，假设所有成本之和为 *P*，则基差应处于 $[-P，P]$。

因为国债期货和国债 ETF 皆在交易所内交易，可获得高频数据，因此可以通过程序化交易软件实时监控国债期货合约的价格和现货合约的价格及计算无套利区间的上下界。

三、 实证检验

（一）采用 CTD 作为国债现货

1. 数据选取

2013 年 9 月 6 日，我国国债期货正式重启，因此我们数据选取为 2013 年 9 月 6 日至 2015 年 8 月 14 日的中国金融期货交易所国债期货交易主力合约的每日收盘价。本课题一共采用了 473 个样本数据，数据来源于中国金融期货交易所和 wind 数据库。

我国国债现货市场主要分为场内交易市场（交易所国债交易）和场外交易市场（银行间债券市场）。根据统计，国债二级市场交易主要发生在银行间市场，2012 年银行间市场交易量约占国债交易量的 98.7%[①]。因此这里我们只关注银行间市场情况。为了便于在国债期货交易过程中跟踪现货市场走势，并有利于实际操作，本课题以 13 国债 15（130015，票面利率为 3.46%，计息日是 7 月 11 日，按年付息）为跟踪标的，分析其与期货合约的关系。13 国债 15 是 2013 年 7 月 11 日发行的 7 年期新债（On-The-Run，OTR），市场报价及成交相对活跃。其每日估值数据来源中国证券登记结算公司。

此外，关于交易成本和保证金融资成本。银行间债券交易手续费为百万分之 2.5，国债期货的手续费标准为每手不高于 5 元，期货进行实物交割需要向交易所缴纳 5 元/手的交割手续费[②]。该合约的最低交易保证金为合约价值的 2%，临近交割期时交易保证金的收取标准见表 3-3[③]。

表 3-3　交易保证金规定

交易时间段	交易保证金比例 Δ_t
初始保证金	合约价值的 2%

---

① 数据来源：中国债券信息网 http://www.chinabond.com。

② 注：交易所有权对交割手续费标准进行调整。根据《中国金融期货交易所 5 年期国债期货合约交割细则》第十九条。

③ 数据来源：《中国金融期货交易所 5 年期国债期货合约交易细则》。

表3-3(续)

交易时间段	交易保证金比例 Δ_t
交割月份前一个月中旬的前一交易日结算时起	合约价值的3%
交割月份前一个月下旬的前一交易日结算时起	合约价值的5%

由于保证金的额度会随着期货价格的变化而变化，也会因为临近交割改变保证金比例 Δ_t ，因此保证金的计算在不同的时间段有不同的算法，如表3-4所示，其中 t_0 是起始点， t_1 是交割月份前一个月中旬的前一交易日， t_2 是交割月份前一个月下旬的前一交易日， T 是交割日。

表3-4　保证金的融资成本计算方法

时间段	保证金的融资成本计算方法
$t_0 \geq t_1$	$P_s = F_t \times 2\% \times r_t \times \dfrac{t_0 - t_1}{365} + F_t \times 3\% \times r_t \times \dfrac{t_1 - t_2}{365} + F_t \times 5\% \times r_t \times \dfrac{t_2 - T}{365}$
$t_1 < t_0 < t_2$	$P_s = F_t \times 3\% \times r_t \times \dfrac{t_0 - t_2}{365} + F_t \times 5\% \times r_t \times \dfrac{t_2 - T}{365}$
$t_2 \geq t_0$	$P_s = F_t \times 5\% \times r_t \times \dfrac{t_2 - T}{365}$

同时，计算所涉及的利率均采用银行间国债收益率曲线中相应利率。

关于交割债券转换期权，之前说明过这种国债期货合约产生的转换期权价值大致为期货价格的0.1%到0.2%。这里取最大值计算。

2. 实证分析

我们绘制了自2013年9月6日到2015年8月14日的期货价格和相应的无套利区间上下限的走势图，如图3-1所示。从该图中可以直观地观察到国债期货价格的波动状况。总体来讲，国债期货的价格走势前半段波动较大，中段较为平稳，后半段波动较大，总体呈现出价格上涨的趋势，与采用现货国债计算出来的无套利区间上下限的变动趋势大体一致，但仔细观察后可以发现，国债期货价格大多时间在无套利区间内外穿梭，并非完全处于无套利区间中，可见存在短期套利机会。图中2013年12月17日至2013年12月24日数据的上下限突然拔高，可能是现货13国债15报价出现异常，也可能是确实出现了很好的套利机会。2014年6月3日至2014年7月14日数据之间出现较大偏离则主要是因为国债现货13国债15在这段时间付息，以现货价格和应计利息计算的上下限波动更为剧烈，国债期货则反映相对平稳。

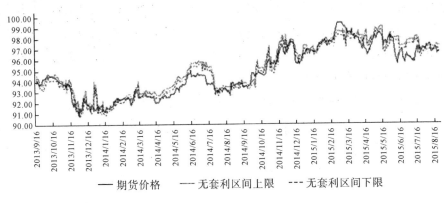

图 3-1 价格走势图

为了更具体地了解国债期货价格偏离无套利区间的程度，我们定义了偏离值。偏离值是指期货价格大于无套利区间上限的部分或小于无套利区间下限的部分，并得到了偏离值的相关数据和绘制了偏离值的条形图。设偏离值为 PL_t，期货价格为 F_t，无套利区间上下限分别为 U_u 和 U_d，有：

$$PL_t = Max\{F_t - U_u, \ 0\} + Min\{F_t - U_d, \ 0\}$$

当 PL_t 大于 0 时，采用策略 1 可以获得收益；当 PL_t 小于 0 时，采用策略 2 可以获得收益。

在 473 个样本中，国债期货价格有 333 天都发生了偏离，突破了以现货国债计算的无套利区间，计算可得偏离度即偏离日所占的比率为 70.40%，直观来看至少三日里就有两日国债期货价格会发生偏离。而根据图 3-2，我们观察到在样本期间，偏离值分布并不均匀且正值负值皆有，可以分别采用策略 1 和策略 2 获得收益。同时，除个别现象，其值大多在区间 [−1, 1]。另外，偏离持续时间有短有长。综合来看，国债期货价格并不总是处于无套利区间，很可能存在短期套利机会。

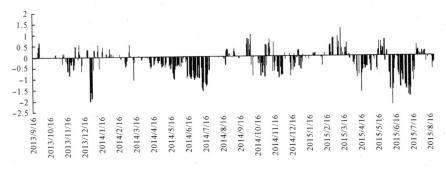

图 3-2 偏离值

为了更清晰地了解偏离的存续时间，确定套利机会的存在，本课题还定义了回归均衡速度值，该值是指突破上下限后回到区间的时间，通过天数来衡量，第一天突破第二天就回到区间内的情况其速度值为 1，同理可得其他情况下的速度值。可见，当速度值大于 1 时，当天观测到国债期货价格突破无套利区间时，第二天执行策略 1 或策略 2 即可以获得收益，否则，即使观测到国债期货价格突破无套利区间，也无法进行套利。

根据定义，得到如表 3-5 所示的回归均衡速度值的相关数据。

表 3-5　回归均衡速度值

回归均衡速度值		频数	
1		21	
2		12	
3		5	
4		3	
5		4	
6		2	
7		2	
8		2	
10		4	
10 以上		7	
总计	333/日	总计	62/次
偏离度	70.40%	均值	5.37/日/次

从表 3-5 看出，样本中国债期货价格大部分时间处于偏离无套利区间的状态，一共有 62 次突破无套利区间的上下限并回到区间内，回归均衡速度值从 1 到 10 天及以上不等，其中值为 1 的情况出现了 21 次，这意味着除了这 21 次，其他 41 次突破无套利区间的情况都可以执行策略 1 或策略 2 套利。具体来看，回归均衡速度值为 2 的情况较多，一共有 12 次，占可套利次数的三分之一左右，可见样本期间内确实存在较多的短期套利机会。

（二）采用国债 ETF 作为国债现货

1. 数据选取

目前我国建立的国债期货市场，同时有三个连续季度合约交易，考虑到市场流动性和存续期，本课题选取了 2013 年 9 月 6 日至 2015 年 8 月 14 日的国债期货交易主力合约与国债 ETF 组合进行匹配套利。本课题选取与国债期货联系最为紧密且交易流动性最好的国泰上证五年期国债 ETF 作为套利的国债现货的替代。

由于国债期货与国债 ETF 都在交易所内交易，因此我们可获得其高频数据。同时由于我国国债期货交易量并不大，价格波动幅度较小，因此我们对期货和现货都选取了 5 分钟的高频数据。并且国债期货的交易时间与国债 ETF 的交易时间并不一致，还剔除了时间不一致的数据，我们共得到 22 220 对数据，数据来源于 wind 数据库。

同时，考虑国债 ETF 是由众多国债组成，与 CTD 价格之间存在基差，在交割时留下 CTD，将其他债券卖出可以获得一部分收益，但考虑到 CTD 主要在银行间市场交易，无法获得价格变动的高频数据，因而也就无法获得 CTD 债券与国债 ETF 的基差高频数据序列。因此，此处将不把这部分收益纳入考虑，而只研究国债 ETF 直接全部交割的套利机会。

关于转换因子，由于国泰上证五年期国债 ETF 由不同债券加权组成，因而其转换因子也应是各自债券对应的转换因子加权计算，表 3-6 是国债 ETF 的五大债券持仓[1]，可以据此计算出国债 ETF 的转换因子为 1.040 67。

表 3-6　国泰上证五年期国债 ETF 五大债券持仓和对应的转换因子

序号	债券名称	持仓占比	转换因子
1	13 国债 15	12.53%	1.026 1
2	13 国债 20	12.33%	1.062 9
3	13 国债 03	9.81%	1.022 1
4	13 附息国债 15	9.64%	1.026 1
5	14 国债 01	9.46%	1.065 1

关于交易成本，国泰上证五年期国债 ETF 的相关费用包含管理费 0.3%/年，托管费 0.1%/年；申购赎回费合计不超过 0.4%；交易佣金可参照债券的 0.02% 甚至更低水平收取。国债期货交易佣金，其中中金所收取不超过交易金额的 0.001%，期货公司收取不超过交易金额的 0.002%，国债期货的手续费标准为每手不高于 5 元，期货进行实物交割需要向交易所缴纳 5 元/手的交割手续费[2]。

关于折溢价率，这里选取合约到期日的国债 ETF 折价率 -0.004 4 纳入计算[3]。

2. 实证检验

我们绘制出的国债期货价格和国债 ETF 价格走势图如图 3-3 所示。

---

① 数据来源：搜狐基金 http://q.fund.sohu.com/511010/index.shtml。

② 注：交易所有权对交割手续费标准进行调整，根据《中国金融期货交易所 5 年期国债期货合约交割细则》第十九条。

③ 数据来源：wind 数据库。

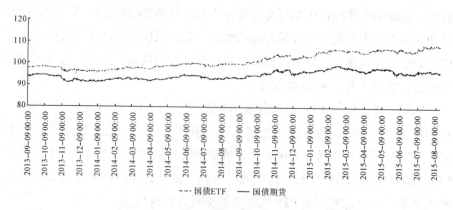

图 3-3　国债期货价格和国债 ETF 价格走势

可见，国债期货合约价格序列与国债 ETF 走势十分相近，都是前期略平稳，后期略上扬的趋势，只在细节处有略微偏离和不一致，说明这两者价格之间具有高度相关性。然而走势图并不能显示出具体两个价格序列之间有怎样的偏离，因而我们还要绘制基差走势图和对应的无套利区间上下界，如图 3-4 所示。

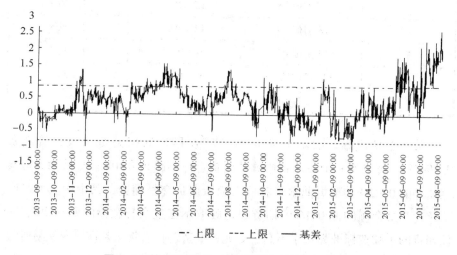

图 3-4　基差走势图和对应的无套利区间上下界

可见，基差在期货合约初期在零值附近，这可能是因为期货合约初期交易量较大，流动性较好，价格趋向合理；之后基差不断上涨，突破了无套利区间的上限，并在上限附近穿插，并在最后一段有较大的偏离。这可能是因为 2015 年 5 月以来，利率波动较大，尤其是股市的大幅震荡，使得大量资金由股市流向债市。在这样的特殊情况下，国债 ETF 和国债期货的价格有较大的偏离，与第二部分的结论类似，说明市场运行期间，存在套利机会，可以采用融券的方式卖空国债 ETF 现货，同时买入国债期货，持有组合到期后，交割完成交易的方式套利。

另外，在一共 22 220 个样本数中，有 3 882 个数都发生了偏离，突破了无套利区间，计算可得偏离度 17.47%。而根据图 3-5，我们观察到前段出现偏离值较少，后段则较为频繁且几乎全是正值。偏离持续时间有短有长。综合来看，国债期货价格并不总是处于无套利区间，很可能存在短期套利机会。

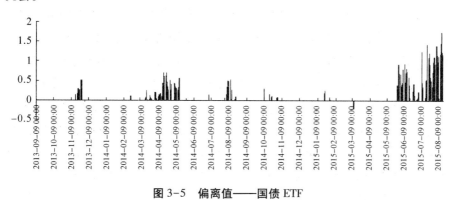

图 3-5　偏离值——国债 ETF

如表 3-7 所示，样本中一共有 142 次突破无套利区间的上下限并回到区间内，回归均衡速度值大多集中在前 12 即一个小时内，其中值为 1 的情况出现了 47 次，这意味着除了这 47 次，其他 95 次突破无套利区间的情况都可以进行套利。

表 3-7　回归均衡速度值和频数——国债 ETF

回归均衡速度值	频数
1	47
2~12	64
13~24	7
25~36	3
37~48	6
49~60	3
61~72	1
73~84	0
85~96	3
97 以上	8
总计	142

综上所述，国债期货市场存在短期套利机会。由此可见，国债期货市场

与国债现货市场并不均衡，市场有效性有待提升。

四、 国债期货套利交易稳定性分析

为了更深入地探讨市场有效性，本课题还将在第三部分的基础上，展开分析国债期货套利交易的稳定性。当市场中套利交易具有稳定性，即套利交易是长期存在的、收益较高的和回归均衡较慢的，则意味着交易者可以在市场中持续地获得较高的无风险收益，该市场有效性缺失；而当市场中套利交易是偶然的、收益较低甚至低于成本的和回归均衡较快的，即说明交易者不能通过研究历史数据得到持续的套利收益，市场具有一定的有效性。因此套利交易的稳定性值得探索和研究。考虑到国债ETF在实际中更容易操作运用，并且具有高频数据，有大量的样本，本课题将在第三部分的基础上进一步探讨采用国债ETF作为国债现货的套利交易的稳定性。在研究方法方面，本课题选择从时间维度探讨套利频率，从价格维度探讨套利强度，以其相对值探讨回归均衡的效率，多层次多维度地深入研究套利交易的稳定性。

（一）套利频率

1. 指标设计及含义

（1）假设t_i是基差第i次突破边界的时点，t_i'是基差第i次回到边界的时点，$i=1，2，3，\cdots，n$，则有$\triangle t_i = t_i - t_i'$为基差第$i$次突破边界持续的时间段，在该时间段内存在套利机会，$\sum_{i=1}^{n} \triangle t_i$则为样本时间$T$内存在套利机会的时间总和，可得套利频率$f$为：

$$f = \frac{\sum_{i=1}^{n} \triangle t_i}{T} \times 100\%$$

（2）为了更深入地探讨套利时间在样本时间中的分布与变化，本课题还将样本时间T按每天分段，每段分别求取套利频率f_j，即有：

$$f_j = \frac{\sum \triangle t}{T_j} \times 100\%$$

其中，$\triangle t$为第j段中基差突破边界持续的时间段，$j=1，2，3，\cdots，m$。

2. 统计数据及结果

与上文一样，这里采用的是2013年9月6日至2015年8月14日的国债期货交易主力合约与国债ETF的数据，共22 220对。具体指标及统计数据结果如表3-8所示。

表 3-8　套利频率

指标	n	$\sum_{i=1}^{n} \triangle t_i$	$u(\triangle t_i)$	$\sigma^2(\triangle t_i)$
数值	142	19 095	201	378 175.31
指标	T	f	$u(f_j)$	$\sigma^2(f_j)$
数值	111 100	17.19%	0.172 17	0.127 25

实证检验发现，样本中一共有 142 次基差突破无套利区间的上下限并回到区间内，平均每次持续时间为 201 分钟，但方差很大，意味着持续时间长短不一，波动较大，加总之后共有 19 095 分钟，样本总时间为 111 100 分钟，总套利频率为 17.19%；根据天数分段后，共获得 473 个区间套利频率数据，其均值为 0.172 17，与总套利频率相差不大，方差为 0.127 25。

3. 分析说明

从时间维度来看，平均每次基差突破无套利区间的上下限并回到区间内的持续时间较长，有 201 分钟，交易者有充足的时间观察、建仓和平仓，同时整个样本时间内，套利频率达到 17.19%，近五分之一，占据了较大比例，而分段后也发现每日套利频率均值与之相差不远且方差不大，可知套利频率随着时间的变化并没有发生较大的改变。总的来说，我国国债期货与国债 ETF 市场中的套利交易在时间维度上具有一定的稳定性。

（二）套利强度

1. 指标设计及含义

上文中已经定义了偏离值，该值是指期货价格大于无套利区间上限的部分或小于无套利区间下限的部分，即：

$$PL_t = Max\{F_t - U_u, 0\} + Min\{F_t - U_d, 0\}$$

偏离值可以很好地反映价格的偏离幅度。

假设 $\triangle t_i$ 中，最大偏离幅度为 $PLm_t = Max(PL_t)$，$t \in \triangle t_i$，单边界宽为 $U_m = \dfrac{U_u - U_d}{2}$，则有套利强度为 $ST_t = \dfrac{PLm_t}{U_m} \times 100\%$。

2. 统计数据及结果

计算可得，在样本区间内，所有偏离值的均值为 0.378 11，方差为 0.119 87，而套利强度的均值为 0.245 3，方差为 0.100 36。

3. 分析说明

从价格维度来看，偏离值的均值较高，这意味着基差不仅会突破无套利区间的上下限，而且突破较多，与区间边界有较大的距离，就套利行为而言，交易者可以获得较高的收益。从套利强度也可以验证这一点，套利强度的均值为 0.245 3，即套利最大可能收益为单边界宽的 24.53%。总的来说，我国国债期货与国债 ETF 市场中的套利交易在价格维度上也具有一定的稳定性。

（三）回归均衡的效率

1. 指标设计及含义

定义回归均衡的效率为 $E_t = \dfrac{PLm_t}{\triangle t_i} \times 100\%$，即最大偏离幅度比上对应的基差突破边界持续的时间段。

2. 统计数据及结果

计算可得，在样本区间内，回归均衡的效率均值为 0.540 95，方差为 0.398 38。

3. 分析说明

从速率维度来看，回归均衡的效率均值较小，说明相对而言，基差突破边界达到一定幅度再回到无套利区间的速度较慢，套利交易具有一定的稳定性。

综上，在以国债 ETF 作为国债现货的套利交易的稳定性研究中，我们发现一方面平均每次基差突破无套利区间的上下限并回到区间内的持续时间较长，套利频率较高且随着时间的变化并没有发生较大的改变；另一方面偏离值的均值较高，套利强度也较大，同时，回归均衡的效率均值较小。总的来说，我国国债期货与国债 ETF 市场中的套利交易具有一定的稳定性。

五、 总结

（一）主要结论

采用 CTD 作为国债现货和国债 ETF 作为国债现货的实证显示，在交易期间存在着较多的套利机会，并且套利交易具有一定的稳定性。这说明期货市场与现货市场并不均衡，国债期货市场有效性还有待提升。

造成这个结果的可能原因是：虽然国债期货交易市场吸引了众多投资者如私募、期货公司和基金公司等的积极参与，但是身为国债现货最大交易主体的商业银行却并没有参与进来，所以交易相对并不活跃，导致期货市场流动性不足，期货市场功能就很难真正发挥。这个问题，在未来商业银行正式参与之后可能会有所改善。并且套利空间的存在，会吸引投资者们进入国债期货市场，进行套利交易，这些交易将会推动市场回到均衡有效的状态。可以预见，随着市场的发展建设，人们套利交易逐渐增多，国债期货市场将愈发成熟。

然而，虽然国债期货存在一定的套利机会，但是具体的操作仍有一定的专业门槛，而且期货交易的高杠杆性使得相对风险较大，所以在国债期货推出初期，建议专业的机构和有金融工程基础知识背景的专业人员积极参与，利用相关技术和程序化交易及时准确地捕捉套利机会，建立风险控制，同时尽可能活跃交易，使国债期货的总体运行平稳有序。而普通的公司及无相关经验和知识的个人则最好在初期谨慎入场，或通过专业的机构及人员进行国债期货投资，等到他们对国债期货的运行有一定的了解和自身的见解，以及国债期货市场不断完善后，再进入市场，以减小投资风险。

（二）进一步研究的方向

相较于其他研究，本课题不仅详细构建了国债期货和国债现货的均衡模型，还引入了国债ETF，采用高频数据对期现市场的均衡做了深入的研究。但是，本课题也存在以下的不足：①实证检验国债期货和现货的均衡关系时，并未考虑到实际操作中遇到的困难。②没有考虑当基差向未预料的方向继续扩大而产生的风险。这些问题可以在以后的研究中进一步探索和完善。

参考文献

[1] 陈军泽，杨柳勇. 国债市场的降息效应分析 [J]. 浙江大学学报，2000（3）：77-81.

[2] 蒋舒，吴冲锋. 中国期货市场的有效性：过度反应和国内外市场关联的视角 [J]. 金融研究，2007（2）：49-62.

[3] 鲁臻，邹恒甫. 中国股市的惯性与反转效应研究 [J]. 经济研究，2007（9）：145-155.

[4] 李贤平，江明波，刘七生. 国债市场有效性的初步探讨 [J]. 统计研究，2000（7）：32-38.

[5] 宋颂兴，金伟根. 上海股市市场有效实证研究 [J]. 经济学家，1995（4）：107-113，127-128.

[6] 孙桂平. 沪深300指数期权仿真交易市场的有效性研究 [J]. 金融与经济，2015（5）：72-78.

[7] 汤亮. 公开信息与国债市场的价格发现过程——基于中国的经验实证分析 [J]. 南开经济研究，2005（67）：23-28，44.

[8] 吴世农，吴超鹏. 我国股票市场"价格惯性策略"和"盈余惯性策略"的实证研究 [J]. 经济科学，2003（4）：41-50.

[9] 俞乔. 市场有效、周期异常与股价波动——对上海、深圳股票市场的实证分析 [J]. 经济研究，1994（9）：43-50.

[10] 杨波. 后金融危机时期我国黄金期货市场的有效性研究 [D]. 昆明：云南大学，2015.

[11] 张兵, 李晓明. 中国股票市场的渐进有效性研究 [J]. 经济研究, 2003 (1): 54-61, 87.

[12] 张雪莹, 龙腾飞. 国债期货与现货之间的价格传导及波动溢出效应 [J]. 债券, 2015 (6): 18-23.

[13] BEAVER, WILLIAM H. Market Efficiency [J]. The Accounting Review, 1981, 56 (1): 23-37.

[14] COX, JOHN C, INGERSOLL J E, ROSS J S A. A re-examination of traditional hypotheses about the term structure of interest rates [J]. The Journal of Finance, 1981, 36 (4): 769-799.

[15] ELTON E J, GRUBER M J, RENTZLER J. Intra-day tests of the efficiency of the treasury bill futures market [J]. Review of Economics and Statistics, 1984, 66 (1): 129-137.

[16] HULL JOHN C. Options, Futures, and other Derivatives [M]. London: Prentice Hall, 2011.

[17] HEMLER M L. The quality delivery option in treasury bond futures contracts [J]. The Journal of Finance, 1990, 45 (5): 1565-1586.

[18] KAMARA, AVRAHAM. Delivery uncertainty and the efficiency of futures markets [J]. The Journal of Financial and Quantitative Analysis, 1990, 25 (1): 45-64.

[19] KOLB R W, GAY G D, JORDAN J V. Are there arbitrage opportunities in the treasury bond futures [J]. Journal of Futures Markets, 1982, 2 (3): 217-229.

[20] RAUSSER G C, COLIN C. Futures market efficiency in the soybean complex [J]. The Review of Economics and Statistics, 1983, 65 (3): 469-478.

[21] RENDLEMAN R J, J, CARABINI C E. The efficiency of the treasury bill futures market [J]. The Journal of Finance, 1979, 34 (4): 895-914.

[22] SAMUELSON P A. Proof that properly anticipated prices fluctuate randomly [J]. Industrial Management Review, 1965, 6 (2): 41-49.

课题 4　中国国债期货市场效率研究

　　摘要：本课题针对我国国债期货市场，选取了二、五、十年期国债期货主力合约及其所对应的最便宜可交割券，研究我国不同年限的国债期货市场的效率。本课题对期现价格进行了单位根检验，并在其基础上进行协整关系检验及格兰杰因果关系检验，确定了期现价格的长期均衡关系；在确定长期均衡关系的基础上，基于无套利理论建立了无套利均衡模型，采用偏离度和回归均衡速度来描述国债期货市场的短期均衡程度。实证结果显示，我国国债期现价格之间整体上存在着稳定的长期均衡关系，其中，二年期国债期货现货未通过协整关系检验，长期均衡关系有待进一步确认；五年期国债期货价格是现货价格的格兰杰原因；十年期国债期现价格存在双向格兰杰因果关系。五、十年期国债期货价格和无套利区间基本吻合，表明五、十年期国债期货的价格发现能力较强，市场效率较高。二年期国债期货价格在较长一段时间内都偏离在无套利区间之外，价格发现能力较弱，市场效率较低。

　　关键词：国债期货；市场效率；长期均衡关系；价格发现

一、引言

　　在 20 世纪 70 年代美国金融市场不稳定的背景下，为满足投资者规避利率风险的需求，国债期货出现了。成熟的国债期货市场通常具有国债现货市场价格发现及规避利率风险两大功能。

　　我国国债期货市场的建立相对较晚。1992 年上海证券交易所最先开展国债期货的试点交易，1993 年 2 月正式开始国债期货交易。但由于当时市场机制不成熟、市场制度不完善、市场监管不到位等，市场中出现了如"327"事件等多起违规事件，最终在 1995 年中国国债期货市场被关闭。

　　随着我国经济、金融行业的发展，国债期货市场得以重启。2013 年 7 月，中国证监会宣布批准国债期货交易。时至今日，我国国债期货市场有了稳定的发展，主要表现在：①监管制度更为健全，有关国债期货的法律法规更为完善。②市场成交量和持仓量明显增长且增长趋势明显，市场流动性明显增强。根据余翔和姚远的《2019年国债期货市场运行报告》：从成交量来看，2019年，二年期、五年期和十年期国债期货共成交1 303.21万手，日均成交5.34万手，较上一年增加19.45%；从持仓量来看，根据中国金融期货交易所数据，2019年国债期货日均持仓10.3万手，是2013年的12倍。十年期国债期货日均成交4万手。③市场投资者结构更为完善。2020年2月，我国允许符合条件的试点商业银行和具备投资管理能力的保险机构，按照依法合规、风险可控、商业可持续的原则，参与中国金融期货交易所国债期货交易，同年4月份正式入场。国债期货日益成为我国金融机构管理利率风险的重要工具。④金融的市场化程度良好，货币市场化、债券市场化及贷款利率市场化均已完成。

20世纪80年代以来，对不同市场的有效性检验一直是一个十分重要的课题。这是由于市场的有效性直接影响着市场功能的发挥，关系着经济运行的质量。本课题将针对国债期货市场的有效性进行研究。之所以要对国债期货的有效性进行研究，是因为我国是一个新兴市场国家，积极关注和研究期货、现货市场的关系，有利于国债期货市场功能的有效发挥，对我国金融发展有十分重要的意义。

目前，相比于2013年我国国债期货最初批准交易时，我国国债期货市场成熟度已经有了很大提高。以往研究者大多认为我国国债期货市场有效性有待加强，存在着较大的套利空间及较多套利机会。关于国债期货市场有效性的检验在近几年被搁置，那么经过数年的发展后，国债期货市场的有效性是否有所改善呢？这需要我们站在新的时点，根据新的市场数据对国债期货市场的有效性进行再检验。

根据以往的研究，国内外对国债期货有效性的检验主要侧重于对国债期货市场价格发现能力的检验上。价格发现能力的检验即检验市场的价格是否有效反映了市场信息。国债期货由于反映了标的物即国债未来的价格，因此难以通过直接检验市场信息与国债期货价格之间的关系来检验国债期货的价格发现能力。根据以往研究，中国国债市场是有效率的，因此学界通常通过检验现货价格与期货价格的关系来检验期货市场的有效性。本课题将按照以上思路，检验国债期货市场价格发现能力，从而检验国债期货市场效率。

本课题的其余部分安排如下：第二部分回顾相关文献，并提出本课题的具体研究内容和方向，第三部分描述数据来源和研究方法，第四部分是实证检验和报告实证结果，第五部分对本课题进行总结并提出建议。

二、　文献综述

（一）市场有效性——长期均衡关系的检验

在国内，检验市场有效性以往主要是通过检验价格发现功能来体现，研究价格发现能力则主要通过探讨期现价格之间的长期均衡关系的稳定性来体现，因此近年来对国债期货市场有效性的检验也侧重于其与现货市场长期均衡关系的检验。长期均衡关系的成立是国债期货市场有效的一个必要而非充分条件。已有的关于期现价格长期均衡关系的市场检验的研究文献已经十分丰富。下面我们分别对国外、国内相关研究做一个梳理。

国内学者检验期现价格长期均衡关系采用的研究方法呈现多样性的特点，所运用的方法有：事件研究、随机游走法、CAPM 模型检验及对期货及现货价格进行格兰杰因果检验、协整检验、VAR 模型回归以及 GARCH 模型检验法等。

国内对期现价格长期均衡关系的研究早期主要集中在股票市场，之后逐步拓展到国债市场。随着我国资本市场的不断发展，研究又延伸至金融衍生品市场。直到近年来，期现价格长期均衡关系已经涵盖了大部分期货市场，从商品期货市场到金融期货市场均有涉及。

在商品期货方面：蒋舒、吴冲锋在 2007 年对中国期货市场五个主力商品期货品种进行研究，以 ARMA-GARCH 模型拟合正常价格变动来确定事件冲击的影响，基于过渡反应的视角证明了上述五类主力商品期货市场的有效性；杨晨辉等在 2011 年选取铜、铝、白糖和玉米期货作为研究对象，利用 VAR 模型研究我国期货市场效率，结果显示研究范围内的期现价格存在着长期均衡关系。

在金融期货方面：武宁在 2011 年采用协整和 VAR 模型检验证实了股指期现价格存在长期均衡关系。对于国债期货市场，张雪莹，龙腾飞在 2015 年运用单位根检验、协整检验及 GARCH 模型检验了国债期货市场的期现价格传导和价格波动溢出效应，结果表明，国债期货已初步具备价格发现功能；张琳琳，蒋盼在 2016 年将视角转移到风险机制类别上，采用了马尔科夫转换的 VAR 模型，对我国国债期货及其标的现货间的定价效率进行了实证研究，证明我国国债期货市场已具有基本的定价效率，但国债期货市场的定价效率低于国债现货市场；王苏生等在 2017 年采取向量误差修正模型（VECM）和格兰杰因果关系检验等计量分析方法检验了中国国债期货与现货价格之间的关系。

综合以上文献，我国对国债期现价格长期均衡关系的研究已经有很多，然而对国债期货市场信息有效性的研究仍然不够充分，体现在研究数量过少、研究的样本区间过小和时间有效性不足上。首先，从研究数量上来看，关于国债期货市场信息有效性研究的文献数量有限；其次，从样本区间上来看，以往研究的时间序列数据跨度大多不到一年，其所包含的信息量不够广泛，过小的样本时间跨度可能会造成结论偶然性的出现；最后，从时间有效性上来看，由于我国国债期货市场近年来发展迅速，近年来国债期货市场结构变化较大，因此有关研究的时效性已经不强，并不能反映当前我国国债期货市场的实际情况。

综上所述，需要对国债期货市场的期现价格长期均衡关系进行再检验，从而从长期均衡关系角度检验国债期货市场的有效性。本课题将依次采用单位根检验、协整检验、格兰杰因果检验来检验我国国债期现价格长期均衡关系。

（二）市场有效性——无套利均衡的检验

与国债期现价格长期均衡关系相比，在国内以往对于国债期货市场有效性的检验中，采用无套利均衡分析的研究并不多。但是仅仅对国债期现价格长期均衡关系进行检验是远远不够的，其原因在于：首先，长期均衡关系仅仅是从统计学意义上讨论了信息与市场价格变动之间的关系，并未探讨市场价格波动更深层的原因，这也是简化实证和结构实证之间固有的矛盾；其次，这样的研究并没有直观地反映出各个时间的期现价格偏差关系。无套利均衡法的研究则弥补了单纯研究期现价格长期均衡关系的这一缺点，充分反映出了期现价格变动的内在逻辑；最后，研究国债期货价格发现能力的一个重要角度是期货现货价格是否有长期均衡关系，但这只是市场有效率的一个必要非充分条件，因而我们应该基于无套利理论检验国债期货价格发现能力，从而使得国债期货市场的有效性研究更为深入。

概括来讲，如果说对期现价格长期均衡关系的研究是从一个总体的视角来观察国债期货市场的效率，那么采用无套利理论来研究国债期货市场有效性则关注了每个具体的时点，使得各个时点的信息都被充分地反映，而非仅仅得到一个总体的、较为笼统的结论。

无套利均衡法是首先建立期现市场的无套利均衡模型，利用该模型进一步计算得到期货的均衡价格，检查期货市场实际价格和期货均衡价格之间的偏差，从而确定期货市场的效率。如伦德尔曼和卡拉比尼，埃尔顿（Rendleman & Carabini，Elton）、王晋忠等使用无套利均衡法检验国债期货市场效率的资源配置有效性。具体而言，他们建立了期货价格和现货价格的均衡模型，根据现货价格计算出期货的无套利区间，根据实际期货价格是否偏离无套利区间来确定国债期货市场效率。最终结论为期货市场与现货市场并不足够均衡，期货市场的效率仍然较低。除此之外，虽然一些学者并没有直接研究国债期货市场的有效性，但是进行了有关国债期货市场套利策略的研究。虽然其研究的目的不同，但是同样建立了均衡模型并推导出了无套利区间，同样可以为当前市场条件下的无套利区间的选择与构建提供思路，如方宇翔、郑旭和梁建峰、徐小婷。

在对不同无套利模型进行比较后，本课题选择沿用王晋忠、胡晓帆在2015 年所建立的期现市场无套利均衡模型，采用二、五、十年期国债期货现货日数据对国债期货市场长期均衡关系进行再检验。

三、 数据来源及研究方法

（一） 数据来源

本课题数据来源为 wind 数据库，分别选取二、五、十年期的期货合约价格数据进行研究。选取的期货合约均为成交量较大的主力合约，国债现货价格数据则采用国债期货主力合约所对应的最便宜可交割券价格数据。

一般而言，国债期货数据采用主力合约即合约月份中持仓量和成交量最大的合约来作为国债期货价格数据的来源，将期货价格数据整合为连续日时间序列数据，然而这样的做法会导致期货价格的连续性较差；另外考虑到不同国债现货的付息日不同，全价中的利息因素影响不同，难以得到可信且有效的数据，从而导致结论的说服力差。因此本课题在长期均衡关系的研究中，所采用的现货价格数据为净价数据，而所采用的期货价格数据为经过转换因子调整后的国债期货价格。

本课题所选取的研究区间为 2018 年 8 月至 2020 年 8 月。选择该区间段进行研究的原因在于二年期国债期货 2018 年 8 月 17 日上市。为了对不同年限的国债期货合约进行分析从而对国债期货市场总体效率进行评估，采用此区间段进行研究。

本课题以上市交易的二、五、十年期国债期货合约的交易日收盘价为国债期货价格；以二、五、十年期最便宜可交割券的日收盘价（净价）为现货价格，选取的国债期货合约在交易区间均为主力合约。采用的利率数据为一年期银行间国债期货收益率曲线的日数据。本课题选取的国债期货合约及现货合约（对应 CTD）如表 4-1 所示。

表 4-1　本课题选取的国债期货合约和对应 CTD

时间	二年期国债期货	CTD	五年期国债期货	CTD	十年期国债期货	CTD
2018. 8	TS1812	160002. IB	TF1812	160025. IB	T1812	180011. IB
2018. 9	TS1812	160002. IB	TF1812	160025. IB	T1812	180011. IB

表4-1（续）

时间	二年期 国债期货	CTD	五年期 国债期货	CTD	十年期 国债期货	CTD
2018.10	TS1812	160002.IB	TF1812	160025.IB	T1812	180011.IB
2018.11	TS1812	160002.IB	TF1903	160014.IB	T1903	160023.IB
2018.12	TS1903	190002.IB	TF1903	160014.IB	T1903	160023.IB
2019.1	TS1903	190002.IB	TF1906	160025.IB	T1903	160023.IB
2019.2	TS1903	190002.IB	TF1906	160025.IB	T1903	160023.IB
2019.3	TS1906	160007.IB	TF1906	160025.IB	T1906	180004.IB
2019.4	TS1906	160007.IB	TF1906	160025.IB	T1906	180004.IB
2019.5	TS1909	160007.IB	TF1906	160025.IB	T1909	180004.IB
2019.6	TS1909	160021.IB	TF1909	160025.IB	T1909	180004.IB
2019.7	TS1909	160021.IB	TF1909	160025.IB	T1909	180004.IB
2019.8	TS1912	160021.IB	TF1912	190013.IB	T1912	180027.IB
2019.9	TS1912	160021.IB	TF1912	190013.IB	T1912	180027.IB
2019.10	TS1912	160021.IB	TF1912	190013.IB	T1912	180027.IB
2019.11	TS2003	200002.IB	TF2003	190004.IB	T1912	180027.IB
2019.12	TS2003	200002.IB	TF2003	190004.IB	T2003	170018.IB
2020.1	TS2003	200002.IB	TF2003	190004.IB	T2003	170018.IB
2020.2	TS2003	200002.IB	TF2003	190004.IB	T2006	190006.IB
2020.3	TS2006	200002.IB	TF2006	190013.IB	T2006	190006.IB
2020.4	TS2006	200002.IB	TF2006	190013.IB	T2006	190006.IB
2020.5	TS2009	200011.IB	TF2009	200005.IB	T2009	200006.IB
2020.6	TS2009	200011.IB	TF2009	200005.IB	T2009	200006.IB
2020.7	TS2009	200011.IB	TF2009	200005.IB	T2009	200006.IB
2020.8	TS2009	200011.IB	TF2009	200005.IB	T2009	200006.IB

数据经过处理，剔除国债现货、期货缺失值及非交易日数据后，我们共得到二年期国债期现价格数据 307 组、五年期国债期现数据 458 组、十年期国债期现数据 497 组。

（二）研究方法

1. 长期均衡关系法

本课题在国债期货市场信息有效性研究中，将采用 ADF 方法对国债期货市场和国债现货市场的价格序列进行单位根检验，并在单位根检验的基础上进行协整秩迹检验以确定两个价格序列之间的协整关系；在 VAR 模型估计的基础上，对期现价格进行格兰杰因果检验，确定二者之间的格兰杰意义上的因果关系。需要再次强调的是，长期均衡关系的成立仅仅是价格发现功能成立，是国债期货市场有效的必要非充分条件。因此我们需采用无套利均衡法构造无套利区间，进一步检验国债期货市场的效率。

2. 无套利均衡法

在国债期货市场信息有效性研究中，本课题将构建国债期货价格的无套利区间，并将国债期货的市场价格与无套利区间进行比较，检验国债期货市场的价格发现能力。下面将对模型进行具体的说明。

（1）基础模型的前提假设。

市场假设：无交易成本、税收和卖空限制，市场体量大故参与者均为价格接受者，信息是完全的。

资产假设：国债期货价格和具有相同标的利率的远期价格是相等的，并且CTD已知，表明交割债券转换期权价值为0。

（2）模型相关变量设定。

t 为当前时刻；T 为国债期货合约的交易时刻，即平仓时刻或是转换主力合约的日期；r_F 为期货合约存续期间即 $[t, T]$ 的无风险利率；I_t 是交割债券在 t 时刻的利息值；S_t 为现货价格（净价）；F_t 为期货价格；C 为持有国债期间每次支付的利息额度，总共支付 k 次，日期为 $t < t_1 < \cdots t_j < \cdots < t_k < T$，对应的再投资收益率为 r_{t_j}；CF 是转换因子。

（3）基础模型的构建。

根据 t 时刻的两种投资策略构建模型：①在现货市场买入国债并在期货市场持有等量的期货空头寸头对冲，持有至期货合约到期日，该策略定义为策略一；②卖出最便宜交割债券（CTD）并在期货市场持有等量的期货多头头寸对冲，持有至期货合约到期日，该策略定义为策略二。由于两个策略的操作是完全相反的，因此两者最终可以得到完全相反的现金流。

表4-2为策略一资产组合的现金流表。

表4-2 策略一资产组合的现金流

t	t_j	T
1. 借入资金 $S_t + I_t$ 2. 购买国债：$-[(S_t + I_t)]$ 3. 以 F_t 卖空国债期货：0	1. 收到国债利息：C 2. 用利率 r_{t_j} 再投资：$-C$	1. 偿还借款：$-(S_t + I_t) \times (1 + r_i \times \dfrac{T - t_0}{365})$ 2. 国债现货利息收益：$\sum\limits_{j=1}^{k} C \times (1 + r_{t_j} \times \dfrac{T - t_j}{365})$ 3. 期货平仓，现货卖出：$F_t - F_T + F_T \times CF + I_T$

表4-2（续）

t	t_j	T
合计	0	0	$-(S_t+I_t)\times(1+r_i\times\dfrac{T-t}{365})+$ $(F_t-F_T+F_T\times CF+I_T)+$ $\sum\limits_{j=1}^{k}C\times(1+r_{t_j}\times\dfrac{T-t_j}{365})$

由无套利理论可知，若无套利成立，则策略一所带来的现金流应当小于等于0，即：

$$-(S_t+I_t)\times(1+r_i\times\frac{T-t}{365})+(F_t-F_T+F_T\times CF+I_T)+\sum_{j=1}^{k}C\times(1+r_{t_j}\times\frac{T-t_j}{365})\le0 \tag{1}$$

对于策略二中的资产组合，由无套利理论则可以得到：

$$(S_t+I_t)\times(1+r_i\times\frac{T-t}{365})-(F_t-F_T+F_T\times CF+I_T)-\sum_{j=1}^{k}C\times(1+r_{t_j}\times\frac{T-t_j}{365})\le0 \tag{2}$$

由策略一及策略二可以得到国债期货价格的定价公式，也就是基础模型：

$$F_t=(S_t+I_t)\times\left(1+r_i\times\frac{T-t}{365}\right)-\sum_{j=1}^{k}C\times\left(1+r_{t_j}\times\frac{T-t_j}{365}\right)+F_T\times(1-CF)-I_T \tag{3}$$

（4）基础模型的现实性修正：扩展模型。

上述基础模型是基于无摩擦的理想市场状况，在实际市场上，还有多个市场因素需要纳入分析框架，因此需要对基础模型进行现实性修正从而得到扩展模型。

第一，交易成本等一些费用的存在很可能会增加估计误差，如交割手续费、交易手续费、保证金占用成本等。假设成本值为P，在考虑该成本影响的情况下可以将期现市场均衡模型扩展为一个无套利区间：

$$[F_t-P,\ F_t+P] \tag{4}$$

第二，考虑期货和远期价格一致的假设。考克斯（Cox）等在1981年认为国债远期价格高于期货价格，这表明我们估计的期货价格会偏高。但伦德尔曼和卡拉比尼，埃尔顿（Rendleman & Carabini，Elton）等发现期货和远期的价格几乎不存在差异。鉴于中国市场利率在短期内波动不大，因此我们的模型不考虑期货和远期的价格差异。

第三，我们需要考虑债券转换期权的影响。中证期货已经计量过国内市场的转换期权价值，在目前情况下，国债期货合约产生的转换期权价值大致在期货价格的 0.1% ~0.2% 浮动。本课题采用这项成果的最大值 0.2% 进行计算，最终无套利区间为：

$$[F_t \times (1 - 0.2\%) - P,\ F_t \times (1 + 0.2\%) + P] \tag{5}$$

（5）对模型中成本值的补充说明。

在实际交易中成本值是不能忽略的重要数据，本课题所采用的模型中也考虑了由交易成本和保证金成本组成的总成本 P。

本课题采用国债期货最低保证金作为保证金比例。其中二年期国债期货保证金比例和五年期国债期货保证金比例分别为合约的 0.5% 和 1%，十年期国债期货保证金比例为合约的 2%。保证金资金利息即保证金成本。

在考虑保证金成本的同时，本课题也综合考虑了期现货买卖的交易手续费、冲击成本。根据相关交易规定和研究结论，成本水平测算如下：现货买卖的双边交易手续费为成交金额的 0.08%，现货买卖的冲击成本经验值为成交金额的 0.05%；期货买卖的双边交易手续费为成交金额的 0.07%。

设 x 为观察时刻距离交易日期的时间跨度，即 $T-t$；设保证金比例为 a，对应时间跨度中利率为 r_t，则 r_t 对应的保证金成本应等于：

$$F_t \times a \times r_t \times \frac{T-t}{365} \tag{6}$$

对应的总成本 P 应等于：

$$F_t \times (0.08\% + 0.05\% + 0.07\%) + F_t \times a \times r_t \times \frac{T-t}{365} \tag{7}$$

对应的无套利区间为：

$$\left[F_t \times \left(99.6\% - a \times r_t \times \frac{T-t}{365} \right),\ F_t \times \left(100.4\% + a \times r_t \times \frac{T-t}{365} \right) \right] \tag{8}$$

四、　实证分析

（一）长期均衡关系实证分析

1. 二年期国债期现长期均衡关系分析

（1）描述性分析。

图 4-1 为二年期国债现货和其对应的主力合约的价格走势图，其中 S2 表示二年期国债现货价格，F2 表示二年期国债期货价格。从图 4-1 可知，S2 与 F2 的升降性具有有一定的联动性，表明两者之间很可能存在长期均衡关系，但还需要对这种相关关系进行进一步严格证明。

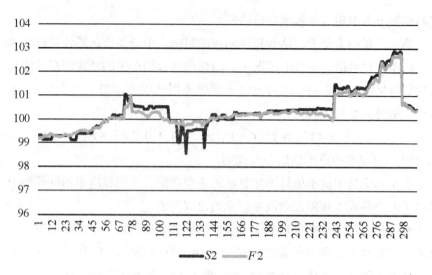

图 4-1　二年期国债期现价格走势图

（2）单位根检验。

由于 DF 统计量为-2.291 >-3.455，故不能在 1% 的水平上拒绝"存在单位根"的原假设，也不需再考虑用更高阶的 ADF 检验。在此可以得出变量 S2 存在单位根的结论，见表 4-3。

表 4-3　S2 的单位根检验

Dickey-Fuller test for unit root		Number of obs　　= 307		
------------------ Interpolated Dickey-Fuller --------------------				
	Test Statistic	1% Critical　Value	5% Critical Value	10% Critical　Value
Z（t）	-2.291	-3.455	-2.878	-2.570
MacKinnon approximate p-value for Z（t）= 0.174 9				

由于 DF 统计量为-2.139 >-3.455，故不能在 1% 的水平上拒绝"存在单位根"的原假设，也不需再考虑用更高阶的 ADF 检验。在此可以得出变量 F2 存在单位根的结论，见表 4-4。

表 4-4　F2 的单位根检验

Dickey-Fuller test for unit root		Number of obs　　= 307		
------------------ Interpolated Dickey-Fuller --------------------				
	Test Statistic	1% Critical　Value	5% Critical Value	10% Critical　Value
Z（t）	-2.139	-3.455	-2.878	-2.570
MacKinnon approximate p-value for Z（t）= 0.992 1				

由此我们确定了 S2 与 F2 均为单位根变量，在此基础上可以对 S2 与 F2

进行协整关系检验。

（3）协整秩迹检验。S2 和 F2 的协整秩迹检验见表 4-5。

表 4-5　S2 和 F2 的协整秩迹检验

Johansen tests for cointegration					
Trend：trend				Numbers of obs = 306	
Sample：3-153				Lags =2	
Maximum rank	parms	LL	eigenvalue	Trace statistic	5% critical value
0	8	291. 744 92		38. 798 5	18. 17
1	11	307. 722 03	0. 099 16	6. 844 3	3. 74
2	12	311. 144 16	0. 022 12		
Maximum rank	parms	LL	eigenvalue	Trace statistic	5% critical value
0	8	291. 744 92		38. 798 5	18. 17
1	11	307. 722 03	0. 099 16	6. 844 3	3. 74
2	12	311. 144 16	0. 022 12		

由上述包含常数项与时间趋势项的协整秩迹检验结果可知，只有一个线性无关的协整向量。由最大特征值检验可知，不能在 5% 的水平上拒绝"协整秩为 0"的原假设。由此可确定 F2 与 S2 两变量间不存在明显的协整关系，这可能是由于二年期国债期货市场初步建立，交易量及成交金额较小，其效率还有待提高。因此不再对二年期国债期现关系进行 Granger 因果检验。

2. 五年期国债期现长期均衡关系分析

（1）描述性分析。

图 4-2 为五年期国债现货和其对应的主力合约的价格走势图，其中 S5 表示五年期国债现货价格，F5 表示五年期国债期货价格。从图 4-2 可知，S5 与 F5 的升降性具有一定的联动性，表明两者之间很可能存在长期均衡关系，但要对这种相关关系进行严格的证明还需要进行进一步研究。

（2）单位根检验。

由于 DF 统计量为-1.459 >-3.444，故不能在 1% 的水平上拒绝"存在单位根"的原假设，也不需再考虑用更高阶的 ADF 检验。在此可以得出变量 S5 存在单位根的结论，见表 4-6。

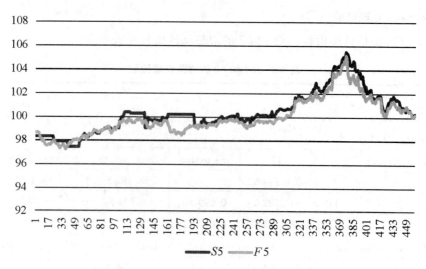

图 4-2 五年期国债期现价格走势图

表 4-6 S5 的单位根检验

Dickey-Fuller test for unit root		Number of obs	=456
-------------------- Interpolated Dickey-Fuller --------------------			
	Test Statistic	1% Critical Value	5% Critical Value	10% Critical Value
Z (t)	-1.459	-3.444	-2.872	-2.570
MacKinnon approximate p-value for Z (t) = 0.553 5			

由于 DF 统计量为-1.366 >-3.444，故不能在 1%的水平上拒绝"存在单位根"的原假设，也不需再考虑用更高阶的 ADF 检验。在此可以得出变量 F5 存在单位根的结论，见表 4-7。

表 4-7 F5 的单位根检验

Dickey-Fuller test for unit root		Number of obs	=456
-------------------- Interpolated Dickey-Fuller --------------------			
	Test Statistic	1% Critical Value	5% Critical Value	10% Critical Value
Z (t)	-1.366	-3.444	-2.872	-2.570
MacKinnon approximate p-value for Z (t) = 0.598 4			

由此我们确定了 S5 与 F5 均为单位根变量，在此基础上可以对 S5 与 F5 进行协整关系检验。

（3）协整秩迹检验。

表 4-8 为 S5 和 F5 的协整秩迹检验。

表 4-8　*S5* 和 *F5* 的协整秩迹检验

Johansen tests for cointegration					
Trend：trend				Numbers of obs = 456	
Sample：3-458				Lags =2	
Maximum rank	parms	LL	eigenvalue	Trace statistic	5% critical value
0	8	325. 195 5		30. 694 8	18. 17
1	11	339. 741 72	0. 061 81	1. 602 4*	3. 74
2	12	340. 542 9	0. 003 51		
Maximum rank	parms	LL	eigenvalue	Trace statistic	5% critical value
0	8	325. 195 5		29. 092 5	16. 87
1	11	339. 741 72	0. 061 81	1. 602 4	3. 74
2	12	340. 542 9	0. 003 51		

由上述包含常数项与时间趋势项的协整秩迹检验结果可知，只有一个线性无关的协整向量。由最大特征值检验可知，可以在 5% 的水平上拒绝"协整秩为 0"的原假设，但无法拒绝"协整秩为 1"的原假设。由此可确定 *F5* 与 *S5* 两变量间确实存在协整关系。

（4）格兰杰因果检验。

我们通过信息准则来估计滞后期得到 VAR 模型的滞后期为 2。

在此基础上估计 VAR 模型并进行格兰杰因果检验得到如表 4-9 所示的结果。

表 4-9　*S5* 和 *F5* 的格兰杰因果检验

Granger causality Wald tests				
Equation	Excluded	chi2	df	Prob>chi2
S5	*F5*	26. 168	1	0. 000
S5	ALL	26. 168	1	0. 000
F5	*S5*	3. 651 3	1	0. 056
F5	ALL	3. 651 3	1	0. 056

由表 4-9 可知，在以 *S5* 为被解释变量的方差中，检验变量 *F5* 的卡方统计量为 26.168，相应的 p 值为 0.000，故可认为 *F5* 是 *S5* 的格兰杰因；在以 *F5* 为被解释变量的方差中，检验变量 *S5* 的卡方统计量为 3.651 3，相应的 p 值为 0.056，故可接受 *S5* 不是 *F5* 的格兰杰因的原假设。

综上，$F5$ 为 $S5$ 的格兰杰因，$S5$ 不是 $F5$ 的格兰杰因。

3. 十年期国债期现长期均衡关系分析

（1）描述性分析。

图4-3为十个年期国债现货和其对应的主力合约的价格走势图，其中 $S10$ 表示十年期国债现货价格，$F10$ 表示二年期国债期货价格。从图4-3可知，$S10$ 与 $F10$ 的升降性具有有一定的联动性，表明两者之间很可能存在长期均衡关系，但要对这种相关关系进行严格的证明还需要进行进一步研究。

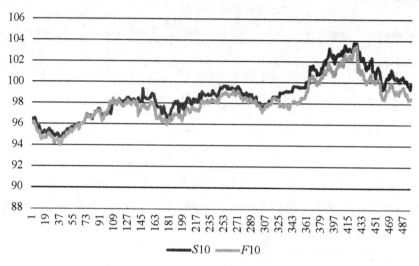

图4-3　二年期国债期现价格走势

（2）单位根检验。

由于 DF 统计量为 $-1.604 > -3.440$，故不能在 1% 的水平上拒绝"存在单位根"的原假设，也不需再考虑用更高阶的 ADF 检验。在此可以得出变量 S10 存在单位根的结论，见表4-10。

表4-10　S10的单位根检验

Dickey-Fuller test for unit root			Number of obs　=495
---------------------- Interpolated Dickey-Fuller ----------------------			
	Test Statistic	1% Critical　Value	5% Critical Value	10% Critical　Value
Z（t）	−1.604	−3.440	−2.870	−2.570
MacKinnon approximate p-value for Z（t）= 0.481 8			

由于 DF 统计量为 $-1.643 > -3.440$，故不能在 1% 的水平上拒绝"存在单位根"的原假设，也不需再考虑用更高阶的 ADF 检验。在此可以得出变量 S10 存在单位根的结论，见表4-11。这与二、五年期国债期货现货的单位根检验的结果是类似的。

表 4-11 F10 的单位根检验

Dickey-Fuller test for unit root		Number of obs	= 495
------------------- Interpolated Dickey-Fuller -------------------			
	Test Statistic	1% Critical Value	5% Critical Value	10% Critical Value
Z（t）	−1.643	−3.440	−2.870	−2.570
MacKinnon approximate p-value for Z（t）= 0.460 6			

由此我们确定了 S10 与 F10 均为单位根变量，在此基础上可以对 S10 与 F10 进行协整关系检验。

（3）协整秩迹检验。

表 4-12 为 S10 和 F10 的协整秩迹检验。

表 4-12 S10 和 F10 的协整秩迹检验

Johansen tests for cointegration					
Trend：trend				Numbers of obs = 454	
Sample：4-458				Lags = 4	
Maximum rank	parms	LL	eigenvalue	Trace statistic	5% critical value
0	8	32.736 617		25.332 2	18.17
1	11	43.294 713	0.042 01	3.216 0*	3.74
2	12	45.402 737	0.008 53		
Maximum rank	parms	LL	eigenvalue	Trace statistic	5% critical value
0	8	32.736 617		21.116 2	16.87
1	11	43.294 713	0.042 01	3.216 0	3.74
2	12	45.402 737	0.008 53		

由上述包含常数项与时间趋势项的协整秩迹检验结果可知，只有一个线性无关的协整向量。由最大特征值检验可知，可以在 5% 的水平上拒绝"协整秩为 0"的原假设但无法拒绝"协整秩为 1"的原假设。由此可确定 F10 与 S10 两变量间确实存在协整关系。这与五年期国债期货现货的协整秩迹检验结果是类似的。

（4）格兰杰因果检验。

我们通过信息准则来估计滞后期得到 VAR 模型的滞后期为 1，在此基础上估计 VAR 模型并进行格兰杰因果检验得到如表 4-13 所示的结果。

表 4-13　$S10$ 和 $F10$ 的格兰杰因果检验

Granger causality Wald tests				
Equation	Excluded	chi2	df	Prob>chi2
$S10$	$F10$	22. 394	1	0. 000
$S10$	ALL	22. 394	1	0. 000
$F10$	$S10$	7. 595 8	1	0. 006
$F10$	ALL	7. 595 8	1	0. 006

由表 4-13 可知，在以 $S10$ 为被解释变量的方差中，检验变量 $F10$ 的卡方统计量为 22. 394，相应的 p 值为 0. 000，故可认为 $F10$ 是 $S10$ 的格兰杰因；在以 $F10$ 为被解释变量的方差中，检验变量 $S10$ 的卡方统计量为 7. 595 8，相应的 p 值为 0. 006，故可接受 $S10$ 不是 $F10$ 的格兰杰因的原假设。

综上，F10 为 S10 的格兰杰因。

3. 对国债期现无套利均衡分析结果的归纳

综合上述结果，我们在确定了五年期和十年期非平稳变量国债现货价格和国债期货价格之间存在协整关系的前提下，对两个变量进行格兰杰因果关系检验，结果显示五年期和十年期期现价格之间确实存在稳定的长期均衡关系，但二年期的长期均衡关系并不明显。

（二）无套利均衡法实证分析

1. 二年期国债期现无套利均衡分析

本课题在此绘制了自 2018 年 8 月 17 日到 2020 年 8 月 30 日的二年期国债期货价格和相应的无套利区间上下限的走势图，如图 4-4 所示。

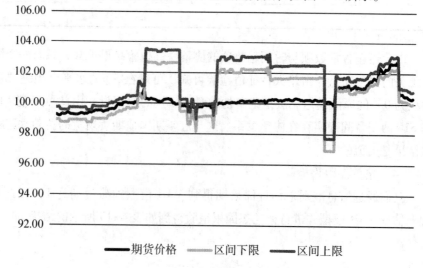

图 4-4　二年期国债期货价格及其无套利区间走势

图 4-4 反映了二年期样本价格及其对应的无套利区间的走势。总体而言，自 2019 年 6 月 17 日至 2020 年 3 月 12 日，国债期货的价格波动较小，走势较为平稳，价格序列呈现逐渐上升的趋势。无套利区间是根据已有数据进行构建的，可以看到在图中无套利区间与二年期期货价格差距极大。

为了更具体地了解国债期货价格偏离无套利区间的程度，我们定义了偏离值，该值是指期货价格大于无套利区间上限的部分或小于无套利区间下限的部分，并得到了偏离值的相关数据和绘制了偏离值的条形图。设偏离值为 PLt，期货价格为 Ft，无套利区间上下限分别为 Uu 和 Ud，有：$PLt = \text{Max}\{Ft-Uu, 0\} + \text{Min}\{Ft-Ud, 0\}$。当 PLt 大于 0 时，采用策略一可以获得收益，当 PLt 小于 0 时，采用策略二可以获得收益。

为了更清晰地了解偏离的存续时间，确定套利机会的存在，本课题还定义了回归均衡速度值，该值是指突破上下限后回到区间的时间，通过天数来衡量。第一天突破第二天就回到区间内的情况其速度值为 1，同理可得其他情况下的速度值。可见，当速度值大于 1 时，当天观测到国债期货价格突破无套利区间时，第二天执行策略一或策略二即可以获得收益；否则，即使观测到国债期货价格突破无套利区间，也无法进行套利。根据定义，得到回归均衡速度值的相关数据。

由于二年期国债期货仅仅从图形便可观察到期货价格走势与无套利区间不符的特性，我们在此不再对二年期国债期货进行以上关于偏离值和回归均衡速度的分析。这两个指标将在五年期及十年期国债期货无套利均衡分析中被采用。

2. 五年期国债期现无套利均衡分析

本课题在此绘制了自 2018 年 8 月 17 日到 2020 年 8 月 30 日的五年期国债期货价格和相应的无套利区间上下限的走势图，如图 4-5 所示。

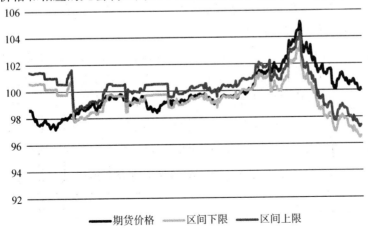

图 4-5　二年期国债期货价格及其无套利区间走势

上图反映了看到五年期国债期货价格及其对应的无套利区间的走势。总体而言，自2018年8月17日到2020年8月30日，国债期货的价格波动较小、走势较为平稳。国债期货走势与本课题构造的无套利间走势大致相同。但观察后发现，国债期货价格并非总是处于无套利区间内部，在许多时点都低于无套利区间下限，可见在该时间段内存在着短期套利机会。

图4-6为五年期国债期货偏离值的条形图。

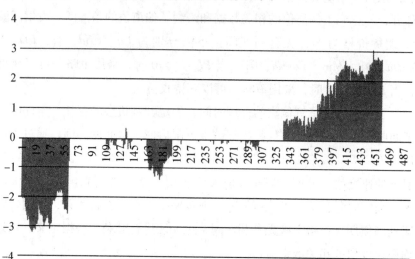

图4-6　五年期国债期货偏离值的条形图

在458个样本中，五年期样本价格有116天都发生了偏离，突破了以现货国债计算的无套利区间，计算可得偏离度即偏离日所占的比率为25.33%，直观来看至少4日里就有1日国债期货价格会发生偏离。而由图4-6可知，在样本期间内，偏离值分布呈现明显的聚集效应且正值负值皆有。另外，偏离持续时间有短有长。综合来看，国债期货价格并不总是处于无套利区间，很可能存在短期套利机会。

如表4-14所示，样本中国债期货价格偏离无套利区间的状态的天数较多，占交易总天数的比例为61.8%。一共有24次突破无套利区间的上下限并回到区间内，回归均衡速度值从1天到10天及以上不等，其中值为1的情况出现了1次，这意味着除了这1次，其他23次突破无套利区间的情况都可以进行策略一或策略二套利，可见样本期间内确实存在较多的短期套利机会。

表4-14　五年期国债期货偏离值的回归均衡速度统计

回归均衡速度值	频数
1	11
2	3

表4-14（续）

回归均衡速度值		频数	
4		2	
5		1	
6		1	
7		1	
8		1	
10 以上		4	
总计	458/日	总计	24/次
偏离度	61.80%	均值	11.71/日/次

3. 十年期国债期现无套利均衡分析

本课题在此绘制了自 2018 年 8 月 17 日到 2020 年 8 月 30 日的十年期国债期货价格和相应的无套利区间上下限的走势图，如图 4-7 所示。

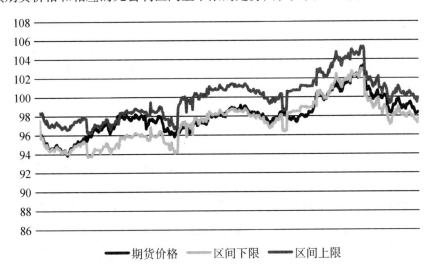

图 4-7　十年期国债期货价格及其无套利区间走势

图 4-7 反映了十年期国债期货价格及其对应的无套利区间的走势。总体而言，自 2018 年 8 月 17 日到 2020 年 8 月 30 日，国债期货的价格波动较小，走势较为平稳。国债期货走势与本课题构造的无套利间走势大致相同。但观察后发现，国债期货价格并非总是处于无套利区间内部，在某些时点低于无套利区间下限，可见在该时间段内存在着短期套利机会。

图4-8为十年期国债期货偏离值的条形图。

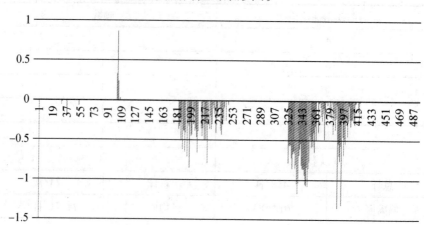

图4-8 十年期国债期货偏离值条形图

在496个样本中，十年期样本价格有148天都发生了偏离，突破了以现货国债计算的无套利区间，计算可得偏离度即偏离日所占的比率为29.84%，直观来看至少4日里就有1日国债期货价格会发生偏离。而由图4-8可知，在样本期间内，偏离值分布呈现明显的聚集效应且正值负值皆有。另外，偏离持续时间有短有长。综合来看，国债期货价格并不总是处于无套利区间，很可能存在短期套利机会。

如表4-15所示，样本中国债期货价格偏离无套利区间的状态的天数较少，占交易总天数的比例为30.85%。一共有21次突破无套利区间的上下限并回到区间内，回归均衡速度值从1天到10天及以上不等，其中值为1的情况出现了9次，这意味着除了这9次，其他12次突破无套利区间的情况都可以进行策略一或策略二套利，可见样本期间内确实存在较多的短期套利机会。

表4-15 五年期国债期货偏离值的回归均衡速度统计

回归均衡速度值		频数	
1		9	
3		3	
7		2	
8		1	
10		2	
10以上		4	
总计	496/日	总计	21/次
偏离度	30.85%	均值	7.24/日/次

4. 对国债期现无套利均衡分析结果的归纳

综合上述结果可知，二年期国债期货价格明显偏离无套利区间，其价格发现能力较弱，因此二年期国债期货市场效率仍然较低。其可能的原因是二年期国债期货市场初步建立，交易量及成交金额较小，故其效率还有待提高。五年期样本价格少，部分分布在无套利区间内部，偏离值占比61.80%；十年期样本价格基本分布在无套利区间内部，存在少量偏离值，偏离值占比30.85%。五、十年期样本价格偏离无套利区间的情况存在明显聚集效应，表明国债期货价格对无套利区间的偏离存在一定的持续效应。

五、 总结

（一）主要结论

从长期均衡关系角度看：五、十年期国债期现价格之间存在着稳定的长期均衡关系；二年期国债期现价格之间的长期均衡关系难以确定。

从无套利均衡的角度看：五年期国债期货价格少部分分布在无套利区间内部，十年期国债期货价格基本分布在无套利区间内部，存在少量偏离值。十年期国债期货的效率强于五年期国债期货效率。五、十年期国债期货价格偏离无套利区间的情况存在明显聚集效应，表明国债期货价格对无套利区间的偏离存在一定的持续效应。二年期国债期货价格则明显偏离无套利区间。

综合长期均衡关系和无套利均衡关系两种研究视角，二年期国债期货市场的价格发现能力有待进一步加强。五、十年期国债期货市场的价格发现能力较强，表明市场效率较高；并且五年期和十年期国债期货价格偏离无套利区间的情况存在明显聚集效应，表明国债期货价格对无套利区间的偏离可能存在一定的持续效应。

（二）建议及进一步的研究方向

根据本课题的研究结果，二年期国债期货市场的效率仍然较低，需要投资者的积极参与及有关部门的引导、监督和支持。

在对五、十年期国债期货的无套利均衡分析中，我们发现期货价格对无套利区间的偏离在存在明显聚集效应，表明国债期货价格对无套利区间的偏离可能存在一定的持续效应。这种偏离度集中且可能存在的持续效应，在以后的研究中有待进一步完善。

参考文献

[1] 余翔，姚远. 2019年国债期货市场运行报告 [J]. 债券，2020，93（3）：46-49.

[2] 蒋舒，吴冲锋. 中国期货市场的有效性：过度反应和国内外市场关

联的视角 [J]. 金融研究. 2007 (2)：49-62.

[3] 杨晨辉，刘新梅，魏振祥，等. 基于 VAR 模型的我国期货市场定价效率的实证研究 [J]. 数理统计与管理，2011 (2)：330-338.

[4] 武宁. 基于协整及 VAR 模型的股指期货与股票指数关系研究 [J]. 金融理论与实践，2011 (12)：83-85.

[5] 张雪莹，龙腾飞. 国债期货与现货之间的价格传导及波动溢出效应 [J]. 债券，2015 (6)：18-23.

[6] 张琳琳，蒋盼. 我国国债期货市场的定价效率研究——基于不同风险机制下的经验证据 [J]. 产业经济研究，2016 (6)：100-110.

[7] 王苏生，于永瑞，刘惠敏，等. 基于高频数据的中国国债期货价格发现能力研究 [J]. 运筹与管理，2017，26 (6)：117-123.

[8] 方宇翔，郑旭. 基于我国重启国债期货数据的套利策略研究 [J]. 价格理论与实践，2014 (11)：83-85.

[9] SAMUELSON, PAUL A. Proof that properly anticipated prices fluctuate randomly [J]. Industrial Management Review, 1965, 6 (2)：41-49.

[10] RENDLEMAN J, RICHARD J, CHRISTOPHER E C. The efficiency of the treasury bill futures market [J]. The Journal of Finance, 1979, 34 (4)：895-914.

[11] ELTON E J, GRUBER M J, RENTZLER J. Intra-day tests of the efficiency of the treasury bill futures market [J]. Review of Economics and Statistics, 1984, 66 (1)：129-137.

课题 5　中国五年期与十年期国债期货的均衡与套利[①]

摘要：本课题利用无套利动态利率期限结构这一桥梁，为五年期和十年期国债期货进行定价，得到二者的均衡关系，而后通过构建无套利区间寻找不同品种国债期货之间的跨品种套利机会，最终论证出我国国债期货市场当前的运行效率。其中在估计无套利动态 Nelson-Siegel 模型（AFNS）的参数时我们运用了卡尔曼滤波法；在对国债期货进行定价时运用了蒙特卡洛模拟法，模拟出利率路径，并运用该利率路径和国债期货所对应可交割债券的现金流对五年期和十年期国债期货进行定价；在判断跨品种套利的稳定性时运用了偏差值和回归均衡速度这两个指标。经论证得出，我国五年期和十年期国债期货之间存在着跨品种套利的机会，跨品种套利者可以通过构建跨品种套利策略获得无风险收益。当前我国的国债期货市场依然不够发达，市场有效性不足。

关键词：跨品种套利；市场有效性；无套利均衡分析；无套利动态 Nelson-Siegel 模型；卡尔曼滤波；蒙特卡洛模拟

一、引言

2013 年 9 月 6 日，五年期国债期货在中金所上市，成为我国利率市场化进程中的重要一环，它伴随着我国利率市场化的进程演进，作为一种非常重要的利率衍生品，弥补了我国缺乏利率风险管理工具的不足。2015 年 3 月 20 日，十年期国债期货上市，实现了我国国债期货从单品种到多品种的跨越，使国债期货市场更富活力，国债期货的跨品种套利成为可能，未来也将会有更多的投资者参与到国债期货的多品种交易中来。

本课题希望通过利用无套利动态利率期限结构研究五年期和十年期国债期货之间的均衡关系，寻找偏离均衡的套利机会，并进一步探索当前国债期货市场的运行效率。当前国外对期货的均衡和跨品种套利的研究已非常成

[①]　该课题为 2018 年研究成果。

熟，但在国内，关于期货特别是国债期货的均衡和跨品种套利的理论分析和实证研究还不够充分，仍然没有丰富的文献可参考。利用利率期限结构研究不同品种国债期货之间的均衡关系，探索国债期货市场可能存在的跨品种套利机会，对发现国债期货市场运行效率，找到当前国债期货市场运行的不足和推进国债期货市场的发展完善具有重要的意义。

二、 均衡与套利的理论基础

（一）利率期限结构模型

利率期限结构是指在某一时点，债券收益率与到期期限之间的关系。利率期限结构模型可以分为静态拟合和动态模型两大类。

1. 静态拟合

静态拟合研究的是某个时点的收益率曲线，主要运用各种类型的数学函数进行拟合。静态拟合具有代表性的模型主要有平滑多项式样条法、B 样条法、Fass-Bliss 票息剥离法、Nelson-Siegel 模型及 Svensson 模型。

2. 动态模型

动态模型主要利用随机微分方程来描述利率路径，进而估计出利率的动态变化过程。一般动态模型可分为均衡模型和无套利模型。

均衡模型在满足市场均衡条件的前提下输入相关的经济变量，运用随机微分方程刻画利率路径，运用经济中的状态变量和瞬时利率为整个利率期限结构建模。其代表性的模型有 Vasicek 模型及 Cox-Ingersoll-Ross （CIR）模型。

无套利模型是将当前的利率期限结构作为输入变量，可以得到与当前利率期限结构完全吻合的模型。无套利模型主要有 Ho-Lee 模型和 Hull-White 模型。

3. 选择无套利动态 Nelson-Siegel （AFNS）模型的原因

第一，比较均衡模型和无套利模型，无套利模型从当前的利率期限结构出发，可以得到与当前利率期限结构完全吻合的模型和对国债期货更精准的定价。

第二，Nelson-Siegel 族模型是由 Nelson-Siegel 模型发展而来的，很多研究都表明 Nelson-Siegel 族模型表现良好。无套利动态 Nelson-Siegel （AFNS）模型是 Nelson-Siegel 族模型的组成部分，它将无套利模型和动态 Nelson-Siegel 模型相结合，既能够体现无套利模型的精确性，又赋予了模型具体的经济意义，极大地提高了估计的准确性和预测性能。

综合考虑准确性和方便性，本课题选择无套利动态 Nelson-Siegel （AFNS）模型来为国债期货定价。

4. 无套利动态 Nelson-Siegel（AFNS）模型

Nelson-Siegel（NS）模型是从统计和数学意义上建模，通过静态拟合的参数化方法构建利率期限结构，具体形式可由式（1）来表示：

$$y(\tau) = \beta_0 + \beta_1 \left(\frac{1 - e^{-\lambda\tau}}{\lambda\tau} \right) + \beta_2 \left(\frac{1 - e^{-\lambda\tau}}{\lambda\tau} - e^{-\lambda\tau} \right) \tag{1}$$

其中 β_0，β_1，β_2，λ 为参数，$y(\tau)$ 表示期限 τ 的即期利率。

迪博德和李（Diebold & Li）在 2006 年扩展了 Nelson-Siegel（NS）模型，使其发展成为动态 Nelson-Siegel（DNS）模型。DNS 模型为保证其他参数的稳定性，将参数 λ 设置为固定值，这样虽然损失了部分拟合优度，但其损失极小。具体的函数形式为

$$y_t(\tau) = L_t + S_t \left(\frac{1 - e^{-\lambda\tau}}{\lambda\tau} \right) + C_t \left(\frac{1 - e^{-\lambda\tau}}{\lambda\tau} - e^{-\lambda\tau} \right) \tag{2}$$

其中 L_t，S_t，C_t 为状态因子，为不可观测的动态演化过程，分别对应于 NS 模型中的 β_0，β_1，β_2，状态因子的系数称为因子载荷。

迪博德和李（Diebold & Li）在 2005 年的研究表明 NDS 模型具有很好的样本内拟合能力及样本外的预测能力，但 DNS 模型仅是一个统计模型，并没有实际的经济学意义。杜菲和坎（Duffie & Kan）于 1996 年提出了描述利率动态变化的仿射类模型，这类模型主要基于无套利假设，利用仿射类模型可以推出债券定价的解析解。2011 年克里斯滕森和迪博德（Christensen & Diebold）等限制了标准仿射模型的参数，在 DNS 模型的基础上添加了收益率调整项，得到了无套利条件下的 DNS 模型（AFNS），消除了不同期限及各个时点的无套利机会，使该模型拥有了坚实的经济学意义和高效的估计效果。

AFNS 模型是风险中性概率下仿射类模型的特殊形式，我们假定状态变量 $X_t = (X_t^1, X_t^2, X_t^3)$ 为马尔科夫过程，同时，

（1）在风险中性概率 Q 测度下，满足如下随机微分方程：

$$dX_t = K^Q(t) \left(\theta^Q(t) - X_t \right) dt + \Sigma(t) \, dW_t^Q \tag{3}$$

其中 $K^Q(t) = \begin{pmatrix} 0 & 0 & 0 \\ 0 & \lambda & -\lambda \\ 0 & 0 & \lambda \end{pmatrix}$，反映了状态变量的均值回复速度，$\theta^Q$ 为 3×1 阶列向量，Σ 为 3×3 阶波动率矩阵，W^Q 为标准布朗运动。

（2）假设无风险利率取决于 X_t^1 和 X_t^2，即：

$$r_t = X_t^1 + X_t^2$$

（3）假定零息债券的价格满足指数仿射形式[①]，则可表示为

$$P(t,\ T) = E_t^Q \left[exp\left(-\int_t^T r_u du \right) \right] = exp(B(t,\ T)\,'X_t + A(t,\ T))$$

$$= exp(B^1(t,\ T)\ X_t^1 + B^2(t,\ T)\ X_t^2 + B^3(t,\ T)\ X_t^3 + A(t,\ T)) \quad (4)$$

其中，$B^1(t,\ T)$，$B^2(t,\ T)$，$B^3(t,\ T)$ 和 $A(t,\ T)$ 是 Duffie 和 Kan 的常微分方程组 5 和 6 的唯一解：

$$\begin{pmatrix} \dfrac{d\,B^1(t,\ T)}{dt} \\ \dfrac{d\,B^2(t,\ T)}{dt} \\ \dfrac{d\,B^3(t,\ T)}{dt} \end{pmatrix} = \begin{pmatrix} 1 \\ 1 \\ 0 \end{pmatrix} + \begin{pmatrix} 0 & 0 & 0 \\ 0 & \lambda & 0 \\ 0 & -\lambda & \lambda \end{pmatrix} \begin{pmatrix} B^1(t,\ T) \\ B^2(t,\ T) \\ B^3(t,\ T) \end{pmatrix}$$

即

$$\frac{dB(t,\ T)}{dt} = \rho_1 + (K^Q)\,'B(t,\ T) \quad (5)$$

$$\frac{dA(t,\ T)}{dt} = -B(t,\ T)\,'K^Q\theta^Q - \frac{1}{2}\sum_{j=1}^3 (\Sigma'B(t,\ T)\ B(t,\ T)\,'\Sigma)_{j,\,j} \quad (6)$$

又因为有 $B(T,\ T) = 0, A(T,\ T) = 0$

求解可得：

$$B^1(t,\ T) = -(T-t)$$

$$B^2(t,\ T) = -\frac{1-e^{-\lambda(T-t)}}{\lambda}$$

$$B^3(t,\ T) = (T-t)\,e^{-\lambda(T-t)} - \frac{1-e^{-\lambda(T-t)}}{\lambda}$$

$$A(t,\ T) = (K^Q\theta^Q)_2 \int_t^T B^2(s,\ T)\ ds + (K^Q\theta^Q)_3$$

$$\int_t^T B^3(s,\ T)\ ds + \frac{1}{2}\sum_{j=1}^3 \int_t^T [\Sigma'B(t,\ T)\ B(t,\ T)\,'\Sigma]_{j,\,j}ds$$

（4）由零息债券价格的函数可以推出到期收益率的函数：

$$y(t,\ T) = -\frac{1}{T-t}logP(t,\ T) = -\frac{B(t,\ T)\,'}{T-t}X_t - \frac{A(t,\ T)}{T-t} = X_t^1 + $$

$$\frac{1-e^{-\lambda(T-t)}}{\lambda(T-t)}X_t^2 + \left[\frac{1-e^{-\lambda(T-t)}}{\lambda(T-t)} - e^{-\lambda(T-t)} \right] X_t^3 - \frac{A(t,\ T)}{T-t} \quad (7)$$

式（7）即为 AFNS 模型的函数形式，对比式（2）与式（7），可以看

---

① Duffee 和 Kan 在 1996 年证明了零息债券的指数仿射形式。

出 AFNS 模型与 DNS 模型的差别就是收益率调整项 $-A(t, T)/(T - t)$，收益率调整项仅与到期时间有关，AFNS 模型可以看成是在 DNS 模型的基础上加上收益率调整项 $-A(t, T)/(T - t)$，类似的，X_t^1，X_t^2 和 X_t^3 分别表示水平因子、斜率因子和曲率因子。

综合以上分析，AFNS 的测量方程为

$$
\begin{pmatrix} y_t(\tau_1) \\ y_t(\tau_2) \\ \vdots \\ y_t(\tau_n) \end{pmatrix} = \begin{pmatrix} 1 & \dfrac{1 - e^{-\lambda\tau_1}}{\lambda\tau_1} & \dfrac{1 - e^{-\lambda\tau_1}}{\lambda\tau_1} - e^{-\lambda\tau_1} \\ 1 & \dfrac{1 - e^{-\lambda\tau_2}}{\lambda\tau_2} & \dfrac{1 - e^{-\lambda\tau_2}}{\lambda\tau_2} - e^{-\lambda\tau_2} \\ \vdots & \vdots & \vdots \\ 1 & \dfrac{1 - e^{-\lambda\tau_n}}{\lambda\tau_n} & \dfrac{1 - e^{-\lambda\tau_1}}{\lambda\tau_1} - e^{-\lambda\tau_n} \end{pmatrix} \begin{pmatrix} X_t^1 \\ X_t^2 \\ X_t^3 \end{pmatrix} - \begin{pmatrix} \dfrac{A(\tau_1)}{\tau_1} \\ \dfrac{A(\tau_2)}{\tau_2} \\ \vdots \\ \dfrac{A(\tau_n)}{\tau_n} \end{pmatrix} + \begin{pmatrix} \varepsilon_t(\tau_1) \\ \varepsilon_t(\tau_2) \\ \vdots \\ \varepsilon_t(\tau_n) \end{pmatrix}
$$

$$(8)$$

$\varepsilon_t(\tau_i)$ 为估计误差，是满足独立同分布的白噪声。

收益率调整项 $-A(t, T)/(T - t)$ 的表达式较为复杂，在风险中性概率 Q 测度下，不失一般性的可以令 $\theta^Q = 0$，则：

$$
-\frac{A(t, T)}{T - t} = -\frac{1}{2}\frac{1}{T - t}\sum_{j=1}^{3}\int_t^T \left[(\Sigma' B(t, T) B(t, T)' \Sigma) \right]_{j, j} ds
$$

令广义的波动率矩阵为

$$
\Sigma = \begin{pmatrix} \sigma_{11} & 0 & 0 \\ \sigma_{21} & \sigma_{22} & 0 \\ \sigma_{31} & \sigma_{32} & \sigma_{33} \end{pmatrix}
$$

则对于独立因子的 AFNS 模型，收益率调整项为

$$
-\frac{A(t, T)}{T - t} = -\frac{1}{2}\frac{\sigma_{11}^2}{T - t}\int_t^T B^1(s, T)^2 ds - \frac{1}{2}\frac{\sigma_{22}^2}{T - t}\int_t^T B^2(s, T)^2 ds -
$$

$$
\frac{1}{2}\frac{\sigma_{33}^2}{T - t}\int_t^T B^3(s, T)^2 ds = -\sigma_{11}^2\frac{(T - t)^2}{6} -
$$

$$
\sigma_{22}^2\left[\frac{1}{2\lambda^2} - \frac{1}{\lambda^3}\frac{1 - e^{-\lambda(T - t)}}{T - t} + \frac{1}{4\lambda^3}\frac{1 - e^{-2\lambda(T - t)}}{T - t}\right] -
$$

$$
\sigma_{33}^2\left[\frac{1}{2\lambda^2} - \frac{2}{\lambda^3}\frac{1 - e^{-\lambda(T - t)}}{T - t} + \frac{5}{8\lambda^3}\frac{1 - e^{-2\lambda(T - t)}}{T - t} + \frac{1}{\lambda^2}e^{-\lambda(T - t)} - \frac{1}{4\lambda}(T - t)e^{-2\lambda(T - t)} - \frac{3}{4\lambda^2}e^{-2\lambda(T - t)}\right]
$$

$$(9)$$

（二）基于 AFNS 模型的国债期货定价

1. 转换因子与国债期货价格

中国金融期货交易所国债期货的实物交割是运用名义标准券设计，在这种交割机制下，卖方有权选择"最便宜可交割券"（CTD）进行交收。

中国金融期货交易所给出了转换因子的计算公式，具体形式为

$$CF = \frac{1}{\left(1 + \frac{r}{f}\right)^{\frac{xf}{12}}} \times \left[\frac{c}{f} + \frac{c}{r} + \left(1 - \frac{c}{r}\right) \times \frac{1}{\left(1 + \frac{r}{f}\right)^{n-1}} \right] - \frac{c}{f} \times \left(1 - \frac{xf}{12}\right)$$

$$(10)$$

其中，

c 为可交割国债的票面利率。

n 为剩余付息次数。

r 为国债期货合约票面利率 3%。

f 为可交割国债每年的付息次数。

x 为交割月到下一付息月的月份数。

发票价格是国债期货合约在结算时，合约买方向卖方付出的实际金额，可表示为式（11）：

$$发票价格 = 期货价格 \times 转换因子 + 应计利息 \quad (11)$$

2. 最便宜可交割债券

最便宜可交割债券（CTD）是指当期货合约空头方有一系列不同的可供交割的证券时，可以得到最大收益率的债券。寻找 CTD 券最常用的方法为隐含回购利率（IRR）法，隐含回购利率是购入现货同时卖出期货的理论收益率，IRR 最高的那个债券就是 CTD 券，其有如式（12）所示的表达式：

$$IRR = \frac{发票价格 - 购买价格}{购买价格} \times \frac{365}{T - t}$$

$$= \frac{F_t \times CF + AI_T - (Clean P_t + AI_t)}{Clean P_t + AI_t} \times \frac{365}{T - t} \quad (12)$$

其中，

IRR 为 t 时刻的隐含回购利率。

F_t 为 t 时刻国债期货的净价。

$CleanP_t$ 为 t 时刻国债现券的净价。

CF 为转换因子。

AI_t，AI_T 为 t 和 T 时刻现券的应计利息，T 为期货合约的到期日。

3. 国债期货定价

在对国债期货进行定价时，我们首先假定：

（1）不考虑交易费用，即不考虑手续费、税金及由于大量交易可能存在的冲击成本。

（2）不考虑保证金占用成本。

（3）瞬时利率可以对债券价格进行合理定价。

（4）市场出清，市场中不存在套利机会。

（5）所有债券均为连续付息，所有的期望均为风险中性测度。

对到期日为 T 的期货合约，在 T 时刻，假定空方有 B_1，B_2，$\cdots$，B_i，$\cdots$ B_n 种债券可供交割，空方一定会最大化自己的收益，在交割时一定会选择 CTD 券。假设市场始终出清，不存在套利机会，由无套利条件可知，期货多空双方所得必然相等，则：

$$C F_{i*} \, F_T + A I_{i*} = CleanP_T^{i^*} + A I_{i*} \tag{13}$$

其中，

$C F_i$ 为债券 B_i 的转换因子。

F_T 为 T 时刻国债期货净价。

$A I_i$ 为债券 B_i 的应计利息。

$CleanP_T^i$ 为 T 时刻债券 B_i 的净价。

i^* 表示 CTD 券。

可以得到：

$$F_T = \frac{CleanP_T^{i^*}}{C F_{i*}} = \min_i \left(\frac{CleanP_T^i}{CF_i} \right), \quad \forall i \tag{14}$$

同时，根据等价鞅的基本原理，在无套利和市场可复制的条件下，t 时刻到期日为 T 的国债期货价格等于风险中性测度下 T 时刻期货价格的期望值，即：

$$F_t = E_t^Q [F_T] = E_t^Q \left[\min_i \frac{CleanP_T^i}{CF_i} \right] \tag{15}$$

在 AFNS 模型中，已知 t 时刻到期日为 T 的零息债券的价格为：

$$P(t, \ T) = E_t^Q \left[exp\left(- \int_t^T r_u du \right) \right]$$
$$= exp(B(t, \ T)' X_t + A(t, \ T))$$
$$= exp(B^1(t, \ T) X_t^1 + B^2(t, \ T) X_t^2 + B^3(t, \ T) X_t^3 + A(t, \ T))$$

对于一篮子可供交割债券 B_1，B_2，$\cdots$，B_i，$\cdots$，B_n，设在时间 t 之前的付息日为 t_u，$A I_i(t_u, t)$ 为 t_u 和 t 之间债券 i 的应计利息。在时间 t 之后的付息日为 T_j，$(j = 1, \ 2, \ \cdots, \ m)$，利息为 C_i，债券的面值为 $principle_i$。

$$CleanP_T^i = \sum_{j=1}^m C_i P(t, \ T_j) + principle_i P(t, \ T_m) - A I_i(t_u, \ t) \tag{16}$$

则：

$$F_t = E_t^Q \left[\min_i \frac{CleanP_T^i}{CF_i} \right]$$

$$= E_t^Q \left[\min_i \frac{\sum_{j=1}^m C_i P(t, T_j) + principle_i P(t, T_m) - A\, I_i(t_u, t)}{CF_i} \right]$$

$$= \min_i \left[\frac{\sum_{j=1}^m C_i E_t^Q P(t, T_j) + principle_i E_t^Q P(t, T_m) - A\, I_i(t_u, t)}{CF_{i*}} \right]$$

$$(17)$$

（三）五年期和十年期国债期货的均衡与价差分析

1. 均衡关系

当五年期和十年期国债期货之间存在稳定的价差时，五年期和十年期国债期货市场之间就不存在套利机会，此时市场是有效的。运用国债期货定价公式可以分别计算出五年期和十年期国债期货价格，进一步得到二者的均衡关系。

基于式（15），我们可以得到五年期和十年期国债期货的理论价差：

$$\Delta F^* = E_0^Q \left[\min_i \frac{CleanP_5^i}{CF_i} \right] - E_0^Q \left[\min_i \frac{CleanP_{10}^i}{CF_i} \right] \qquad (18)$$

2. 无套利区间

市场并不总是处于均衡状态，当偏离均衡状态时就会产生套利机会。无套利区间是指在考虑各种成本后，将理论价格分别上移和下移后的一个区间。

我国国债期货的交易成本主要有交易费用、保证金占用成本等。其中交易费用主要有手续费、税金及冲击成本等。国债期货交易采用保证金交易，投资者需要储备一定比例的保证金，一旦低于该比例，就会被强制平仓。

我们用 TC 表示进行一次国债期货跨品种套利所需要的成本，无套利区间的上界就等于均衡价差加上套利成本，即 $\Delta F^* + TC$，无套利区间的下界就等于均衡价差减去套利成本，即 $\Delta F^* - TC$。那么无套利区间为 $[\Delta F^* - TC, \Delta F^* + TC]$。

大部分国债期货都会在到期前进行平仓，不进行交割，但依然有一部分国债期货合约会被持有到期并进行交割。交割行为将会影响投资者对国债期货价格的预期，从而影响国债期货的市场价格。在实际交割时，期货空头拥有选择交割债券和交割时间的权利，称为交割期权，主要包括质量期权、时机期权、百搭牌期权和月末期权。我们用 P^o 表示交割期权的价值，那么无

套利区间的上界为 $\Delta F^* + TC + P^o$，无套利区间的下界为 $\Delta F^* - TC - P^o$。此时无套利区间为 $[\Delta F^* - TC - P^o,\ \Delta F^* + TC + P^o]$。

3. 跨品种套利

国债期货的跨品种套利，要求相关的国债期货合约不仅在同一交易场所发行上市，并且具有相同到期月份，唯一的不同就是合约的标的债券。目前我国国债期货市场上有五年期和十年期两个品种，在我国投资者可以通过五年期和十年期这两个国债期货来实现跨品种套利。

五年期和十年期国债期货这两个品种以利率作为纽带，具有很强的关联性。在正常情况下它们拥有较为稳定的价差，一旦稳定的价差出现偏离，就存在套利机会，投资者就可以买入被低估的国债期货合约，卖出被高估的国债期货合约获得无风险收益。

三、 无套利动态 Nelson- Siegel 模型下的利率期限结构实证分析

银行间市场是中国债券市场的主体，债券存量约占全市场的 91%。我国国债大部分都在银行间市场进行交易。本课题将选取 2013 年 1 月至 2017 年 12 月共计 60 个月 1 年期至十年期的银行间市场的国债即期收益率数据作为样本，以上数据均来源于 wind 金融终端。

（一）用卡尔曼滤波估计 AFNS 模型

由于 AFNS 模型只是在 DNS 模型的基础上增加了一个收益率调整项，因而其可以和 DNS 模型使用相同的估计方法。本课题将采用状态空间模型的卡尔曼滤波法，直接估计出 λ 及其他的参数值。

对于无套利动态 Nelson–Siegel（AFNS）模型，条件分布的均值和方差矩阵为：

$$E^P[X_T|F_t] = (I - \exp(-K^P \Delta t))\,\theta^P + \exp(-K^P \Delta t)\,X_t$$

$$V^P[X_T|F_t] = \int_0^{\Delta t} e^{-K^P s} \Sigma\, \Sigma'\, e^{-(K^P)\,'s} ds$$

其中，$\Delta t = T - t$

令 Y_t 表示在时间 t 的可观测向量，$Y_t = (y_1,\ y_2,\ \cdots,\ y_t)$，

状态方程为：

$$X_t = (I - \exp(-K^P \Delta t))\,\theta^P + \exp(-K^P \Delta t)\,X_{t-1} + \eta_t \tag{19}$$

测量方程为：

$$y_t = A + B X_t + \varepsilon_t \tag{20}$$

误差项满足：

$$\begin{pmatrix} \eta_t \\ \varepsilon_t \end{pmatrix} \sim N \left[\begin{pmatrix} 0 \\ 0 \end{pmatrix}, \begin{pmatrix} Q & 0 \\ 0 & H \end{pmatrix} \right]$$

其中,

$$Q = \int_0^{\Delta t} e^{-K^P s} \Sigma \Sigma' e^{-(K^P)'s} ds$$

状态空间模型最为核心的算法就是卡尔曼滤波法,简单来说就是一个基于所有可以得到的信息对系统状态进行最优估计的算法。在初始状态向量和扰动项都已知的情况下,预测误差计算似然函数,使用极大似然估计法对模型中的所有未知参数进行估计。

本课题将使用 MATLAB 进行编程。独立因子和相关因子的 AFNS 模型估计结果差距不大,并且谈正达和霍良安[1]在 2012 年研究了独立因子和相关因子的 DNS 和 AFNS 模型,得出独立因子的 AFNS 模型具有最优的样本外的预测能力。本课题基于前人的研究成果,在研究时仅使用独立因子的 AFNS 模型进行估计。

(二) 模型的估计

1. 参数的估计值

在独立因子的 AFNS 模型的估计过程中,共计存在 20 个参数,分别设为 λ,K_{11}^P,K_{22}^P,K_{33}^P,θ_1^P,θ_2^P,θ_3^P,σ_1,σ_2,σ_3,$\sigma_\varepsilon(\tau_1)$,$\cdots$,$\sigma_\varepsilon(\tau_{10})$。运用 MATLAB 完成卡尔曼滤波后,我们可以得到 λ 的估计值为 0.264 2,最大似然估计值为 4 707.075。其他参数的估计值如表 5-1 和表 5-2 所示。

表 5-1 K^P 和 θ^P 的估计值

参数	$K_{,1}^P$	$K_{,2}^P$	$K_{,3}^P$	θ^P
$K_{1,}^P$	0.002 3	0	0	0.050 4
$K_{2,}^P$	0	0.001 5	0	−0.100 7
$K_{3,}^P$	0	0	2.995 8	−0.001 6

表 5-2 Σ 的估计值

参数	$\Sigma_{,1}$	$\Sigma_{,2}$	$\Sigma_{,3}$
$\Sigma_{1,}$	0.009 4	0	0
$\Sigma_{2,}$	0	0.010 0	0
$\Sigma_{3,}$	0	0	0.035 3

---

[1] 谈正达、霍良安：无套利 Nelson-Siegel 模型在中国国债市场的实证分析

2. 模型的分析

将 K^P 转化为一月期的条件均值回复矩阵：

$$\exp\left(-K^P\frac{1}{12}\right)=\begin{pmatrix} 0.999\ 8 & 0 & 0 \\ 0 & 0.999\ 9 & 0 \\ 0 & 0 & 0.779\ 1 \end{pmatrix}$$

由此我们可以看出水平因子和斜率因子都具有最高的持续性，曲率因子的持续性相对较低。

同样地，我们将波动率矩阵转化为一个月的条件方差矩阵：

$$Q=\int_0^{\frac{1}{12}}e^{-K^Ps}\Sigma\ \Sigma'\ e^{-(K^P)'s}ds=\begin{pmatrix} 7.36\times10^{-6} & 0 & 0 \\ 0 & 8.33\times10^{-6} & 0 \\ 0 & 0 & 8.17\times10^{-5} \end{pmatrix}$$

水平因子、斜率因子和曲率因子的波动率分别为 7.36×10^{-6}、8.33×10^{-6} 和 8.17×10^{-5}，其中曲率因子波动率最高，斜率因子最低。这也反映出波动率和持续性近似的呈反向相关关系，状态因子的持续性越强，其波动率就越低。

本课题所研究的独立因子 AFNS 模型的收益率调整项的具体表达式如公式（9）所示，经计算可得到收益率调整项与到期期限 τ 的关系如图 5-1 所示。

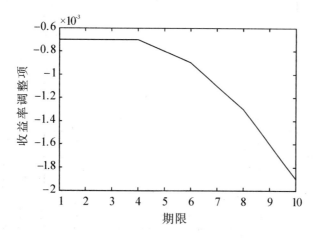

图 5-1　收益率调整项

收益率调整项的存在，能够有效减少拟合误差。对于独立因子的 AFNS 模型，收益率调整项有如图 5-1 所示的向下弯曲的形状，收益率调整项均为负值，并且整体幅度比较小，同时随着到期期限的增加，其绝对值具有不断变大的趋势。也就是说到期期限越长，收益率调整项对收益率的影响越大。

3. 模型的拟合能力

FNS 模型是从动态 Nelson-Siegel 模型（DNS）发展来的，AFNS 模型仅仅比 DNS 模型多了一个收益率调整项，我们可以通过比较 AFNS 和 DNS 模型的拟合能力来证明 AFNS 模型的拟合能力。残差均值和均方根误差都可以衡量观测值与真实值之间的偏差，因而我们利用残差均值和均方根误差来衡量模型的拟合能力。

由表 5-3 可知，AFNS 模型下的残差均值处于 2BP 到 10BP 之间，均方根误差（RMSE）处于 19BP 至 64BP；DNS 模型下残差均值处于 6BP 到 12.5BP，均方根误差（RMSE）处于 18BP 至 64BP。综合来看，AFNS 和 DNS 模型下残差均值和均方根误差都比较小；具体地，在相同的期限 DNS 模型下的残差均值大于 AFNS 模型下的残差均值，均方根误差在两个模型下没有太大的差异。这就说明 AFNS 和 DNS 模型都可以很好地反映利率变动过程，有较强的拟合能力，但相对而言 AFNS 模型具有更好的拟合能力，本课题运用 AFNS 模型具有合理性。

表 5-3　样本内拟合误差

到期时间 /年	AFNS 模型		DNS 模型	
	残差均值	均方根误差（RMSE）	残差均值	均方根误差（RMSE）
1	9.770 1	63.557 0	12.224 4	63.221 5
2	6.059 8	54.422 9	8.696 4	54.013 9
3	3.772 5	47.020 8	7.046 9	46.567 2
4	2.829 0	41.038 3	6.873 8	40.584 4
5	3.062 6	36.112 6	7.782 7	35.772 2
6	6.029 4	32.122 2	11.181 5	32.333 7
7	7.227 9	28.710 2	12.479 9	29.221 2
8	5.159 1	25.197 7	10.130 2	25.272 1
9	3.079 0	22.205 2	7.364 7	21.630 4
10	3.066 6	19.912 6	6.252 9	18.955 3

在 AFNS 模型的所有参数都估计出来后，我们可以得到估计的利率期限结构，再根据原始数据获得的实际利率期限结构。2013 年 1 月到 2017 年 12 月估计的和实际的利率期限结构的三维立体图如图 5-2 和图 5-3 所示。

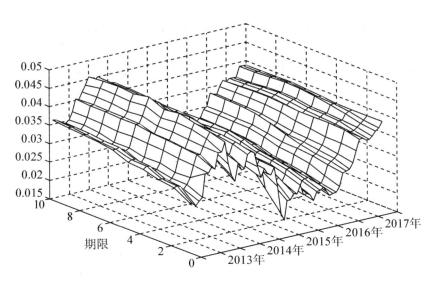

图 5-2　银行间市场实际的利率期限结构

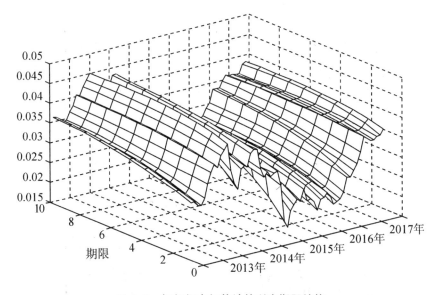

图 5-3　银行间市场估计的利率期限结构

根据图 5-2 和图 5-3，2013 年 1 月至 2017 年 12 月，银行间市场实际的利率期限结构和运用 AFNS 模型估计的利率期限结构具有相似的形状，二者即期利率的趋势大体相同，这也就说明了我们的估计值和实际值很接近，AFNS 模型具有很好的拟合能力。具体的，以二年期、五年期和十年期的即期利率为例说明其拟合情况：

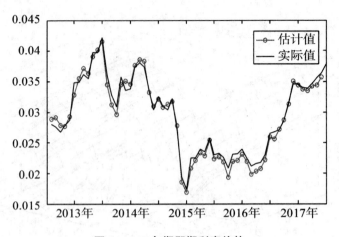

图 5-4 二年期即期利率趋势

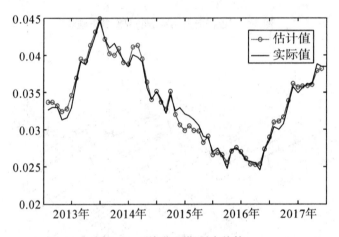

图 5-5 五年期即期利率趋势

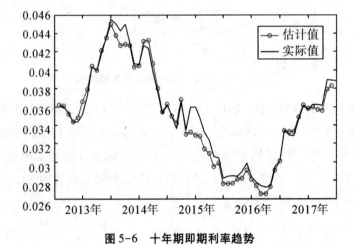

图 5-6 十年期即期利率趋势

在图 5-4、图 5-5 和图 5-6 中，带圆圈的曲线表示估计值，实线表示实际值。整体来看，二年期、五年期和十年期的实际值和估计值都具有几乎一样的走势，并且期限越短拟合能力越强，因而不管是短期还是中长期，AFNS 模型都能够很好的拟合，具有较强的样本内拟合能力。

四、 国债期货均衡和跨品种套利实证分析

（一）国债期货相关样本数据的选取

1. 国债期货的选择

国债期货合约具有期限限制，不同时间市场中交易的国债期货合约不同。当前我国每种国债期货包括三个交易合约。在每个交易日会有一个交易品种的交易最为活跃、交易量最大，这就是主力合约，由于每个期货合约都有一定的期限，期货合约的不断转换可能会使国债期货价格不连续。在这里我们可以选取五年期和十年期国债期货的主力合约，得到连续的期货价格序列。

我们通过反复比较，采用主力合约在国债期货到期的前四周改为下一主力合约，以此来得到连续的国债期货价格序列。又由于十年期国债期货自 2015 年 3 月 20 日才上市交易，初期交易较少且不稳定，因而我们舍弃了初期数据，选取五年期和十年期国债期货主力合约的每日收盘价，从 2015 年 11 月 2 日至 2017 年 12 月 29 日，共计 532 组样本。

2. 最廉可交割债券的选择

我们首先找到五年期和十年期国债期货主力合约的所有可交割债券，并比较它们最廉、二廉和三廉次数，优先考虑在合约期限内成为最廉可交割债券次数最多的可交割国债，当最廉可交割债券次数最多但是占总数的比例较小时，则考虑最廉、二廉和三廉次数总和最多的可交割债券。综合考虑后可以得到表 5-4 和表 5-5，它们将作为最廉可交割债券的代表进行后续研究。

表 5-4　银行间市场五年期国债期货近似 CTD 券

十年期期货合约	国债代码	开始日期	截止日期	最廉次数	二廉次数	三廉次数	最廉次数比率	转换因子
TF1603	140006. IB	2015-06-15	2016-03-10	66	14	4	36.87%	1.0618
TF1606	130015. IB	2015-09-14	2016-06-08	90	29	11	50.00%	1.0174
TF1609	110015. IB	2015-12-14	2016-09-08	72	12	8	39.34%	1.0435
TF1612	160007. IB	2016-03-14	2016-12-08	52	59	26	28.42%	0.9831
TF1703	160007. IB	2016-06-14	2017-03-09	42	54	43	26.26%	0.9841
TF1706	150014. IB	2016-09-12	2017-06-08	42	20	9	24.14%	1.0139
TF1709	150026. IB	2016-12-12	2017-09-07	44	13	5	24.18%	1.0023
TF1712	130005. IB	2017-03-13	2017-12-07	92	7	1	50.27%	1.0247
TF1803	130005. IB	2017-06-12	2017-12-29	86	8	1	61.87%	1.0236

数据来源：wind 资讯

表 5-5　银行间市场十年期国债期货近似 CTD 券

十年期期货合约	国债代码	开始日期	截止日期	最廉次数	二廉次数	三廉次数	最廉次数比率	转换因子
T1603	140029. IB	2015-06-15	2016-03-10	84	52	37	35.15%	1.0588
T1606	150005. IB	2015-09-14	2016-06-08	52	55	38	28.89%	1.0493
T1609	150005. IB	2015-12-14	2016-09-08	57	27	26	30.98%	1.0481
T1612	150023. IB	2016-03-14	2016-12-08	41	40	47	22.40%	0.9992
T1703	150023. IB	2016-06-14	2017-03-09	41	36	30	22.78%	0.9992
T1706	160023. IB	2016-09-12	2017-06-08	36	30	19	20.09%	0.9755
T1709	160017. IB	2016-12-12	2017-09-07	40	44	35	21.86%	0.9798
T1712	160010. IB	2017-03-13	2017-12-07	53	33	15	28.80%	0.9926
T1803	160017. IB	2017-06-12	2017-12-29	47	26	18	33.57%	0.9808

数据来源：wind 资讯

（二）无套利区间的确定

1. 简单市场假设下国债期货价格

已知国债期货主力合约对应的最廉可交割债券代表，根据式（17）和（18），可以估计出在不考虑交易成本和质量期权的情况下五年期和十年期国债期货的价格及价差。我们利用蒙特卡洛模拟方法对 2015 年 11 月 2 日至 2017 年 12 月 29 日，共计 532 个工作日的五年期和十年期国债期货进行定价，并进行价差分析。

运用蒙特卡洛模拟方法计算国债期货的价格，具体步骤如下：

第一，由 AFNS 模型估计出的参数值和 $dX_t = K(t)[\theta(t) - X_t] + \Sigma(t)dW_t$ 可以得到 n 条状态变量 X_t 的路径，同时根据 $r_t = X_t^1 + X_t^2$，获得 n 条利率路径；

第二，计算每条路径下的贴现因子

$$P_j(t, T) = exp\left(-\int_t^T r_u du\right) j = 1, 2, 3, \cdots, n$$

第三，计算在所有的路径下贴现因子的期望值 $P(T) = E[P_j(t, T)]$；

第四，根据我们选出的近似为最廉可交割债券（CTD 券）的现金流、贴现因子及转换因子，计算期货的价格 $[\sum Cashflow_i \cdot P(T) - AI_{i^*}(T)]/CF_{i^*}$。

为了兼顾蒙特卡洛模拟的稳定性和计算的简便性，我们取 n 为 5 000，对状态变量模拟 5 000 次，获得 5 000 条利率路径，由此计算出五年期和十年期国债期货的理论价格后得到二者的理论价差，即均衡价差。同样的，根据五年期和十年期国债期货的实际价格，我们可以得到二者的实际价差，在这里，我们将价差定义为五年期国债期货价格减去十年期国债期货的价格。

在图 5-7 中，虚线表示五年期和十年期国债期货的理论价差，实线则表示实际价差，由图形可以看出二者具有近似的曲线结构。具体的，理论价差的均值为 1.515 6，方差为 0.906 4；实际价差的均值为 1.838 6，方差为 1.191 6。整体而言，理论价差的数值相对较小且较为平稳。

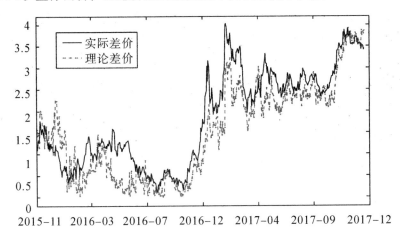

图 5-7   五年期和十年期国债期货的理论价差与实际价差

在样本范围内，实际价差和理论价差之间存在一定程度的差异，二者的差异如图 5-8 所示。

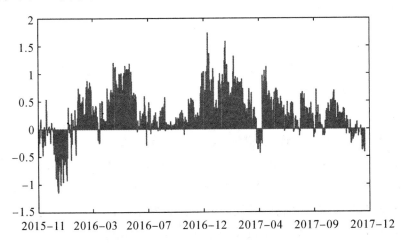

图 5-8   五年期和十年期国债期货实际价差与理论价差的差异

观察图 5-8，在 2015 年 11 月 2 日至 2017 年 12 月 29 日的样本期间内，五年期和十年期国债期货的实际价差与理论价差有较大的差异，并且差异的波动性较大，具体来说，二者差异的均值为 0.304 1，方差为 0.182 7。同时从整体上来看，大部分时间实际和理论的价差的差异值为正值，这也说明在样本内的大部分时间五年期国债期货的价格被相对高估，十年期国债期货的价格被相对低估。

2. 模型的修正与无套利区间的确定

（1）交易成本。

国债期货的跨品种套利如果想要获得收益就必须满足收益大于成本，因而交易成本的大小决定了该套利策略是否可以盈利。在进行国债期货跨品种套利时，只涉及国债期货的买卖，并不涉及现货的交割，因而交易成本主要为开仓和平仓时交易所和期货公司要收取的费用，一般包括保证金和交易费用。

中金所 2017 年 3 月 31 日修订的国债期货交易细则规定，五年期和十年期国债期货的最低交易保证金分别为其合约价值的 1% 和 2%，同时当合约临近交割月份时，交易所将分阶段逐步提高交易保证金标准。为方便计算，我们可以近似地将五年期国债期货的保证金比例定为 1.2%，十年期国债期货的保证金比例定为 2%。

国债期货的交易手续费为每手 3 元，每买卖一次价差头寸，需要交易费用 6 元。又每 100 元面值的国债期货合约对应的价值为 100 万元，则

五年期国债期货的交易成本为：

$$\frac{3}{10\ 000 \times 1.2\%} = 0.025(元)$$

十年期国债期货的交易成本为：

$$\frac{3}{10\ 000 \times 2\%} = 0.015(元)$$

同时，我国规定期货公司收取的交易佣金不得超过交易总金额的 0.002%，在这里我们可以选取最大值进行计算。

（2）质量期权。

在本课题中，我们近似地将最廉可交割债券设置为一只固定的可交割国债，没有考虑可交割债券的质量期权。综合国内学者的研究结论，可以发现转换期权对我国国债期货合约价格的影响大约为 0.05% 至 0.2%。在本课题中，我们选取最廉可交割债券代表近似作为各个时段主力合约的 CTD 券，结合自身数据，近似的将质量期权的价值限定为国债期货价格的 0.15%，最终结合对套利成本的分析，可以得到无套利区间。

（3）无套利区间和套利机会。

当两种期货的价差落入该无套利区间，那么两种期货之间就不存在跨品种套利机会，实现了五年期和十年期国债期货市场的均衡。然而两种期货的价差一旦突破这一无套利区间，就有套利机会存在，市场没有达到均衡状态。

根据图 5-9，在 2015 年 11 月 2 日至 2017 年 12 月 29 日的样本区间内，

存在实际价差不处于无套利区间的情况。共计 532 个样本中，有 415 个样本产生了偏离，突破了无套利区间，偏离次数占总次数的比例约为 78%，实际价差突破无套利区间较为频繁。总体而言，五年期和十年期国债期货的实际价差大部分时间都不处于无套利区间，因而两个市场中存在着不少跨品种套利机会，五年期和十年期国债期货市场并不均衡，市场有效性有待进一步提升。

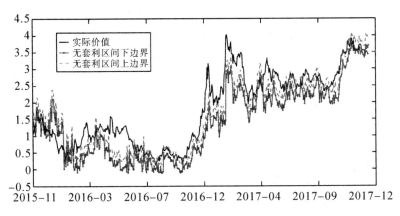

图 5-9　实际价差走势与无套利区间上下界

3. 市场有效性分析

如果市场中套利交易的收益低于成本或者非常小，同时套利机会的出现是偶然的且其回归均衡的速度很快，此时历史数据就是无效的，套利者无法利用历史数据来获取较为持续的收益，市场是有效的；然而如果市场中套利交易比较稳定，即市场中的套利机会长期存在，套利交易的收益较高，同时其在突破无套利区间后向无套利区间回归的速度较慢，那么交易者就可以利用历史数据持续地在市场中获得收益，市场有效性不足。

为了探索当前我国五年期和十年期国债期货市场的有效性，我们可以运用偏差值和回归均衡速度来说明其有效性。

（1）偏差值。

偏差值可以定义为五年期和十年期国债期货价差高于无套利区间的上限或者小于无套利区间下限的部分，可以反映两种期货的价差突破界限的幅度。

设两种国债期货理论价差的上限为 U_u，下限为 U_d，则偏差值为 $DV_t = \max(\Delta F_t - U_u, 0) + \min(\Delta F_t - U_d, 0)$。当偏差值 $DV_t > 0$ 时，卖出五年期国债期货，买入十年期国债期货构建跨品种套利交易可获得无风险收益；当偏差值 $DV_t < 0$ 时，买入五年期国债期货和卖出十年期国债期货构建跨品种套利交易可获得无风险收益；偏差值 $DV_t = 0$ 时，则不存在套利交易机会，

即 DV_t 的绝对值 $|DV_t|$ 就是跨品种套利者可能获得的收益。

根据图 5-10 和图 5-11，在样本范围内，我国五年期和十年期国债期货价差偏差值的绝对值处于 0 到 1.587 429，计算可得偏差值绝对值的均值为 0.291 844，方差为 0.301 272。从图 5-10 可以看出，从 2016 年的下半年到 2017 年年初，两种国债期货价差偏差值逐渐增大，在 2016 年年底达到了峰值，这应该与我国 2016 年下半年的国债市场和国债期货市场的暴跌有关，特别是十年期国债期货在两个月内暴跌了 9 元，国债期货的价格被严重错配。整体来看，偏差值绝对值的均值较大，这说明国债期货的价差突破无套利区间的幅度较大，与无套利边界具有较大的距离，在中国市场上跨品种套利者可以通过国债期货的跨品种套利策略来获得较高的无风险收益。

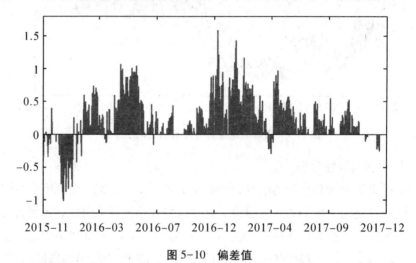

图 5-10　偏差值

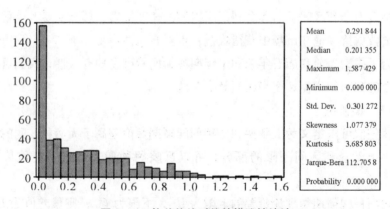

图 5-11　偏差值绝对值的描述性统计

（2）回归均衡速度。

回归均衡速度可定义为实际价差突破无套利区间后再次回到无套利区间的时间，可以通过天数来衡量，如第一天突破无套利区间第二天就回到区间内，那么速度值为 1，此时无法通过跨品种套利策略进行套利。如果速度值大于 1 天，在出现两种国债期货的价差突破区间上界和下界后，就可以在第二天运用跨品种套利策略获得无风险收益。

在 532 个样本中，两种国债期货的价差大部分时间都偏离了无套利区间，其中有 56 次在突破无套利区间后再次回到无套利区间。

根据图 5-10 和表 5-6，我们可以看出在样本范围内，实际价差回归均衡速度较慢，平均为 8 天多，最长则达到了 55 天。除去 10 次回归均衡速度为 1 外，其余的 46 次均可以使用跨品种套利策略进行套利，其中，回归均衡速度为 2 至 4 天的达到了 26 次，这说明五年期和十年期国债期货也存在较多的短期套利机会。

表 5-6　回归均衡所需天数和频次

回归均衡所需天数		频次	
1		10	
2		13	
3		7	
4		6	
5		1	
6		4	
7		1	
8		1	
9		3	
10～30		5	
31～50		4	
>50		1	
总次数	56	最小值	1
平均值	8.035 714	最大值	55

综合以上分析，在我国五年期和十年期国债期货的实际价差突破无套利区间的幅度较大，而且脱离无套利区间后再次回到无套利区间内的速度较慢。由此可知当前我国五年期与十年期国债期货市场仍然不够发达，市场的有效性不足。

五、　结论

本课题运用卡尔曼滤波法估计无套利动态 Nelson-Siegel 模型（AFNS）

的参数，而后利用蒙特卡洛模拟法模拟出利率路径，运用该利率路径和国债期货对应可交割债券的现金流对五年期和十年期国债期货进行定价，得到二者的均衡关系，理论价差在考虑了交易成本后可以得到无套利区间，将实际价差与无套利区间进行比对，得到了以下结论：AFNS 模型适用于我国市场，可以很好地反映利率变动过程，有较强的拟合能力，可以将其应用于我国国债期货的定价；我国五年期和十年期国债期货之间存在着较为稳定的跨品种套利机会，跨品种套利者可以通过构建跨品种套利策略获得无风险收益，我国的国债期货市场依然不够发达，市场有效性不足。

参考文献

［1］陈蓉，葛骏. 中国国债期货与隐含择券期权定价 ［J］. 数理统计与管理，2017，36（2）：361-380.

［2］董华香. 二因素高斯仿射利率期限结构模型的构建与应用研究 ［D］. 长沙：湖南大学，2005.

［3］高驰，王擎. 中国利率期限结构动态研究：基于卡尔曼滤波的仿射模型实证 ［J］. 南方经济，2006（12）：19-26.

［4］葛静，田新时. 中国利率期限结构的理论与实证研究：基于无套利DNS 模型和 DNS 模型 ［J］. 中国管理科学，2015，23（2）：29，38.

［5］贺畅达. 产出、通货膨胀预测与利率期限结构：基于无套利动态NS 模型 ［J］. 财经问题研究，2012（11）：58-65.

［6］孔祥哲. 国债期货理论定价与实证分析 ［J］. 时代金融，2015（18）：44-45.

［7］宋福铁，陈浪南. 卡尔曼滤波法模拟和预测沪市国债期限结构 ［J］. 管理科学，2006（12）：81-88.

［8］谈正达，霍良安. 无套利 Nelson-Siegel 模型在中国国债市场的实证分析 ［J］. 中国管理科学，2012，20（6）：18-27.

［9］王晋忠，胡晓帆. 中国国债期货的市场有效性研究 ［J］. 经济评论，2015（6）：55-68.

［10］文忠桥. 国债定价的理论和实证分析 ［J］. 南开经济研究，2004（5）：85-91.

［11］午晋涛. 基于高频数据的国债期货跨品种套利策略研究 ［D］. 太原：山西财经大学，2017.

［12］余文龙，王安兴. 基于动态 Nelson-Siegel 模型的国债管理策略分析 ［J］. 经济学（季刊），2010，9（3）：1403-1426.

［13］CHRISTENSEN J F, DIEBOLD F X, RUDEBUSCH G. An arbitrage-free generalized Nelson-Siegel term structure model [J]. Econometrics Journal, 2009, 12 (3): 33-64.

[14] CHRISTENSEN J F, DIEBOLD F X. The affine arbitrage-free class of Nelson-Siegel term structure models [J]. Journal of Econometrics, 2011 (164): 4-20.

[15] COX J C, INGERSOLL J E, ROSS S A. A theory of the term structure of interest rates [J]. Econometrica, 1985 (53): 385-407.

[16] DIEBOLD F X, LI C. Forecasting the term structure of government bond yields [J]. Journal of Econometrics, 2006 (130): 337-364.

[17] DUFFIE D, KAN R. A yield-factor model of interest rates [J]. Mathematical Finance, 1996 (6): 379-406.

[18] FAMA E F, BLISS R. The information in long-maturity forward rates [J]. American Economic Review, 1987 (77): 680-692.

[19] HEATH D, JARROW R, MORTON A. Bond Pricing and the Term Structure of Interest Rates: A New Methodology for Contingent Claims Valuation [J]. Econometrica, 1992, 60 (1): 77-105.

[20] HULL J, WHITE A. Pricing interest rate derivative securities [J]. Review of Financial Studies, 1990, 3 (4): 573-592.

[21] NELSON C R, SIEGEL A F. Parsimonious modeling of yield curves [J]. Journal of Business, 1987 (60): 473-489.

课题6 中国国债期货品种间均衡研究

摘要： 国债期货是管理利率风险的重要工具，不同品种间价格均衡关系的稳定性影响着风险管理功能的实现。本课题针对我国国债期货市场十年、五年与二年期的三个品种，使用自回归模型拟合与预测即期收益率，然后使用最廉券的市场价格为国债期货定价，在考虑交易成本和市场摩擦的基础上构建了无套利价差区间，通过比较分析偏离值和回归均衡速度分析国债期货品种间价格均衡关系。研究发现，三个品种在交易中存在较多套利机会，国债期货品种间价格并不均衡，市场有效性有待提高。我们进一步分析三组价差关系发现，运行时间更长的国债期货市场有效性更高，套利机会存在的时间更短，回归均衡速度更快。

关键词： 跨品种套利；无套利均衡；无套利区间；偏离值

一、引言

国债期货是以国债作为标的的期货品种，是重要的利率衍生产品，在管理利率风险中有着重要的作用。2018年在已有五年期、十年期国债期货的基础上，中国金融期货交易所又推出二年期国债期货，进一步丰富了利率衍生品工具种类。随着国债期货品种的丰富，跨品种套利成为可能，也吸引了更多投资者参与到国债期货的交易中来，增强了国债现券市场的流动性。五年期国债期货交易已经平稳运行了7年，为十年期和二年期国债期货的推出和交易提供了宝贵的经验，当然市场的完善都是一个渐进的过程。很多学者从统计的角度研究了十年期和五年期国债期货价格的关联性和均衡关系，从定价的角度研究二年期和五年期国债期货价格均衡的较少，一方面是因为二年期国债期货推出时间不长，另一方面可能是因为国债期货的定价比其他商品期货更加复杂。本课题尝试从利率期限结构出发，利用国债现券的银行间市场交易价格数据，对三个国债期货进行定价，再考虑交易成本构建无套利区间以研究它们价格之间的均衡关系。

二、　文献综述

跨品种套利是基于市场有效的情况下，相关产品的价格应当存在一个稳定的数量均衡关系，当市场波动使价格脱离了均衡关系时就出现了可以低买高卖的套利机会，跨品种套利的交易行为能够促进不同品种期货的价格均衡关系的回归。跨品种套利实质上是一种价差交易，要求两个品种要具有较强的相关性，并且它们的价格符合均值回复性的特征。如何确定不同品种价格的相关关系和价差的均值回复特征就成了研究跨品种价格均衡的重点。国内外学者在研究跨品种套利时，大多选取商品期货股指期货等，对国债期货的研究很少，但商品期货的跨品种期货价格均衡研究方法和思路对国债期货的跨品种价格均衡仍有很好的借鉴意义。商品期货标的不同，期货价格可能相关但没有定价上的直接理论关系，学者们一般通过统计分析研究跨品种期货的价格均衡，然后以统计检验来论证这种均衡关系的长期性和稳定性。埃默里（Emery）等人于 2002 年对电力和天然气这两个相关联品种的期货合约进行了跨品种套利研究，首先利用协整分析了两个期货价格之间的关系，然后通过构建套利模型模拟套利交易，实证结果表明该套利策略具有良好的市场表现，可以获得不错的收益。彭建斐在 2010 年运用统计套利方法研究了大豆、豆粕和豆油期货的跨品种套利，得出我国的期货市场缺乏效率的结论。殷晓梅在 2008 年对棕榈油期货合约和豆油期货合约的价格走势进行了格兰杰因果检验、协整分析，并在此基础上运用误差修正模型（ECM），证明了它们的价格具有长期均衡关系。王卓在 2011 年对铜期货和锌期货的主力合约价格进行了相关性分析并设计了跨品种套利方案，对两种期货之间出现跨品种套利机会的频率和具体形式进行检验表明，铜期货和锌期货确实存在跨品种套利机会。使用统计方法研究跨品种期货价格均衡的缺陷在于得到的结果往往只具有历史统计意义，而不能较为准确地预测未来的情况。

也有学者在确定不同品种期货价格的关联性后，通过建立共同的波动率模型来建立跨品种期货的价格均衡。瓦哈卜（Wahab）等人于 1994 年在协整分析的基础上运用误差修正模型（ECM）、自回归移动平均（ARMA）模型和自回归条件异方差（ARCH）模型对黄金和白银期货主力合约的价格进行分析，并运用移动平均法实现了跨品种套利。西蒙（Simon）在 1999 年研究大豆、豆粕和豆油期货间的跨品种套利时，在协整分析的基础上运用广义自回归条件异方差（GRACH）模型说明了它们的价格存在长期均衡关系，同时证明了大豆、豆粕和豆油期货市场有效性不足存在套利机会。另外，交易成本也是跨品种期货价格均衡中一个很重要的影响因素，它直接影响套利机会能否实现。巴特沃斯（Butterworth）等人在 1999 年分析富时 100 指数期货和富时 250 指数期货之间的价格均衡关系时发现，考虑交易成本之后原本可以盈利的套利策略可能出现亏损。基于波动率模型的跨品种期货价格均衡分析依赖于共同的波动率变化假设，但这个假设的合理性难以评判，对不同的期货种类适用性可能差别很大。

国债期货和现货的价格关联度远远高于其他商品。威廉（William）在 1978 年证明了国债现货与期货的显著相关关系，在考虑交易成本的情况下仍然成立。科梅尔（Cornell）等人在 1988 年在特定的假设条件下直接推导了股指期货的持有成本定价模型，陈蓉在 2015 年指出不考虑转换期权时，该模型同样适用于国债期货的定价。伦德尔曼（Rendleman）等人在 1984 年通过建立期货市场和现货市场的均衡模型，得到了期货的均衡价格。不同品种国债期货的标的资产都是国债，区别在于剩余期限的不同，但它们可适用相同的定价模型，因此可以从定价理论出发建立不同品种期货之间的价格关系，再用交易数据进行实证研究。

国内文献对国债期货套利的研究主要集中在跨期套利和期现套利，发表的期刊论文中与跨品种套利相关的研究很少，少量学位论文关注国债期货跨品种套利且主要聚焦于统计套利的方法，仅侯雅宏在 2018 年从理论定价的角度出发研究国债期货跨品种套利，她使用基于 AFNS 方法拟合和预测的利率期限结构，通过现金流贴现的方式为国债期货定价，进而构建理论价差和考虑成本的无套利价差区间，研究了五年期和十年期国债期货的均衡与套利。我们尝试使用更简单灵活的自回归模型来拟合预测利率期限结构，通过现券的市场价格和持有成本法为国债期货定价，比较分析二年期、五年期和十年期三个国债期货品种间的均衡与套利。

本课题的主要创新点在于：第一，使用自回归模型进行即期收益率的拟合和预测，模型简单灵活易实现，并且实证结果表明拟合与预测效果都很好；第二，假设市场对国债现货的定价是充分的，利用现货市场价格对国债期货进行定价，从定价的角度确定国债期货品种间价格均衡关系，对比分析了三个国债期货品种间的市场均衡。

三、 我国国债期货跨品种市场均衡模型

（一） 基础的国债期货跨品种市场均衡价差模型

本节中，我们将从国债期货的理论定价出发，确定国债期货跨品种市场均衡价差公式，并分析市场价差在偏离均衡的情况下如何回归均衡。

首先，考虑国债期现市场价格的均衡关系，参考中金所给出的期货理论定价公式和王晋忠 2015 年提出的期现市场均衡无套利分析模型，假设：①资本市场是完美的，无税收、交易成本和卖空限制，资产完全可分，市场

是完全竞争的，买卖人数众多，买者和卖者都是价格的接受者，资源可自由流动，信息具有完全性。②国债期货价格和具有相同标的利率的远期价格是相等的。③ 最便宜交割债券已知，即交割债券转换期权价值为 0。

同时，我们定义 T 是国债期货合约的交割日，S_t 为时刻 t 的现券现金价格，其对应转换因子 CF，I_t 为上一付息日到时刻 t 的应计利息，持有国债期间支付利息 C，总共支付 n 次，对应发生时间节点 $t < t_1 < t_2 \cdots < t_n < T$，$r_{t_i}$ 为期限 t_1 的即期利率，国债期货理论定价公式为：

$$F_t = \frac{(S_t + I_t - \sum_{i=1}^{n} \frac{C_i}{1 + r_{t_i}}) \times (1 + r_T) - I_T}{CF} \qquad (1)$$

考虑国债期货不同品种的市场价差关系，以二年期国债期货和五年期国债期货为例，两品种的理论定价同上式，二年期国债期货价格为 F_{2t}，五年期国债期货价格为 F_{5t}，二者理论价差定义为：

$$\Delta F = F_{2t} - F_{5t} \qquad (2)$$

当市场价差不等于理论价差时，敏锐的套利者会迅速发现套利机会并构建套利策略。套利策略的相关分析如表 6-1 所示，设二年期国债期货 TS 价格为 F_2，套利使价格变动 Δ_2，变动后价格 $F_2{'}$，五年期国债期货 TF 价格为 F_5，套利使价格变动 Δ_5，变动后价格 $F_2{'}$，理论价差为 $\Delta F*$，实际价差为 ΔF。

表 6-1 套利策略分析

套利机会	套利策略	套利结果	套利头寸平仓盈亏
实际价差大于理论价差时：$\Delta F = F_2 - F_5 > \Delta F*$	1 手 TS 空头 2 手 TF 多头	套利多头头寸使 TS 价格趋于下跌：$F_2{'} = F_2 + \Delta_2$，$\Delta_2 >= 0$ 套利空头头寸 TF 价格趋于上涨：$F_5{'} = F_5 - \Delta_5$，$\Delta_5 >= 0$ 价差收窄，Δ_2 和 Δ_5 不同时为 0：$\Delta F{'} = F_2{'} - F_5{'} = \Delta F - (\Delta_2 + \Delta_5) < \Delta F$	$(F_2 - F_2{'}) * 20\,000+$ $(F_5{'} - F_5) * 2 * 10\,000$ $= (\Delta_2 + \Delta_5) * 20\,000$
实际价差小于理论价差时：$\Delta F = F_2 - F_5 < \Delta F*$	1 手 TS 多头 2 手 TF 空头	套利多头头寸使 TS 价格趋于上涨：$F_2{'} = F_2 + \Delta_2$，$\Delta_2 >= 0$ 套利空头头寸 TF 价格趋于下跌：$F_5{'} = F_5 - \Delta_5$，$\Delta_5 >= 0$ 价差增大，Δ_2 和 Δ_5 不同时为 0：$\Delta F{'} = F_2{'} - F_5{'} = \Delta F + (\Delta_2 + \Delta_5) > \Delta F$	$(F_2{'} - F_2) * 20\,000+$ $(F_5 - F_5{'}) * 2 * 10\,000$ $= (\Delta_2 + \Delta_5) * 20\,000$

我们通过表 6-1 的策略分析可知，只要市场价差偏离理论价差，就会吸引套利者执行相应的套利策略参与套利交易，市场价差偏离理论价差越远，越能吸引更多的套利者参与套利交易，使得市场上套利头寸更大，推动价格变化，使得价差趋于收窄的力量也更强，直到市场价差回归理论价差，套利机会消失，市场回到均衡状态。因此在市场接近有效和足够长的时间窗口下，我们认为市场价差会回归理论价差是合理的，市场均衡价差即我们计算的理论价差，我们可以用检验市场价差是否等于理论价差来判断市场处于均衡状态。

（二）模型的现实性修正

前述模型和假设是基于理想市场状态，但是现实的资本市场存在交易成本和市场摩擦，远期和期货价格并不一致，国债期货的最便宜可交割债券不确定。为了使研究尽可能接近现实情况，我们对模型和假设做一些修正，放宽一些条件，使其尽可能接近市场实际情况。以此为基础，我们尝试构建一个无套利价差区间，如果市场价差处在无套利价差区间，我们认为品种间市场是均衡的。

套利交易是有成本的，只有当套利策略的收益大于交易成本时策略才会被实施，交易手续费、保证金占用成本等会影响套利策略的实现，假设套利成本值为 C，则品种间市场均衡模型理论价差转变为无套利价差区间 $[\Delta F - C, \Delta F + C]$。本课题首先考虑交易成本的影响，保证金占用成本取决于套利头寸的大小、持有期限和利率水平，套利机会存在的时间通常只有几天，按无风险利率计算，保证金占用成本可忽略不计。套利交易本身会对国债期货价格产生冲击，在交易不活跃的市场中冲击成本对盈利影响很大，秦佳菁在 2014 年在研究国债期货跨期套利时使用买卖价差的平均值来衡量冲击成本，发现高冲击成本约 0.006 元/百元报价，普通冲击成本约 0.003 元/百元冲击报价，低冲击成本约 0.002 元/百元报价。考虑到银行间国债期货市场本身规模大交易频繁，选取的研究对象是最活跃的主力合约，本研究采用三个冲击成本的平均值 0.003 7 元/百元报价。

其次，考虑期货和远期价格一致的假设。考克斯（Cox）等人在 1981 年认为国债期货价格比相应的远期价格要更低，这意味着我们估计的期货价格会偏高。但在国外的一些实证研究中，如伦德曼（Rendleman）等人在 1984 年发现远期和期货的价格差异是不显著的。由于中国国内市场利率在短期内波动并不剧烈，因此我们在模型中没有考虑这一差异。

最后，考虑交割债券转换期权的价值。国债期货的可交割债券并不是单一标的，而是一揽子符合要求的国债，并且规定期货合约空头可以选择使用哪种现券进行交割。虽然大多数的国债期货合约在到期前通过对冲交易直接平仓，但仍有部分国债期货合约会被持有到期且进行交割，交割的可能性和交割券的不确定性会影响投资者们对国债期货价格的预期。赫姆勒（Hemler）在 1990 年利用持有成本模型计算国债期货价格，结合市场价格历史数据计算得到国债期货质量期权的价值大约为期货价格 0.3%。中证期货等使用仿真交易数据，采用 Hemler 的三种方法对国内市场的转换期权价值进行过测算，认为在目前情况下，国债期货合约产生的转换期权价值大致在期货价格的 0.1%~0.2%上浮动。本课题借鉴国内外研究成果，以期货价格的 0.2%计算转换期权价值，以二年期国债期货和五年期国债期货为例，无套利区间修正如下：

二年期国债期货 TS 的无期权价格 F_2，含期权价格 OF_2，期权价格 P_2，五年期国债期货 TF 的无期权价格 F_5，含期权价格 OF_5，期权价格 P_5，转换期权设定为国债期货价格的 0.2%，即：

$$P_2 = F_2 \times 0.2\%, \ P_5 = F_5 \times 0.2\% \tag{3}$$

TS 和 TF 的含期权价格：

$$OF_2 = F_2 - P_2, \ OF_5 = F_5 - P_5 \tag{4}$$

考虑期权价值的 TS 和 TF 的理论价差：

$$\Delta F_{2-5} = OF_2 - OF_5 = (F_2 - F_5) - (P_2 - P_5) \tag{5}$$

期权价值是不断变动的，0.2% 应理解为期权价值的上限，而不是固定值，期权价值下限为 0，故考虑期权价值的理论价差上下限：

$$\max\Delta F_{2-5} = (F_2 - F_5) - \min(P_2 - P_5) = (F_2 - F_5) + P_5 \tag{6}$$

$$\min\Delta F_{2-5} = (F_2 - F_5) - \max(P_2 - P_5) = (F_2 - F_5) - P_2 \tag{7}$$

考虑期权价值和交易成本的二年期国债期货与五年期国债期货的无套利价差区间应为：

$$[(F_2 - F_5) - P_2 - C, \ (F_2 - F_5) + P_5 + C] \tag{8}$$

同理，可得到另外两组无套利价差区间。

考虑期权价值和交易成本的二年期国债期货与十年期国债期货的无套利价差区间应为：

$$[(F_2 - F_{10}) - P_2 - C, \ (F_2 - F_{10}) + P_{10} + C] \tag{9}$$

考虑期权价值和交易成本的五年期国债期货与十年期国债期货的无套利价差区间应为：

$$[(F_5 - F_{10}) - P_5 - C, \ (F_5 - F_{10}) + P_{10} + C] \tag{10}$$

当市场价差处于该无套利区间时，国债期货品种间不存在套利机会，跨品种市场价格均衡，期货市场有效。当期货价格突破该区间，说明市场偏离均衡，存在套利机会。我们通过观察期货价格突破界限的幅度和回到区间内的速度，可以衡量期货市场的有效性。偏离均衡的幅度越小，回到均衡的速度越快，市场的有效性越高。

四、　即期收益率预测模型

上一节我们已经给出了国债期货的理论价格公式并讨论了理论价差区间公式，为了使用现券的市场价格和持有成本法为国债期货定价，我们需要拟合与预测无风险利率的变化。利率的时间序列数据存在很显著的自相关特征，我们使用简单灵活的自回归模型来拟合与预测无风险利率；国债几乎无信用风险，银行间国债交易量大且活跃，银行间市场的国债即期收益率是无风险利率的不错替代；国债期货合约具有期限限制，为最近的三个季月，我们可以仅拟合 6 月期与 1 年期的国债即期收益率，而不需要拟合完整的收益率期限结构。

　　因此，我们选取 6 月、1 年期银行间市场的国债即期收益率数据作为样本，时间窗口 2017 年 9 月 4 日至 2021 年 4 月 19 日共计 887 个交易日数据，以上数据均来源于 wind 金融终端，使用前 400 个交易日数据为样本估计 AR 模型，后 487 个交易日数据作为样本外数据，对比评价 AR 模型的静态预测效果。也就是使用 2017 年 9 月 4 日至 2019 年 4 月 6 日的市场数据估计模型参数，使用该模型和当天的及以前的历史市场数据进一步超前预测，得到第二天的即期收益率预测值。

　　自回归模型要求时间序列平稳，为了检验即期收益率序列的平稳性，我们首先对 M6（6 个月期即期收益率）序列进行 ADF 单位根检验，发现序列不平稳，存在单位根，一阶差分后序列平稳，无单位根，可以对 M6 的一阶差分序列尝试构建自回归模型。ADF 单位根检验结果如图 6-1 所示。

Null Hypothesis: M6 has a unit root		
Exogenous: Constant		
Lag Length: 0 (Automatic - based on SIC, maxlag=16)		
	t-Statistic	Prob.*
Augmented Dickey-Fuller test statistic	-0.720475	0.8389
Test critical values:　　1% level	-3.446525	
5% level	-2.868565	
10% level	-2.570578	

*MacKinnon (1996) one-sidedp-values.

Null Hypothesis: D(M6) has a unit root		
Exogenous: Constant		
Lag Length: 0 (Automatic - based on SIC, maxlag=16)		
	t-Statistic	Prob.*
Augmented Dickey-Fuller test statistic	-20.59801	0.0000
Test critical values:　　1% level	-3.446567	
5% level	-2.868583	
10% level	-2.570588	

*MacKinnon(1996) one-sidedp

图 6-1　M6 和 d（M6）序列的 ADF 单位根检结果

　　为了确定自回归模型的滞后阶数，我们检查 M6 一阶差分序列的偏自相关函数如图 6-2 所示，发现存在二阶滞后的显著相关，适合构建 AR（2）模型，即二阶滞后的自回归模型，一阶自相关和偏自相关不显著，需要考虑是否剔除一阶滞后项。

Date: 05/17/21　Time: 10:58					
Sample: 1 400					
Included observations: 399					

Autocorrelation	Partial Correlation		AC	PAC	Q-Stat	Prob
		1	-0.034	-0.034	0.4622	0.497
		2	0.105	0.104	4.9145	0.086
		3	0.056	0.063	6.1681	0.104
		4	0.080	0.074	8.7572	0.067
		5	-0.055	-0.063	10.005	0.075
		6	-0.018	-0.043	10.141	0.119
		7	-0.060	-0.061	11.608	0.114
		8	0.056	0.062	12.913	0.115
		9	-0.052	-0.022	14.004	0.122
		10	0.020	0.016	14.172	0.165
		11	0.027	0.034	14.463	0.208
		12	-0.089	-0.106	17.742	0.124
		13	-0.061	-0.071	19.273	0.115
		14	-0.023	-0.020	19.484	0.147
		15	0.031	0.062	19.889	0.176

图 6-2　d（M6）序列的自相关函数

先建立建立二阶自回归模型如下，$dm6$ 是 6 个月期限即期收益率的一阶差分：

$$dm6_t = c + \beta_1 \cdot dm6_{t-1} + \beta_2 \cdot dm6_{t-2} + \upsilon_t \tag{11}$$

我们使用 2017 年 9 月 4 日至 2019 年 4 月 6 日的 400 个交易日历史数据估计了包含一阶和二阶滞后的自回归模型，发现一阶滞后性的参数 P 值 0.472 8>0.05，影响不显著，剔除一阶滞后项；根据信息准则，应选取 AIC 更小的估计模型，仅包含二阶滞后项的模型 AIC = −3.41，包含一阶和二阶滞后项的模型 AIC = −3.40，因此我们选取仅包含二阶滞后项的自回归模型。模型估计结果如图 6-3 所示。

Dependent Variable: D(M6)
Method: ARMA Maximum Likelihood (OPG - BHHH)
Date: 05/17/21　Time: 11:03
Sample: 2 400
Included observations: 399
Convergence achieved after 18 iterations
Coefficient covariance computed using outer product of gradients

Variable	Coefficient	Std. Error	t-Statistic	Prob.
C	-0.002482	0.002494	-0.995264	0.3202
AR(1)	-0.030119	0.041910	-0.718667	0.4728
AR(2)	0.104034	0.038537	2.699556	0.0072
SIGMASQ	0.001898	7.55E-05	25.12403	0.0000

R-squared	0.012013	Mean dependent var	-0.002512
Adjusted R-square	0.004509	S.D. dependent var	0.043883
S.E. of regression	0.043784	Akaike info criterion	-3.409062
Sum squared resid	0.757232	Schwarz criterion	-3.369072
Log likelihood	684.1078	Hannan-Quinn criter.	-3.393224
F-statistic	1.600966	Durbin-Watson stat	2.012118
Prob(F-statistic)	0.188637		

Inverted AR Roots	.31	-.34

Dependent Variable: D(M6)
Method: ARMA Maximum Likelihood (OPG - BHHH)
Date: 05/17/21　Time: 11:04
Sample: 2 400
Included observations: 399
Convergence achieved after 13 iterations
Coefficient covariance computed using outer product of gradients

Variable	Coefficient	Std. Error	t-Statistic	Prob.
C	-0.002477	0.002573	-0.962578	0.3363
AR(2)	0.105120	0.037204	2.825536	0.0005
SIGMASQ	0.001900	7.40E-05	25.66411	0.0000

R-squared	0.011104	Mean dependent var	-0.002512
Adjusted R-squared	0.006110	S.D. dependent var	0.043388
S.E. of regression	0.043749	Akaike info criterion	-3.413156
Sum squared resid	0.757929	Schwarz criterion	-3.383164
Log likelihood	683.9247	Hannan-Quinn criter.	-3.401278
F-statistic	2.223321	Durbin-Watson stat	2.072468
Prob(F-statistic)	0.109599		

Inverted AR Roots	.32	-.32

图 6-3　自回归模型估计结果

6 个月期即期收益率序列最终建立的模型如下：

$$dm6_t = c + \beta_1 \cdot dm6_{t-2} + \upsilon_t \tag{12}$$

我们进行了一系列的检验来验证模型的可靠性，仅包含二阶滞后项的自回归模型检验结果显示：自相关系数显著性检验表明影响显著，特征根倒数的模小于 1，模型稳定。检查模型的残差序列发现：无 ARCH 效应，无单位根，自相关函数和偏自相关函数表明无自相关性，残差序列为白噪声，建模是充分的。模型的残差序列检验结果如图 6-4 所示。

为了检验模型的预测效果，我们使用最新市场即期收益率代入自回归模型进行 1 步超前预测，样本内拟合和样本外预测效果如图 6-5 所示，模型的拟合值和预测值接近市场真实值。我们采用同样的方法建立 1 年期的银行间市场的国债即期收益率 AR 模型 [式（13）]，$dy1$ 是 1 年期即期收益率的一阶差分，拟合和预测结果如图 6-5 所示。

$$dy1_t = c + \beta_1 \cdot dy1_{t-2} + \upsilon_t \tag{13}$$

Heteroskedasticity Test: ARCH

F-statistic	2.805785	Prob. F(1,396)	0.0947
Obs*R-squared	2.800116	Prob. Chi-Square(1)	0.0943

Null Hypothesis: AR2_AR1_RESIDUALS has a unit root
Exogenous: Constant
Lag Length: 0 (Automatic - based on SIC, maxlag=16)

		t-Statistic	Prob.*
Augmented Dickey-Fuller test statistic		-20.66296	0.0000
Test critical values:	1% level	-3.446567	
	5% level	-2.868583	
	10% level	-2.570588	

Date: 05/17/21   Time: 11:14
Sample: 1 400
Included observations: 399
Q-statistic probabilities adjusted for 1 ARMA term

Autocorrelation	Partial Correlation		AC	PAC	Q-Stat	Prob
		1	-0.037	-0.037	0.5493	
		2	-0.007	-0.008	0.5696	0.450
		3	0.067	0.066	2.3781	0.305
		4	0.073	0.078	4.5251	0.210
		5	-0.056	-0.050	5.8053	0.214
		6	-0.033	-0.041	6.2472	0.283
		7	-0.050	-0.064	7.2669	0.297
		8	0.057	0.056	8.6163	0.281
		9	-0.049	-0.032	9.6102	0.293
		10	0.024	0.033	9.8533	0.362
		11	0.039	0.038	10.483	0.399
		12	-0.091	-0.101	13.908	0.238
		13	-0.068	-0.074	15.847	0.198
		14	-0.008	-0.028	15.876	0.256
		15	0.038	0.055	16.492	0.284

图 6-4　模型的残差序列检验结果

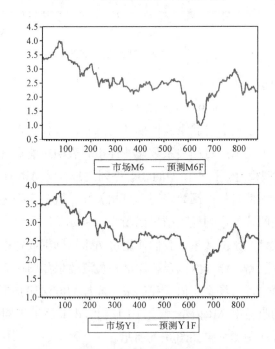

图 6-5　M6 和 Y1 收益序列的拟合预测效果

　　结果显示二阶滞后项可以很好地解释和预测两天后的即期收益率，在建模过程中我们也检验了模型是稳健可靠的，接下来我们将利用模型预测的即期收益率进行实证研究，为国债期货定价并计算理论价差区间，分析国债期货品种间均衡。

五、　实证检验

（一）国债期货合约选择

同一品种的国债期货有多个不同到期日的合约同时交易，并且每个合约只持续 3 个季月（每季的最后一个月），我们需要构建一个连续价格序列来代表该品种期货的价格变化。相比较而言，在每个交易日，会有一个合约的交易最为活跃、交易量最大，这就是主力合约，选取国债期货的主力合约构建连续的期货价格序列，也可以在一定程度上克服交割月交易量较小、价格波动大的缺点。通常期货合约的交易量随时间变化呈倒"U"形，为了简便操作，本课题采用主力期货合约在到期的前一个月改为下一主力合约的方法构建连续的主力合约的日收盘价价格序列。二年期国债期货于 2018 年 8 月 17 日开始交易，前三个月存在很多缺失值，可能是上市初期交易不活跃且不稳定，我们选择从 2018 年 11 月 19 日到 2021 年 4 月 19 日的市场数据，共计 587 组样本。

（二）最廉券选择

国债期货的标的并不是确定的，每个国债期货主力合约有一揽子可交割债券，到期交割时空头可以选择最有利于自己的可交割债券用于交割，即最廉券。为了利用国债现货为国债期货定价，我们需要确定主力合约相对应的最廉券。我们统计了二年期、五年期和十年期国债期货主力合约的所有可交割债券，汇总和比较它们最廉、二廉和三廉的次数，合约期限内成为最廉可交割债券次数最多，或者最廉、二廉和三廉次数总和最多的可交割债券，我们认为是该对应合约比较有代表性的最廉可交割债券。具体操作时，首要考虑在成为最廉可交割债券次数最多的可交割国债；若最廉次数占总数的比例较小时，则考虑最廉、二廉和三廉次数总和最多的可交割债券。

（三）考虑交易成本的无套利价差区间

我们对交易手续费的设定和计算如下：根据中金所公布的合约细则，国债期货手续费 3 元/手，十年期国债期货 T，100 万元面额，最低保证金为合约价值的 2.0%；五年期国债期货 TF，100 万元面额，最低保证金为合约价值的 1.0%；二年期国债期货 TS，200 万元面额，最低保证金为合约价值的 0.5%。国债期货的每百元手续费成本：

$$十年期：\frac{3 \times 100}{1\,000\,000 \times 2\%} = 0.015$$

$$五年期：\frac{3 \times 100}{1\,000\,000 \times 1\%} = 0.03$$

$$二年期：\frac{3 \times 100}{2\,000\,000 \times 0.5\%} = 0.03$$

每次套利交易涉及头寸建仓平仓各一次，故套利策略的每百元手续费成本为：

$$二年期和五年期国债期货：\frac{0.03 + 0.03}{2} \times 2 = 0.06$$

$$二年期和十年期国债期货：\frac{0.03 + 0.015}{2} \times 2 = 0.045$$

$$五年期和十年期国债期货：\frac{0.03 + 0.015}{2} \times 2 = 0.045$$

冲击成本 0.003 7 元/百元报价，套利策略的每百元交易成本为：

二年期和五年期国债期货：$C_{2\&5} = 0.06 + 0.003\,7 = 0.063\,7$

二年期和十年期国债期货：$C_{2\&10} = 0.045 + 0.003\,7 = 0.048\,7$

五年期和十年期国债期货：$C_{5\&10} = 0.045 + 0.003\,7 = 0.048\,7$

前文说明过这种国债期货合约产生的转换期权价值取最大值 0.2% 计算。故：

二年期和五年期国债期货的无套利价差区间为：

$$[(F_2 - F_5) - F_2 * 0.2\% - 0.063\,7,\ (F_2 - F_5) + F_5 * 0.2\% + 0.063\,7]$$

$$(14)$$

二年期和十年期国债期货的无套利价差区间为：

$$[(F_2 - F_{10}) - F_2 * 0.2\% - 0.048\,7,\ (F_2 - F_{10}) + F_{10} * 0.2\% + 0.048\,7]$$

$$(15)$$

五年期和十年期国债期货的无套利价差区间为：

$$[(F_5 - F_{10}) - F_5 * 0.2\% - 0.048\,7,\ (F_5 - F_{10}) + F_{10} * 0.2\% + 0.048\,7]$$

$$(16)$$

（四）实证分析

我们使用最廉券的现货价格和式（1）计算了国债期货的理论价格（无期权价值），根据式（2）计算了三个不同品种的理论价差，再结合上节给出的无套利价差区间式（14、15、16）计算了理论价差的上下限；同时，利用国债期货的市场价格我们计算了三个不同品种的市场价差，考察市场价差是否在无套利价差区间内，并通过偏离值和回归均衡速度来分析国债期货品种间价格均衡关系，下文给出了三组价差的实证和分析。

1. 二年期和五年期的实证

我们绘制了 2018 年 11 月 19 日到 2021 年 4 月 19 日的二年期国债期货和五年期国债期货的市场价差及相应的无套利价差区间上下限走势图，如图 6-6 所示。无套利价差上下限走势和市场价差走势基本一致，价差总体为正值，即二年期国债期货价格大于五年期国资期货，符合一般定价理论，中间有一段时间价格关系出现反转，五年期国债期货价格高于二年期国债期货价格，主要是疫情对宏观经济和金融市场产生了较大影响，国债发行交易和市场对利率的预期都发生了较大变化。价差反转现象开始于 2020 年 2 月左右，并在 2020 年 6 月左右回到正常，这与国内疫情暴发和得到控制的时间基本吻合。虽然市场价差出现了反转，但模型给出的无套利价差区间捕捉到了相应的信息并预测了相同的趋势，只要套利机会出现，那么策略仍然有效。从走势图直观来看，市场价差并不一直处于无套利价差区间，并且更靠近于上限，倾向于突破区间上限。

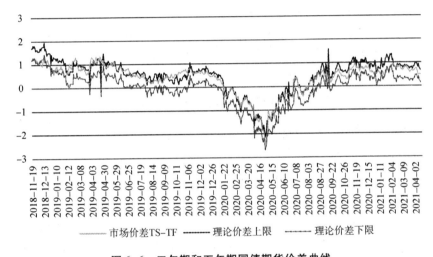

图 6-6 　二年期和五年期国债期货价差曲线

为了更直观了解市场价差偏离无套利价差区间的程度，我们参考王晋忠 2015 年提出的指标，定义偏离值 PL_t 为市场价差大于无套利价差区间上限或小于无套利价差区间下限的部分，计算得到偏离值的相关数据并绘制了偏离值的条形图（见图 6-7）。设偏离值为 PL_t，市场价差为 ΔF，无套利价差区间上下限分别为 U_u 和 U_d：

$$PL_t = Max\{\Delta F - U_u,\ 0\} + Min\{\Delta F - U_d,\ 0\} \tag{17}$$

由图 6-7 可以看出，套利机会主要出现在时间窗口的前半段且存在集群分布的特点，可能是二年期国债期货上市不久，还未和五年期国债期货市场形成较为稳定的均衡，时间窗口后半段套利机会较少且较分散。偏离值区间为 [-0.5，0.5]，只有 3 个样本超过该区间，偏离值超过 1 的仅有 1 个样本，偏离程度较大的样本都相对孤立或偏离程度迅速减小，故可以理解为特殊事件的冲击或样本数据问题。综合来看，二年期国债期货和五年期国债期货市场价差价格并不总是处于无套利区间，存在短期套利机会，并且随着市场运行时间的增加套利机会在逐渐减少，市场有效性随运行时间增加而增强。

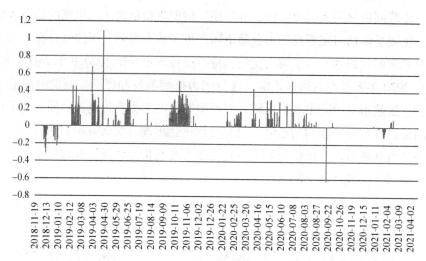

图6-7 二年期和五年期国债期货价差偏离值

为了更清晰地了解偏离的存续时间，确定套利机会的存在，我们定义了回归均衡速度值为突破上下限后回到区间的时间，通过天数来衡量，价差回归均衡速度和频数统计如表6-2所示。在587个样本中，有164天的市场价差突破了以现货国债计算的无套利区间，占比27.9%，其中143天突破无套利价差上限，21天突破无套利价差区间下限。样本共计有65次突破无套利区间的上下限并回到区间内，回归均衡速度值从1天到10天及以上不等，其中值为1的情况出现了40次，占比61.5%，回归均衡所需天数在5天（含第5天）以内的占比超过90%，说明套利机会存在时间较短，国债期货跨品种市场不会长期处于不均衡状态。

表6-2 二年期和五年期国债期货价差回归均衡速度和频数

回归均衡所需天数	频次	频次占比/%
1	40	61.5
2	10	15.4
3	3	4.6
4	5	7.7
5	1	1.54

表6-2(续)

回归均衡所需天数	频次	频次占比/%
6	1	1.54
7	1	1.54
9	1	1.54
10 天及以上	3	4.64
总计	164 天 65 次	100.00

2. 二年期和十年期的实证

同样地，我们绘制了 2018 年 11 月 19 日到 2021 年 4 月 19 日的二年期国债期货和十年期国债期货的市场价差及相应的无套利价差区间上下限走势图，如图 6-8 所示。二年期国债期货价格大于十年期国债期货，价差总体为正值，无套利价差上下限走势和市场价差走势基本一致，中间有一段时间价格关系出现反转，原因同样是疫情对宏观经济和金融市场产生了较大影响；价差反转的时间持续更短，原因是二年期国债期货与十年期国债期货的价差大于与五年期国债期货的价差，价差异常大幅收窄的时间区间与二年期和五年期国债期货价差是一致的，同国内疫情暴发和得到控制的时间基本吻合。

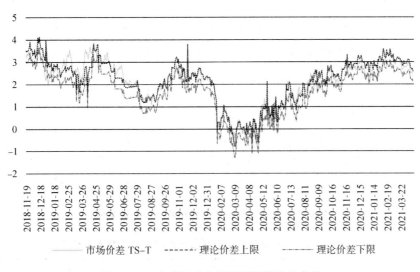

图 6-8　二年期和十年期国债期货价差曲线

为了更直观了解市场价差偏离无套利价差区间的程度，同样定义偏离值 [式（17）] 并计算得到偏离值的相关数据，绘制了偏离值的条形图如图 6-9 所示。偏离值的区间为 [-0.7, 0.7]，大于二年期和五年期国债期货价差的偏离值主要区间，有 4 个样本偏离值超过 ±1，这说明二年期和十年期国债期货的价格均衡关系更弱。十年期国债期货上市时间比五年期国债期货晚，这可能是偏离度更高的原因，在时间窗口的后段偏离值更小更分散，说明随着市场运行时间的增加，市场的有效性在增强，品种间市场均衡关系也在增强，套利机会逐渐减少。

二年期和十年期国债期货价差回归均衡速度和频数统计如表6-3所示。在587个样本中，有268天的市场价差突破了以现货国债计算的无套利区间，偏离度即偏离日所占的比率为45.7%，其中234天突破无套利价差上限，34天突破无套利价差区间下限，远超二年期与十年期国债期货价差的偏离度，但同样更多的突破了无套利价差上限，并且套利机会主要出现在时间窗口的前半段且存在集群分布的特点。样本共计有88次突破无套利区间的上下限并回到区间内，回归均衡速度值从1天到10天及以上不等，其中值为1的情况出现了47次，占比53.4%，回归均衡所需天数在5天（含第5天）以内的占比超过86%，说明套利机会存在时间较短，国债期货跨品种市场不会长期处于不均衡状态。而相比二年期与五年期国债期货价差关系，套利机会更多，回归均衡速度更慢。

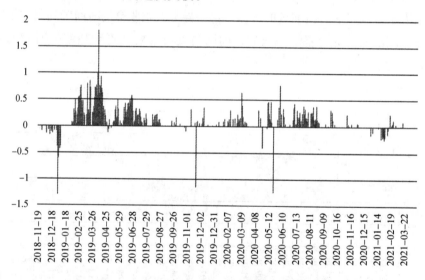

图6-9　二年期和十年期国债期货价差偏离值

表6-3　二年期和十年期国债期货价差回归均衡速度和频数

回归均衡所需天数	频次	频次占比/%
1	47	53.4
2	15	17.0
3	6	6.8
4	3	3.4

表6-3(续)

回归均衡所需天数	频次	频次占比/%
5	5	5.7
6	1	1.1
7	1	1.1
8	2	2.3
10 天及以上	8	9.2
总计 268 天	88 次	100.00

3. 五年期和十年期的实证

我们绘制了 2018 年 11 月 19 日到 2021 年 4 月 19 日的二年期国债期货和五年期国债期货的市场价差及相应的无套利价差区间上下限走势图，如图6-10 所示。五年期和十年期国债期货价差曲线相比于前两个价差曲线更加平稳，疫情期间受影响也较小，从图 6-10 可看出价差收窄幅度更小，影响持续时间较短，主要原因是疫情影响了短期的利率和国债供给，对中长期利率债的定价影响较小。

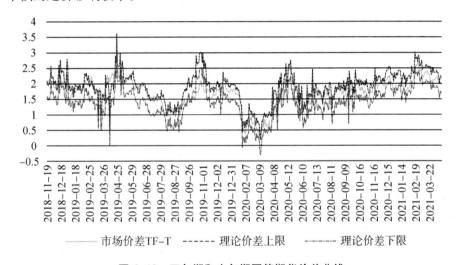

图 6-10 五年期和十年期国债期货价差曲线

我们计算得到五年期和十年期国债期货价差偏离值的相关数据并绘制了偏离值条形图，如图 6-11 所示。相比于前两个价差关系，偏离值更小且套利机会更加分散。偏离值区间为 [−0.5, 0.5]，只有 1 个样本偏离值超过 ±1。综合来看，五年期和十年期国债期货市场运行时间较长，市场有效性更高，套利机会更少更分散。

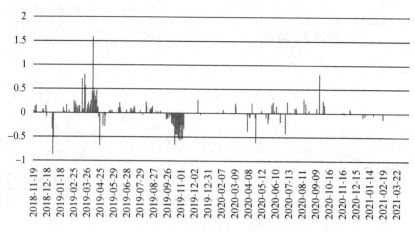

图6-11 五年期和十年期国债期货价差偏离值

五年期和十年期国债期货价差回归均衡速度和频数统计如表6-4所示。在587个样本中，有168天的市场价差突破了以现货国债计算的无套利区间，偏离度28.4%，其中107天突破无套利价差上限，60天突破无套利价差区间下限。样本共计有77次突破无套利区间的上下限并回到区间内，回归均衡速度值从1天到10天及以上不等，其中值为1的情况出现了45次，占比58.4%，回归均衡所需天数在5天以内（含5元）的占比超过96%，说明套利机会存在时间更短，五年期和十年期国债期货品种间市场不会长期处于不均衡状态。

表6-4 五年期和十年期国债期货价差回归均衡速度和频数

回归均衡所需天数		频次	频次占比/%
1		45	58.4
2		13	16.9
3		11	14.3
4		3	3.9
5		2	2.6
7		1	1.3
10天及以上		2	2.6
总计	168天	77次	100.00

4. 三个价差的比较

五年期和十年期国债期货的价差 ΔFT，二年期和五年期国债期货的价差 ΔSF，二年期和十年期国债期货的价差 ΔST，三个价差关系的偏离值相关数据统计如表6-5所示。

表 6-5 偏离值统计对比

项目	Δ_{FT}	Δ_{SF}	Δ_{ST}
偏离样本量	168	164	268
偏离度	28.4%	27.9%	45.7%
偏离上限样本量	107	143	234
偏离值均值	0.016 055	0.126 465	0.165 274
偏离值方差	0.075 485	0.030 629	0.086 112
套利次数	77	65	88
平均回归均衡速度/日·次	2.18	2.52	3.07
回归均衡速度不小于 10 的套利次数占比	2.60%	4.64%	9.20%

偏离度比较：$\Delta_{SF} < \Delta_{FT} < \Delta_{ST}$，$\Delta_{SF}$ 偏离无套利价差区间的天数最少，与 Δ_{FT} 接近但偏离上限的天数更多，套利机会更单一。偏离值均值比较：$\Delta_{FT} < \Delta_{SF} < \Delta_{ST}$，五年期和十年期国债期货价差偏离无套利价差区间的程度最小。偏离值方差比较：$\Delta_{SF} < \Delta_{FT} < \Delta_{ST}$，二年期和五年期国债期货价差偏离值的波动最小。平均回归均衡速度和回归均衡速度不小于 10 的套利次数占比比较：$\Delta_{FT} < \Delta_{SF} < \Delta_{ST}$，五年期和十年期国债期货价差偏离无套利价差区间持续的时间通常更短，价差更快回到均衡价差区间，套利机会更快消失。上述指标的比较说明五年期和十年期国债期货品种间市场价格均衡更稳定，市场有效性更高，二年期和五年期国债期货品种间市场价格均衡次之，二年期和十年期国债期货品种间市场价格均衡最次；这与不同品种市场运行时长有关，市场运行时间更长，市场机制更加成熟，市场有效性更高，价格均衡更加稳定。

六、 结论

本课题检验了三个国债期货品种两两价差关系，三组分析均显示在交易中存在较多套利机会，国债期货品种间市场并不均衡，市场有效性有待提高。另外三组价差关系的比较可以证明，运行时间更长的国债期货市场有效性更高，套利机会存在的时间更短，这可能是因为：市场机制更成熟，市场参与者对产品和交易更加熟悉，市场参与者更多也更加稳定，市场保持了较稳定的流动性。这提示我们市场需要进一步完善，并且可以从运行时间更长、更成熟的市场借鉴经验。

进一步研究的方向：本课题使用固定的时间窗口数据估计了一个自回归模型来预测即期收益率，可以考虑使用滚动的时间窗口数据进行模型的更新估计，使用新的数据估计模型可能提高预测的准确性；本课题研究了三个国债期货品种的日收盘价格均衡关系，现在国债和国债期货日内交易已经很活跃，可以进一步使用日内高频数据研究品种间市场价格均衡关系；为了计算不过于复杂，本课题使用最廉券为国债期货进行定价，构建主力合约的连续时间序列时，最廉券的切换会导致期货定价有一个跳跃，这对期货的理论价格的连续性带来了较大误差，可以考虑使用前三廉券的加权平均进行期货定价。

参考文献

［1］陈蓉，葛骏. 国债期货定价：基本原理与文献综述 ［J］. 厦门大学学报（哲学社会科学版），2015（1）：33-40.

［2］侯雅宏. 我国五年期与十年期国债期货的均衡与套利 ［M］. 成都：西南财经大学，2018.

［3］李爽，包莹，彭程，等. 基于择券和择时的国债期货定价 ［J］. 系统科学与数学，2019（3）：341-352.

［4］彭建斐. 期货合约的统计套利研究 ［D］. 济南：山东大学，2010.

［5］秦佳菁. 国债期货定价与套利交易实证研究 ［D］. 上海：上海交通大学，2014.

［6］王卓. 中国金属期货套利交易与风险管理研究 ［D］. 上海：浙江大学，2014.

［7］王晋忠，胡晓帆. 中国国债期货的市场有效性研究 ［J］. 经济评论，2015（6）：55-68.

［8］殷晓梅，孙涛，徐正栋. 基于高频数据的棕榈油与豆油期货跨商品套利可行性研究 ［J］. 农村经济与科技，2008（8）：84-86.

［9］BUTTERWORTH D，HOLMES P. The hedging effectiveness of UK stock index futures contracts using an extended mean gini approach：evidence for the FTSE 100 and FTSE mid250 contracts ［J］. Multinational Finance Journal，2005，9（3/4）：131-160.

［10］CORNELL B，FRENCH K R. The pricing of stock index futures ［J］. The Journal of Futures Markets，1983，3（1）：1-14.

［11］ELTON E J，GRUBER M J，RENTZLER J. Intra-day tests of the efficiency of the treasury bill futures market ［J］. The Review of Economics and Statistics，1984（5）：129-137.

［12］EMERY G W，LIU Q. An analysis of the relationship between electricity and natural-gas futures prices ［J］. Journal of Futures Markets：Futures，Options，and Other Derivative Products，2002，22（2）：95-122.

[13] HEMLER M L. The quality delivery option in treasury bond futures contracts [J]. The Journal of Finance, 1990, 45 (5): 1565-1586.

[14] RENDLEMAN J R J, CARABINI C E. The efficiency of the treasury bill futures market [J]. The Journal of Finance, 1979, 34 (4): 895-914.

[16] WAHAB M, COHN R, LASHGARI M. The gold-silver spread: integration, cointegration, predictability, and ex-ante arbitrage [J]. Journal of Futures Markets, 1994, 14 (6): 709-756.

[17] SIMON D P. The soybean crush spread: empirical evidence and trading strategies [J]. Journal of Futures Markets: Futures, Options, and Other Derivative Products, 1999, 19 (3): 271-289.

[18] POOLE W. Using T-bill futures to gauge interest rate expectations [J]. Economic Review, 1978 (78): 7-19.

课题 7　中国国债期货统计套利研究

摘要：本课题基于协整理论，采用非参数法制定交易规则，针对我国国债期货市场和银行间债券市场的相关交易数据构建了统计套利策略，对2017年8月至2020年8月我国银行间债券市场十年期国债和中国金融期货交易所十年期国债期货的日交易数据进行了实证分析。研究显示，基于协整的统计套利策略在我国国债期货市场和银行间债券市场的期、现套利交易场景中表现良好，套利操作胜率高，收益可观，说明我国国债期货市场运行仍不完善，效率有待提高。

关键词：国债期货；统计套利；协整

一、引言

（一）研究的背景及意义

自2013年我国国债期货交易重启开始，其市场总体运行平稳，国债期货市场完善程度相较于1992年已经有了较大的提高。相较于美国、英国等发达国家的国债期货市场，我国国债期货的价格发现、利率风险管理等功能仍有待进一步完善，市场定价效率仍有改善空间，期货与现货市场并未完全达到均衡，市场的有效性仍有待提升，仍然存在一定的套利机会。所谓套利，即市场在偏离均衡时，可以通过市场的双向交易获得无风险或低风险收益的过程，通常指在某种实物资产或金融资产（在同一市场或不同市场）拥有两个价格的情况下，以较低的价格买进，较高的价格卖出，从而获取无风险收益的交易活动。我国国债期货市场是否有效，就可以通过是否存在套利空间来进行验证。

国债期货的套利类型大致有以下四种：①期现套利，指标的物相同时期货与现货合约之间价差偏离均衡时进行的套利；②跨期套利，指标的物相同但交割月份不同的合约之间价差偏离均衡时进行的套利；③跨品种套利，指不同标的物的国债期货合约之间价差偏离均衡时进行的套利；④跨市场套利，指不同交易所交易的同种标的物的合约之间价差偏离均衡时进行的套利。其中，期现套利在我国国债期货套利中运用最多且研究相对成熟，因此本课题选用期现套利作为研究对象。

此外，套利方式一般分为传统无风险套利和统计套利两种。作为区别于传统无风险套利的新的套利方式，统计套利策略已经在股票、股指期货等各种场景中得到较好的运用。统计套利起源于 20 世纪 80 年代的美国，最初是由著名投资银行 Morgan Stanle 的一批数理学家以应用于学术研究的统计模型为基础，开发出的一套程序化交易程序，他们的基本策略就是对价格走势高度同步的股票进行配对交易。在其后十余年时间里，以配对交易为代表的统计套利策略实现了良好的收益，在发达国家的金融市场已经成为各类投资者常用的策略。

尽管统计套利策略已经在很多场景中验证了其实用性，但其在国债期货的套利场景中是否有同样的套利机会则仍有待考证。在此背景下，本课题希望借助国债期货期现套利这一场景，对统计套利在国债期货套利中的有效性进行验证，进而检验我国国债期货市场运行的效率。

（二）文献综述

关于国债期货市场套利，国内外的学者已经对此有了不少的研究成果。

国外方面，普尔（Poole）在 1978 年首次提出，即便在交易成本存在的前提下，只要距离当前到期日足够近，国债期货与现货之间在统计上存在显著的相关性，这为之后有关于国债期货套利的研究打下了重要基础。卡波扎（Capozza）和康奈尔（Cornell）于 1979 年根据无套利原理进行模拟测算得出国债期现市场最终均衡状态；之后的研究基于国债期现价格随机变动的假设，持有成本理论可得出国债期货理论价格，再利用无套利原则考虑交易成本得到国债期货无套利区间。1982 年乔（Chow）和布劳菲（Brophy），1985年赫奇（Hedge）和布兰奇（Branch）研究了 CME 的国债期货定价问题，发现存在模型所包含的交易成本之外的市场成本，得出了国债期货价格与理论价格差异大的结论，即期货现货价格走势偏离度高且市场缺乏交易效率，市场的价格发现功能未能得到真正的发挥，因此有套利空间。康奈尔（Cornell）和弗伦奇（French）在 1983 年参考了期货的持有成本模型，提出了基于完美市场假设下的定价模型。但该模型的假设忽略了市场变化，与实际情况有所出入，加上国债期货自身所具有的特殊性，所以导致该模型更多适用于股指期货相关套利，其在国债期货套利实际运用中的作用未得到有效验证。伊格尔（Eagle）和格兰杰（Granger）在 1987 年最早提出了用于解决时间序列非平稳问题的协整概念，同时提出了检验非平稳变量之间的协整关系的两步法，这也为国债期货的套利研究提供了一定的理论支持。

国内方面，由于能参考的数据较少且自身限制较多，国内涉及国债期货定价及套利的研究较少，并且大多局限于期现套利和跨期套利，但学者们仍取得了一定的研究成果。宋颖在 2012 年以美国国债期货市场为例，对国债期货的套利进行了实证分析，证明我国国债期货市场确实存在套利空间；张春佳在 2013 年在其硕士毕业论文中对我国国债期货套利方法进行了较为系统的阐述。但由于当时国债期货交易重启尚处于试运行阶段，随着交易规则及市场环境的变化，其参考价值甚微。

期现套利方面，大多数研究者是在沿用无套利原理，通过构建国债期货的无套利区间，从而实现在现货期货价差（基差）处于不正常范围时进行正向或反向套利。

关于统计套利，在国外，1996，博德（Board）和萨克利夫（Sutcliffe）根据芝加哥、大阪及新加坡三地市场的日经指数期货数据，验证了基于协整理论的跨市场统计套利策略的有效性。伯吉斯（Burgess）在 1999 年用传统无风险套利衍生出对统计套利的定义，采用逐步回归和误差修正模型的方法构建了统计套利策略，并且根据 FTSE 指数和其成分股的市场历史数据进行了实证分析，验证了策略的可行性。维达摩斯（Vidyamurthy）于 2004 年在构建套利组合的过程中结合了协整理论，同时在设定交易信号的过程中考虑了 ARMA 等模型，并通过蒙特卡罗模拟求解得出如下结论：在价格序列符合高斯分布前提下，使用 0.75 倍价差序列标准差作为套利操作的触发点是最优选择。伯特伦（Bertram）于 2010 年在股票价格对数的序列符合 O-U 分布（Ornstein Uhlenbeck 过程）的前提下，分别求解能够获得最大期望收益和最大夏普比率的统计套利策略交易信号。

在国内，统计套利进入国内资本市场的历史较短，国内学者的研究起步也较晚，并且实证分析基本集中在商品基金和股票市场。方昊在 2005 年以我国封闭式基金市场的历史数据为基础进行了实证研究，验证了在我国封闭式基金市场中统计套利的有效性。张俊、李妍于 2010 年系统性地梳理了包括协整理论、最小偏差平方和法和随机价差方法这三种当时较为主流的配对交易策略的研究成果，并对如做空交易受限情境下的策略调整、最优交易信号的求解问题等进行了研究。于玮婷于 2011 年构建了基于协整的统计套利策略，采用非参数法的交易信号确定机制，根据当时我国可以开展融资融券业务 90 只标的股票的市场历史数据进行了实证研究，结果显示该策略的收益优于单边持有策略。2012 年，许莉莉、王林、蔡燕引入了基于 O-U 过程的交易信号确定机制，并且对沪深 300 股指期货和上海证券交易所 180 指数 ETF 的市场历史数据进行了实证研究，结果显示基于 O-U 过程的交易信号确定机制相较于传统模式更具可行性且更符合市场的实际情况。

以上的文献，要么是单独针对国债期货的各种套利场景进行讨论，要么是仅仅针对统计套利进行的分析，但关于国债期货的统计套利的内容少有涉及。本课题便是在此基础上，通过理论与实证相结合的方式，对统计套利在国债期货套利中的应用进行补充和探索。

（三）结构

本研究的第一部分是引言，主要介绍研究的背景和目的，同时简单概述国内外的研究现状，并给出结构；第二部分是理论背景，介绍国债期货统计套利的基本原理，并对本课题所用到的平稳性检验、协整和误差修正模型的理论予以简述；第三部分是策略构建，从我国国债期货和现货市场实际出发，通过对交易标的和规则的分析，构建国债期货统计套利的交易策略；第四部分是实证分析，根据 2017 年 8 月至 2020 年 8 月银行间债券市场的现券成交数据和十年期国债期货的成交数据，对本课题所构建的统计套利策略进行回测、收益分析和总结；第五部分是总结，对本研究的内容进行整体概括和归纳。

二、　理论背景

（一）统计套利

统计套利是一种建立在统计规律上的交易策略，使用量化分析的方法寻找套利机会，并通过双向交易的操作方式来有效避免整体市场风险。统计套利的原理是在摆脱金融市场对个体影响的情况下，运用统计、数学方法和手段构建金融资产组合，并将实际的证券价格与建立的模型所预测的理论值进行对比，当存在套利空间时，同时构建该金融资产组合中头寸的多头和空头，从而对系统性风险进行规避，得到无风险或低风险的超额收益率（alpha）。

与传统意义上的无风险套利不同，统计套利的理论基础是均值回归理论，当套利标的的价格偏离其统计意义上的均衡水平时开立套利仓位，当价格回到均衡水平时获利了结。该策略存在亏损的可能，但具有显著统计意义的长期均衡关系有效降低了该风险。

从数学上的定义来说，现今的理论一般认为统计套利需满足以下四个条件：

$$v(0) = 0 \tag{1}$$

$$\lim_{t \to \infty} E^p[v(t)] > 0 \tag{2}$$

$$\lim_{t \to \infty} P[v(t) < 0] = 0 \tag{3}$$

$$\forall t < \infty,\ 若\ P[v(t) < 0] > 0,\ 则 \lim_{t \to \infty} \frac{VAR^P[v(t)]}{t} = 0 \tag{4}$$

其中，$v(t)$ 表示的是套利净收益序列。式（1）表明统计套利是一种自融资交易，式（2）则说明套利收益需要能够覆盖融资成本，即预期收益的贴现值大于零，式（3）则意味着预期亏损的概率在无限长的时间周期中趋近于零，式（4）要求在有限的时间内若存在发生亏损的概率，收益的方差与时间的比值应在长期趋近于零。这些条件使得统计套利与无风险套利区分开来，统计套利做不到彻底规避风险，但是随着时间周期的拉长，亏损的概率应该收敛于零。

（二）协整理论

统计套利存在多种研究路径，本课题研究的是基于协整理论的统计套利策略，研究的对象是时间序列。现实生活中的很多经济变量都是非平稳序列，因此我们通常采用差分方法消除序列中含有的非平稳趋势，然后建立 ARMA 模型等来进行问题的分析。但是，差分变换常常使得新序列不再具有直接的经济意义，使用经典回归的分析方法受到了很大限制。于是在 1987 年，恩格尔和格兰杰（Engle & Granger）提出了协整理论，他们指出，若干个非平稳序列的线性组合存在平稳的可能性，可以认为该若干个变量之间存在一种在长期内比较稳定的均衡关系。该理论的提出为非平稳序列的建模提供了一种新的途径，其意义在于：如果有若干个平稳序列，即他们的均值、波动性等统计特征会随着时间发生变化，而他们的线性组合却有不随着时间发生变化的稳定性质。我们就可以基于协整理论对这些序列在长期内的均衡关系进行研究。

要验证时间序列的协整关系必须首先进行平稳性检验，以避免两个互不相干的变量同时存在随时间变化的趋势，将其中一个变量对另一个变量进行回归可能得到很好的拟合优度、显著性水平等指标，即"伪回归"的现象出现。本课题采用的是常用的 ADF 检验法（Augmented Dickey-Fuller Test）。具体方法如下：

设一个 k 阶自相关的时间序列 Y，建立一个 k 阶的自回归模型：

$$Y_t = \beta_1 Y_{t-1} + \beta_2 Y_{t-2} + \cdots + \beta_k Y_{t-k} + \mu_t \tag{5}$$

对（5）式进行差分处理和转化可得：

$$\Delta Y_t = \eta Y_{t-1} + \sum_{i=1}^{k-1} \theta_i Y_{t-i} + \mu_t \tag{6}$$

其中，$\eta = \sum_{i=1}^{k} \beta_i - 1$，$\theta_i = -\sum_{j=i-1}^{k} \beta_j$。

ADF 检验法为了控制高阶序列相关，在回归方程的右侧加入了因变量的滞后差分项。ADF 检验的原假设为序列至少存在一个单位根，即 $\eta = 0$；备择假设为序列不存在单位根，即 $\eta < 0$。如果 ADF 检验所得结果小于各置信水平下的临界值，则我们应当拒绝原假设，可以得出原序列没有单位根的

结论，认为其显示出平稳性。反之，我们可以得出原序列具有单位根的结论，是非平稳序列，需要对其进行差分处理，再进行 ADF 检验。如果某序列的 d 阶差分序列经检验具有平稳性，可以称之为 d 阶单整序列，数学上用 $I(d)$ 表示。

在验证完序列平稳性后，我们就可以进行协整检验了。本课题使用到的是基于回归残差项的 E-G 检验法。具体操作方法如下：

引入两个一阶单整的时间序列，$X_t \sim I(1)$，$Y_t \sim I(1)$。采用 OLS 法对 Y、X 两个变量建立回归方程：

$$Y_t = \beta_0 + \beta_1 X_t + \mu_t \tag{7}$$

对其中得到的残差序列 μ_t 进行单位根检验（文中仍采用 ADF 法），判断其是否平稳：若通过平稳性检验，则认为所考虑的两个变量 Y_t 和 X_t 之间存在协整关系，反之则不存在协整关系。

（三）误差修正模型

在验证了两个时间序列的协整关系后，我们可以确定它们存在长期的一致关系，但还没有考虑到短期内的偏离过程。此外，相较于传统经济模型，误差修正模型显示出如下的优势：增加一阶差分项可以去除变量潜在趋势因素产生的影响，避免谬误回归的出现；可以避免可能出现的多重共线性现象，还能确保模型不会忽略变量水平值的信息。因此本课题建立一个误差修正模型描述他们之间的短期非均衡关系。本课题采用直接估计法建立误差修正模型，具体方式如下：

以验证过为一阶单整的两个变量 Y 和 X 为例，在这里使用（1，1）阶分布滞后模型：

$$Y_t = \beta_0 + \beta_1 X_t + \beta_2 X_{t-1} + \beta_3 Y_{t-1} + \mu_t \tag{8}$$

式（8）可改为差值形式：

$$\Delta Y_t = \beta_1 \Delta X_t - \lambda(Y_{t-1} - \alpha_0 - \alpha_1 X_{t-1}) + \mu_t \tag{9}$$

其中，$\lambda = 1 - \beta_3$，$\alpha_0 = \dfrac{\beta_0}{1 - \beta_3}$，$\alpha_1 = \dfrac{\beta_2 + \beta_3}{1 - \beta_3}$。也就得到了一个一阶误差修正模型。

根据误差修正模型的思想，$ecm = Y_{t-1} - \alpha_0 - \alpha_1 X_{t-1}$ 是误差修正项，λ 是修正系数，体现了在 t 时点该模型根据 Y_{t-1} 和 $\alpha_1 X_{t-1}$ 的偏差程度向长期均衡水平调整的幅度。一般情况下，$-1 < \beta_3 < 1$，则 $0 < \lambda < 1$。据此分析 ecm 的修正作用：若 $t-1$ 时 $Y > \alpha_0 - \alpha_1 X$，ecm 为正，$(-\lambda ecm)$ 为负，使得 ΔY_t 减小；若 $t-1$ 时 $Y < \alpha_0 - \alpha_1 X$，ecm 为负，$(-\lambda ecm)$ 为正，使得 ΔY_t 增大。总的来说，一切暂时短期的偏离可以得到修正。

结合协整理论和误差修正模型，我们就可以将国债期货和现货合约的价格序列整合成长期平稳且修正过短期波动的序列，从而具备根据定义进行在期现套利场景下的统计套利的基础。

三、 策略构建

（一）市场背景

本课题的研究对象是交易最活跃的十年期国债期货与对应的十年期国债现券CTD，由于我国国债期货只在中国金融期货交易所发行和交易，因此本课题涉及的十年期国债期货合约具体交易规则均以表7-1为标准。

表7-1　中国金融期货交易所十年期国债期货合约

合约标的	面值为100万元、票面利率为3%的名义长期国债
可交割国债	合约到期月份首日剩余期限为6.5~10.25年的记账式附息国债
报价方式	百元净价报价
最小变动价位	0.005元
合约月份	最近的三个季月（3月、6月、9月、12月中的最近三个月循环）
交易时间	9：15-11：30，13：00-15：15
最后交易日交易时间	9：15-11：30
每日价格最大波动限制	上一交易日结算价的±2%
最低交易保证金	合约价值的2%
最后交易日	合约到期月份的第二个星期五
最后交割日	最后交易日后的第三个交易日
交割方式	实物交割
交易代码	T

除了以上基本交易信息外，本课题还需要介绍与国债现货价格折算相关的CF（转换因子）与CTD（最廉可交割债券）。

所谓转换因子，就是一种折算比率，将各种符合交割标准并可用于交割的债券价格，调整为可以与期货报价进行直接比较的价格。鉴于可交割债券的票面利率和到期日存在较大差异，在债券现货市场上选择债券显得相当复杂，所以需要转换因子进行调整。转换因子可以实现可交割债券的调整期货价格和期货实际报价一致，这为确定最便宜可交割债券奠定了基础。

虽然存在转换因子，但由于可交割的一揽子债券的票面利率和到期日不同，各可交割债券之间仍存在一定的区别。在交割时，各可交割债券的差异性决定了有些债券会相对便宜，但有些债券会相对昂贵。根据收益率的状况、收益率曲线的形状和其他因素，一些债券将明显对期货合约的定价和未来走势有更大的影响。其中对于空头而言，最有利的可交割债券便是"最廉可交割债券"。

确定最便宜可交割债券的方法有两种：基差法和隐含回购利率法（IRR 法）。两种方法所得出的结论在绝大部分情况下是一致的，但 IRR 的优势在于其考虑了实际交割时的各种信息，因此本课题中使用的是后者。

隐含回购利率是指进行交割时所得到的调整期货价格和买入国债时的现货价格计算出的收益率，即隐含回购利率 =［（发票价格 - 购买价格）/ 购买价格］×365/（$T-t$）。从公式可见，在交割期货时，隐含回购利率越高的债券对合约空头越有利、越便宜。期货空头在卖出合约的同时，就需要买入国债以用于未来的交割。在交割日，使用买入的国债进行交割，并收入调整后的期货价格。因此，精确的隐含回购利率等于：

$$IRR_i = \frac{F_T * CF_i + AI_{i,T} + IC - (P_{i,t} + AI_{i,t})}{(P_{i,t} + AI_{i,t}) * d_1 - IC * d_2} * 360 \qquad (10)$$

其中，F_T 为 T 时刻的期货价格，CF_i 为债券 i 的转换因子，$P_{i,t}$ 为国债 i 在 t 时刻净价，$AI_{i,t}$ 为 t 时刻国债 i 包含的应计利息，IC 为期间息票，d_1 为 t 与 T 时刻间的天数，d_2 为期间息票和债券交割日之间的天数。

期货合约的价格和走势主要是追随最便宜可交割债券，在交割日，最便宜可交割债券的基差必然等于零，也就是说，交割时期货的价格必须等于最便宜可交割债券的价格乘以转换因子。

（二）交易标的

根据中国金融期货交易所给出的数据，本课题选用交易最活跃的十年期国债期货与对应的十年期国债的现券 CTD 作为观察对象，将基于以上对象构建两组多空配比的价差组合作为交易标的。

我们以 PT 表示所取十年期国债期货合约的价格序列，PIB 表示所取十年期国债现券 CTD 的价格序列，价差组合的因子 λ 会根据文中第二部分中的误差修正模型计算得出。我们将套利交易的具体标的定义为十年期国债期货和国债的价差组合 $SPREAD_t = PT_t - \lambda PIB_t$。

（三）交易策略

我们首先需要定义开仓所进行的具体交易，本课题定义进行一手做多组合即买入一手十年期国债期货合约（名义金额为 100 万元），同时通过债券借贷卖空 λ /CF 百万元的十年期国债 CTD；另外，定义进行一手做空组合即为卖空一手十年期国债期货合约，同时买入 λ /CF 百万元的十年期国债 CTD。

由此，我们再设定相应的开仓、平仓（止损、止盈）条件进行统计套利操作。通常的做法为选取一定的临界值，当价差组合触碰该值时进行相应的操作。

约翰威利（John Wiley）和索恩（Sons）在 2005 年通过蒙特卡洛模拟的方法得出以下结论："在去均值后的价差序列符合白噪声序列的前提假设下，以均值上下 0.75 倍标准差位置作为开仓临界值、均值上下 2 倍标准差位置作为止盈和止损临界值将使得套利策略的收益最大化。"本课题也是基于白噪声序列的非参数方法来确定套利区间，故将直接套用这一广泛认同的结论。我们先通过对样本数据进行处理得到十年期国债期货和国债的去中心化价差序列 MSPREAD 的标准差，再按照上述标准确定触发套利交易操作的临界值。由于可预知 MSPREAD 的均值为零，因此本研究构建统计套利策略的开仓、止盈和止损的交易条件见表 7-2。

表 7-2　国债期货统计套利交易策略

交易操作	做多组合	做空组合
开仓	向下穿越 -0.75σ	向上穿越 0.75σ
止盈	向上穿越 0	向下穿越 0
止损	向下穿越 -2σ	向上穿越 2σ

四、 实证分析

（一）数据选取及描述性统计

本课题将观察区间设定为 2017 年 8 月 1 日至 2020 年 8 月 31 日，该时段内在中国金融期货交易所内交易的十年期国债期货合约有 T1712、T1803、T1806、T1809、T1812、T1903、T1906、T1909、T1912、T2003、T2006、T2009 共 12 个合约，通过 IRR 法分别计算得出每个期货合约相对应的国债现券 CTD，选择以上国债期货合约及对应现券 CTD 的日收盘价净价作为观察样本，并将观察区间内期货和现货价格分别整理成时间序列，定义十年期国债期货日收盘价序列为 PT，国债现券日收盘价经转换因子折算后序列为 PIB，则样本内共 741 个有效交易日，1 482 个价格数据。本课题所用数据均来自 wind 数据库，具体期货合约和现券 CTD 对应关系及其转换因子见表 7-3。

表 7-3　国债期货、现券 CTD 和转换因子

期货合约	对应 CTD	转换因子
T1712	170 010	1.042 4

表7-3(续)

期货合约	对应 CTD	转换因子
T1803	160 023	0.977 2
T1806	170 010	1.040 4
T1809	170 018	1.045 8
T1812	180 011	1.056 2
T1903	160 023	0.979 6
T1906	180 004	1.066 4
T1909	180 004	1.062 8
T1912	180 027	1.019 4
T2003	170 018	1.039 0
T2006	190 006	1.022 5
T2009	200 006	0.973 3

首先我们对于 PT 和 PIB 两个价格序列绘制一个价格走势图（见图 7-1）。

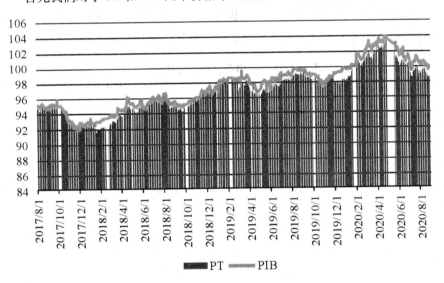

图 7-1 序列 PT、PIB 走势

由图 7-1 不难看出，十年期国债期货的收盘价序列 PT 与国债 CTD 的收盘价序列 PIB 走势呈现出了高度一致性。然后我们对两个序列进行描述性统计，结果如表 7-4 所示。

表 7-4　序列 PT、PIB 的描述性统计

变量	观测数	均值	标准差	最小值	最大值
PT	741	96.709 75	2.631 524	91.495	103.47
PIB	741	97.284 43	2.850 64	91.850 08	103.791 9

最后我们通过相关性分析计算，得出序列 PT 与 PIB 之间的相关系数为 0.986 4，显现出了高度相关性，这为我们进行进一步的协整检验打下了基础。

（二）单位根检验及协整检验

根据第二部分所介绍的协整理论，在验证 PT 与 PIB 两个序列的协整关系之前，我们需要首先对它们进行平稳性检验。在这里我们将使用之前得到的 ADF 检验法对两个序列进行单位根检验，若检验得出原序列非平稳，则需进一步对其进行差分处理，再检验差分后的序列，直到显现出平稳性为止。

由上一节的描述性统计可知，两个序列的均值均远离零值，并且都在样本区间内呈现出一定的上升趋势，因此在对原序列进行 ADF 检验时选择含有时间趋势项和截距项的模型形式。检验结果如表 7-5 所示。

表 7-5　PT、PIB 原序列单位根检验结果

序列 PT 的 ADF 检验值		t 值	P 值
		-1.476	0.545 6
检验临界值	1%临界值	-3.430	
	5%临界值	-2.860	
	10%临界值	-2.570	
序列 PIB 的 ADF 检验值		t 值	P 值
		-0.722	0.840 9
检验临界值	1%临界值	-3.430	
	5%临界值	-2.860	
	10%临界值	-2.570	

由表 7-5 不难看出，十年期国债期货价格序列 PT 以及国债 CTD 价格序列 PIB 的 ADF 值均大于三个置信水平下的临界值，无法拒绝原假设，也就是说两个序列都存在单位根，为非平稳序列。因此由第二部分的理论我们需要进一步对两个序列分别进行一阶差分处理得到 D（PT）、D（PIB），并对差分后序列再次实施单位根检验。结果如表 7-6 所示。

表 7-6　PT、PIB 一阶差分序列单位根检验结果

序列 D（PT）的 ADF 检验值		t 值	P 值
		−20.281	0
检验临界值	1%临界值	−3.446	
	5%临界值	−2.873	
	10%临界值	−2.570	
序列 D（PIB）的 ADF 检验值		t 值	P 值
		−27.242	0
检验临界值	1%临界值	−3.446	
	5%临界值	−2.873	
	10%临界值	−2.570	

由表 7-6 可知两个价格序列的一阶差分序列 D（PT）、D（PIB）的 ADF 值均小于 1%置信水平下的临界值。我们可认为两个序列均为一阶单整序列，接下来便是进一步对其进行协整检验。

我们采用的是在第二部分中提到的 E-G 检验法来验证 PT 与 PIB 两组价格序列的协整关系，具体分为两步：第一步，通过 OLS 法估计得出两个序列间的回归方程；第二步，对回归方程得到的残差项序列进行 ADF 检验。

首先，我们以 PT 序列作为因变量，PIB 序列作为自变量进行带常数项的回归，结果如表 7-7 所示。

表 7-7　PT 与 PIB 序列的 OLS 估计结果

因变量 PT				
自变量	系数	标准误	t 值	P 值
C	8.128 097	0.544 011 9	14.94	0
PIB	0.910 543	0.005 589 6	162.90	0
R^2	0.972 9	调整后 R^2		0.972 9

由表 7-7 可得回归方程为：$P_t = 8.128\,097 + 0.910\,543\text{PIB}_t + \text{RESID}$。

接下来，我们提取出该回归方程中的残差项序列 RESID，由于 RESID 序列是一个零值附近上下波动的序列，因此选取没有截距项和时间趋势项的模型对其进行 ADF 检验。检验结果如表 7-8 所示。

表7-8 残差项序列 RESID 的 ADF 检验结果

ADF 检验值		t 值	P 值
		-7.447	0
检验临界值	1%临界值	-3.430	
	5%临界值	-2.860	
	10%临界值	-2.570	

由表7-8可知检验得到的 ADF 值小于1%置信度下的临界值，可以拒绝原假设，可以认为在1%置信水平下 RESID 序列显示出平稳性。

综上所述，我们得知了十年期国债期货价格序列 PT 与国债 CTD 价格序列 PIB 之间存在协整关系，即具备了对其进行统计套利的条件。

（三）误差修正模型

在上一节中，我们得出了 PT 与 PIB 两序列具有协整关系这一结论，接下来我们使用直接估计法分别对它们建立误差修正模型。由于这两个价格序列均为一阶单整序列，按照第二章的理论，此处我们采用具有动态特征的（1，1）阶分布滞后模型。

根据式（8），我们可以得到如下方程：

$$PT_t = \beta_0 + \beta_1 PIB_t + \beta_2 PIB_{t-1} + \beta_3 PT_{t-1} + \mu_t \tag{11}$$

再根据式（9）将式（11）转变成误差修正模型形式：

$$\Delta PT_t = \beta_1 \Delta PIB_t - \lambda(PT_{t-1} - \alpha_0 - \alpha_1 PIB_{t-1}) + \mu_t \tag{12}$$

其中，$\lambda = 1 - \beta_3$，$\alpha_0 = \dfrac{\beta_0}{1 - \beta_3}$，$\alpha_1 = \dfrac{\beta_2 + \beta_3}{1 - \beta_3}$。需要注意的是这里的 α_1 就是我们在第三部分中提到的价差组合 SPREAD 中 PT 与 PIB 的配比 λ。

我们分别对 PT 以及 PIB 序列提取出滞后序列 PT_{t-1} 和 PIB_{t-1}，再基于式（11）进行多元回归，得到结果如表7-9所示。

表7-9 序列 PT 与 PIB 的（1，1）阶分布滞后模型估计结果

因变量 PT				
自变量	系数	标准误	t 值	P 值
C	1.052 22	0.340 157 8	3.09	0.002
PIB	0.312 625 6	0.035 792 2	8.73	0.000
PIB_{t-1}	-0.230 271 1	0.036 035 2	-6.39	0.000
PT_{t-1}	0.906 434 6	0.020 912 3	43.34	0.000
R^2	0.993 7	调整后 R^2		0.993 6

根据表 7-9 可以计算得出式（12）中 α_1 的值为 0.880 2。因此由误差修正模型可知，从长期均衡来看，十年期国债期货和国债 CTD 的价差序列为 SPREAD = PT-0.880 2 * PIB。

（四）策略回测及收益分析

在第三部分中，我们已经对本课题套利策略的交易标的及交易策略进行了讨论。除此之外，为了方便之后的策略回测，我们还需要做进一步的假设：

（1）由于期货市场的特殊规则（保证金制度），以及期货现货市场间资金转移的不便利性，我们可以认为本课题所构建的统计套利策略不是严格意义上的自融资策略，初期在国债期货市场和债券市场需要分别有一定的资金投入。同时我们假设在国债期货市场投入开仓合约名义本金的 10% 作为初始投资（覆盖国债期货开仓的保证金要求并能够承受价格波动造成的本金损失），而在债券市场的初始投入国债期货开仓合约名义本金的 100% 作为初始投资（考虑到计算的便利性，取整的同时满足相应配比的现券交易）。

（2）现实情况中，债券借贷的成本在年化 0.4% 至 1.2% 不等，但通常能够被卖出现券所得资金用作质押式逆回购的利息收益所覆盖。为简化分析，此处忽略借券卖空的成本，同时也不考虑卖空现券期间所得资金的逆回购利息收益。

（3）策略回测中所有的交易成本均按照以下假设计算，十年期国债期货的手续费每手 5 元，即按 0.000 5% 计；我国国债现券交易有中介费和清算费两部分交易成本，均值大约占到交易金额的 0.03%；忽略冲击成本和持有成本。

在确定了交易前提后我们来进行策略回测，上一节中得出了 PT 与 PIB 序列的长期均衡价差关系为 SPREAD = PT-0.880 2 * PIB，对 SPREAD 进行去中心化得到 MSPREAD = SPREAD-MEAN（SPREAD）。易知 MSPREAD 是一个在零值周围上下波动的价格序列，当其超过零值一定程度，说明十年期国债期货价格相对于国债 CTD 成交价格对应的长期均衡水平是高估的，此时便可以通过做空价差组合 SPREAD 进行套利；当其小于零值一定程度，说明十年期国债期货价格相对于国债 CTD 成交价格对应的长期均衡水平是低估的，此时便可以通过做多价差组合 SPREAD 进行套利。

我们根据第三部分中表 7-2 所示的交易策略进行具体的套利交易操作，交易标的为价差组合 SPREAD，实际操作中，一手国债期货合约对应 0.880 2/CF 百万元的国债现券。回测结果大致如图 7-2 所示。

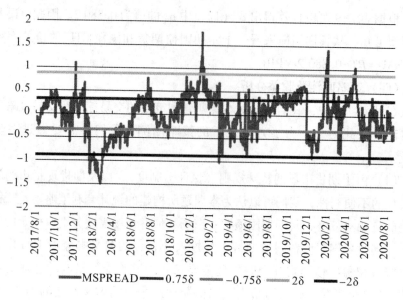

图 7-2　MSPREAD 走势

回测结果显示，在观测区间（2017 年 8 月 1 日至 2020 年 8 月 31 日）内，出现做多组合套利机会 44 次，其中 39 次止盈平仓，5 次止损平仓，胜率 88.6%；出现做空组合套利机会 56 次，其中 49 次止盈平仓，7 次止损平仓，胜率 87.5%。总的来说共检索到 100 次套利机会，其中 88 次止盈平仓，12 次止损平仓，胜率 88%，最终可实现年化收益 13.14%（其中单次套利收益最高 1.32%，最低 -0.94%，均值为 0.13%），扣除交易成本后 10.08%，显然优于观察区间内一年期国债收益的平均值 2.42%（考虑为无风险收益率）。

五、结论

本课题基于协整理论，采用非参数法制定交易规则，根据我国国债期货市场和银行间债券市场的相关交易制度构建了统计套利策略，并对 2017 年 8 月以来我国银行间债券市场十年期国债和中国金融期货交易所十年期国债期货的日交易数据进行了实证分析。结果显示，基于协整的统计套利策略在我国国债期货市场和银行间债券市场的期现套利交易场景中表现良好，套利操作胜率高，收益可观，说明我国国债期货市场运行仍不完善，效率有待提高。

参考文献

[1] 蔡燕，王林，许莉莉. 基于随机价差法的配对交易研究 [J]. 金融理论与实践，2012（8）：30-35.

［2］陈嘉扬. 国债期货期现套利和套期保值策略的实证研究［J］. 现代商业，2020（25）：138-139.

［3］陈建明，杨军锋. 现阶段我国国债期货期现套利实证研究［J］. 浙江金融，2014（3）：48-52.

［4］方昊. 统计套利的理论模式及应用分析：基于中国封闭式基金市场的检验［J］. 统计与决策，2005（12）：14-16.

［5］方宇翔，郑旭. 基于我国重启国债期货数据的套利策略研究［J］. 价格理论与实践，2014（11）：83-85.

［6］梁建峰，徐小婷. 中国国债期货套利机会实证研究［J］. 中国管理科学，2015，23（S1）：459-463.

［7］刘澄，王峰，刘祥东，等. 国债期货套利、套期保值及投资策略研究［J］. 财会通讯，2015（27）：110-113.

［8］王晋忠，胡晓帆. 中国国债期货的市场有效性研究［J］. 经济评论，2015（6）：55-68.

［9］杨旸. 国债期货套利投资策略浅析［J］. 债券，2014（3）：51-56.

［10］于玮婷. 基于协整方法的统计套利策略的实证分析［J］. 科学决策，2011（3）：70-85.

［11］张春佳. 中国国债期货期现套利策略的应用研究［D］. 上海：上海交通大学，2013.

［12］张俊，李妍. 配对交易策略：一个文献评述［J］. 中国证券期货，2010（12）：28-29.

［13］钟星星，李鹏飞. 国债期货与国债 ETF 期现套利探索［J］. 经济论坛，2015（4）：99-102.

［14］CAPOZZA D R，CORNELL B. Treasury bill pricing in the spot and futures markets［J］. The Review of Economics and Statistics，1979：513-520.

［15］CHOW B G，BROPHY D J. Treasury-Bill Futures Market：A Formulation and Interpretation［J］. The Journal of Futures Markets，1982，2（1）：25.

［16］CORNELL B，FRENCH K R. The pricing of stock index futures［J］. The Journal of Futures Markets，1983，3（1）：1.

［17］ENGLE R F，GRANGER C W J. Co-integration and error correction：representation，estimation，and testing［J］. Econometrica：journal of the Econometric Society，1987：251-276.

［18］HEGDE S P，BRANCH B. An empirical analysis of arbitrage opportunities in the treasury bill futures market［J］. The Journal of Futures Markets，

1985, 5 (3): 407.

[19] JOHN B, CHARLES S. The dual listing of stock index fitures: Arbitrage, spread arbitrage, and currency risk [J]. John Wiley & Sons, Ltd, 1996, 16 (1): 29-54.

[20] MACKINLAY A C, RAMASWAMY K. Index-futures arbitrage and the behavior of stock index futures prices [J]. The Review of Financial Studies, 1988, 1 (2): 137-158.

[21] POOLE W. Using T-bill futures to gauge interest rate expectations [J]. Economic Review, 1978 (Spr): 7-19.

[22] VIDYAMURTHY G. Pairs Trading: quantitative methods and analysis [M]. John Wiley & Sons, 2004.

[23] WILLIAM K B. Analytic solutions for optimal statistical arbitrage trading [J]. Physica A: Statistical Mechanics and its Applications, 2010, 389 (11): 2234-2243.

课题 8　中国国债期货市场风险测度研究

——基于 VAR-GARCH 模型

摘要： 目前我国国债期货市场形成了短、中、长期的利率期货品种结构，多品种多层次的合约类型为利率风险管理提供了有效的渠道，为投资者与套利者提供了新的交易对象。不同的市场参与者虽然交易的目的不尽相同，但是，在交易过程中都必然面临国债期货的市场风险问题，对其度量与管理将直接影响市场参与者的损益状况。本课题通过对国债期货对数收益率建立 GARCH 类模型，利用 VAR 值计算来对国债期货市场风险进行度量。实证结果发现：①我国国债期货市场收益率波动具有"扎堆效应"的波动性聚集特征；②坏消息对我国国债期货市场的冲击会更加明显，即我国国债期货市场存在波动的非对称性；③在对各个 GARCH 类模型进行比较分析发现，残差序列服从 GED 分布的 GARCH（1，1）模型和 EGARCH（1，1）模型的拟合效果较好，并且计算出的 VAR 值具有准确性，能对国债期货市场风险进行准确度量。

关键词： 国债期货；市场风险；GARCH 类模型；VAR

一、　绪论

（一）研究背景与意义

国债期货在利率风险管理中起着重要作用，也是一个投机与套利非常活跃的市场。因为经济的不确定性、货币政策的变化，国债期货市场的波动频繁，加之其交易的杠杆性、双向交易的特点，市场博弈十分激烈，导致其市场风险突显。

国债期货市场风险既是一种客观存在，也对国债期货市场功能的发挥产生重大影响。研究国债期货市场的市场风险，就是去认识国债市场的运行规律，从而分析国债期货市场的运行效率，这对促进市场发展和完善市场功能有着积极的意义。

（二）研究内容和方法

本课题的研究内容是我国国债期货市场风险。国债期货市场风险主要体现在国债期货合约价格的波动上，而价格的波动性可以用收益率的波动去衡量，因此本课题主要以收益率为研究对象，并采用定性分析和实证分析相结合的方法进行研究。

通过定性分析，我们首先界定了什么是国债期货市场风险，之后，对我国国债期货市场重启以来的国债期货市场表现——主要从收益率的波动性及单位时间波动率来描述其市场风险。

实证分析主要通过对国债期货对数收益率建立 GARCH 类模型，来比较不同模型下的在险价值（VAR），并对其进行了回测检验。

（三）文献综述

1. 国外研究综述

国外国债期货市场发展已较为成熟，关于国债期货市场风险的研究主要和国债期货相关功能、货币政策等其他因素相联系，如套期保值、价格发现及政策转变等。克里斯托弗（Christopher）于 1989 年以 1977—1988 年美国国债期货市场的交易数据为基础，研究发现美国国债期货市场在涨跌停板后的第二日价格波动与涨跌停板之前波动相似，认为国债期货市场一定程度上可以稳定投资者情绪，具有稳定价格的功能。赫奇（Hegde）1985 年研究发现，当美国货币政策从利率管制向货币供应量管理转变后，国债期货空头的套利空间增大了，表明货币政策的基调会对国债期货市场风险造成一定影响。

2. 国内研究综述

我国国债期货起步较晚，发展过程曲折，国内研究者对国债期货市场风险的研究较少。初期研究大多停留在定性分析和讨论国债期货的重新推出上。叶永刚和黄河在 2004 年使用无套利定价原理剖析了"327"事件并展望了国债期货未来，指出控制国债期货风险需要解决好国债期货的监管问题，推动现货市场的发展和利率市场化进程。

国债期货市场重启后，学者们对国债期货市场风险的定量分析也开始增多，康书隆在 2015 年使用格兰杰因果检验、脉冲响应函数等方法进行实证分析，验证了国债期货合约价格的有效性。此外，学者们还多关注在制度层面如何能够控制国债期货市场风险，2015 年，宋国良和陈旭兰在研究国债期货市场风险时发现保证金制度对防范市场风险有相当积极的作用。2019年张革认为我国国债期货市场引入境外投资者可以提升市场活跃度，有助于市场稳定。曹彬在 2017 年以美国国债期货市场为研究对象，发现及时根据市场情况调控持仓限额能有效应对非常时期的市场风险。张雪在 2020 年运用变结构协整模型进行实证分析，指出我国国债期货价格变动与国债市场价格、股票市场、利率市场、经济政策不确定性及市场规模变化紧密相关。周泽在 2013 年使用 GARCH-EVT 模型对国债期货风险测度进行实证分析。2019 年，张宗新和张秀秀从金融周期视角出发，研究发现国债期货市场能降低金融周期和投资交易对现货市场的波动冲击。

综上所述，国外研究大多基于相对成熟完善的市场，研究方法与结论可能不适用于我国刚起步的国债期货市场。国内研究目前大多关注国债期货起步阶段各方面的制度设置与国债期货市场风险管理的相关问题，较少定量地对正式重启后的国债期货市场风险进行具体有效的度量，并且研究程度较浅。本课题则使用国内外成熟的风险测量方法——VAR 法，并结合 GARCH 类模型对我国二年期、五年期、十年期国债期货交易的市场风险进行较为全面的实证分析，这可以为投资者提供国债期货市场风险最新的状况，增强对市场的风险意识。

二、　我国国债期货市场风险分析

我国国债期货市场风险是指由国债期货市场价格波动引起国债期货合约价值变动的不确定性。国债现货价格的波动、宏观经济环境的变化、国债期货合约杠杆作用、投资者情绪等因素都会对国债期货价格产生影响。本课题拟从收益率的波动性角度对我国国债期货市场重启以来的市场风险进行研究。图 8-1、图 8-2 和图 8-3 分别展现了五年、十年、二年期国债期货合约自上市以来的收益率波动性。

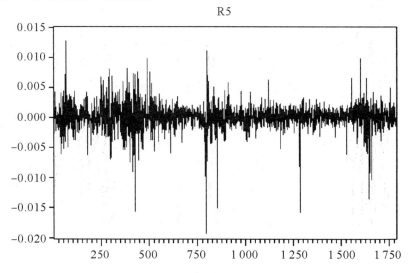

图 8-1　五年期国债期货收益率波动

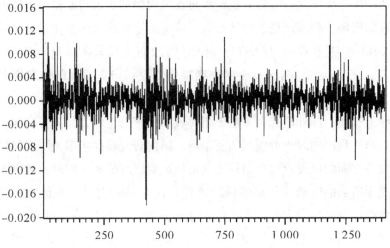

图 8-2　十年期国债期货收益率波动

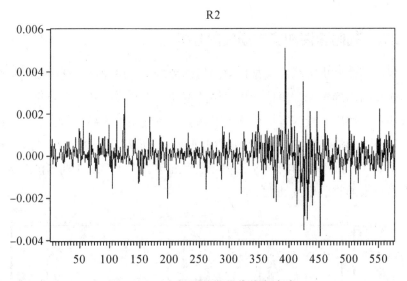

图 8-3　二年期国债期货收益率波动

　　分别考察三个种类的国债期货合约收益率波动性我们可以发现，在一段时间内收益率波动具有持续性：收益率波动剧烈的部分比较集中，同时平稳的部分也比较集中，收益率波动具有"扎堆"的特征，即存在波动性聚集特征。这说明国债期货市场的波动性特征是可以分析和预测的，为我们使用VAR-GARCH模型进行国债期货市场风险度量提供了思路。

三、 国债期货市场风险测度理论

（一）风险度量方法概述

市场风险是指资产价格变动的不确定性，具体来讲市场风险是指金融资产价格随着市场风险因子的变动而变动，主要的市场风险因子包括利率、汇率、经济景气度等因素。事实上，市场风险是一种多维度、多视角的风险，不同市场的风险因子可能存在着不同，并且有的风险因子本身是无法测量的，这就使得对市场风险的度量方法存在着多样性。主要的市场风险度量方法有以下三种：

1. 灵敏度方法

如前文所述，国债期货的市场风险会受到各种风险因子的影响。灵敏度方法就是将资产价格受风险因子的影响程度表达出来。公式表达为

$$\frac{\Delta P}{P} = \lambda \frac{\Delta \alpha}{\alpha} \tag{1}$$

其中 P 为资产价格，α 为风险因子，λ 为灵敏度。λ 灵敏度越大，风险因子对资产价格的影响程度也就越大。例如，久期、凸性、Delta 值、β 值都是常用的灵敏度方法度量金融市场风险。

但使用灵敏度方法对国债期货市场风险进行度量会存在一些问题：首先，该方法只有在风险因子变动非常小的时候才能较为准确地估计出国债期货合约价格的变动，是一种局部度量的方法，存在一定局限性；然后，国债期货合约可能存在多个风险因子，风险因子的种类和数量很难准确衡量；最后，由于国债期货市场规模逐渐扩大，交易的复杂性日益增加，灵敏度方法很难满足复杂环境下的风险度量需求。

2. 波动性方法

马科维茨（Markowitz）在资产组合管理理论中提出，金融资产的收益率波动特征可以作为其风险度量的指标。该方法的思想实质是考察资产实际收益率与期望收益率的偏差程度，即统计学方法中的方差-协方差在金融风险度量中的应用。该方法的优点是有着严谨的数学逻辑和形式，缺点在于只是对风险进行了简单的波动性刻画，无法进行定量的估计，不适合用于国债期货市场风险的定量分析。

3. VAR 方法

VAR（Value at Risk）的概念最初在 20 世纪 90 年代由 J. P. Morgan 公司首次提出。VAR 的具体含义为在指定的置信区间内，市场处于正常波动时资产价值在一定时期可能发生损失的最大值。VAR 方法有着众多的优点：

（1）适用范围广：国债期货合约可能存在多个风险因子，风险因子的

种类和数量很难准确衡量，使用 VAR 方法可以不用对具体风险因子进行考量，因为该方法可以用于不同风险因子引起的市场风险度量。

（2）容易理解和使用：VAR 方法对市场风险进行了定量的估计，包括具体的 VAR 值和发生的概率，并且具有可比性，适用于各种环境和各种风险的比较。

（3）并非针对单个风险因子，而是综合考虑了影响资产价值变动的各种风险因子的相关性。

由于上述优点，VAR 方法已经成为目前主流的风险度量方法，因此本课题也选用 VAR 方法来度量国债期货市场风险。

（二）VAR 值的计算方法

VAR 值的计算方法主要有以下几种：

1. 历史模拟法

历史模拟法是假设未来的收益率变化趋势与过去完全相同，那么通过搜集历史的收益率数据，就可以得到一个预测未来收益率的模型，在此基础上选择期限和置信水平就可进行 VAR 值的计算。历史收益率优点在于不用对收益率的分布进行假设，因为通常历史数据得到的收益率分布会有"尖峰厚尾"的特征，而且历史模拟法也相对简单，不用进行建模。但其缺点也很明显，实际的操作对历史数据的质量与数量都有很高的要求，一些刚上市的股票或资产没有那么多数据可供选择，并且该方法的假设与现实的情况也存在一定的偏差。因此本课题不考虑该方法。

2. 蒙特卡洛模拟法

蒙特卡洛模拟法是通过历史数据建立的模型描述出历史收益率的概率过程，然后通过计算机技术生成符合模型的一系列随机数，利用随机数序列分布就可以进行 VAR 值的计算。

蒙特卡洛模拟法可以在很大程度上将风险因子未来各种变化的情景模拟出来，而且不会受制于历史数据，可以处理非正态非线性的问题。但是蒙特卡洛模拟法也存在着计算量巨大，过度依赖参数估计与模型选择的缺点，需要设计精密的计算机程序语言来支持。

3. 方差协方差法

该方法进行 VAR 计算通常需要假设金融资产的收益率服从某一分布，在设定的置信水平下通过历史数据计算出收益率序列的方差协方差等参数；再结合设定的置信水平下的分位数就可以计算出 VAR 的值。方差协方差法计算简单易懂，便于操作，并且可以对 VAR 值进行精确的计算。

4. GARCH 类模型

简单的方差协方差法计算出的 VAR 值可能并未充分考虑到国债期货市场"波动性聚集"特征,而 GARCH 类模型对于波动性聚集这样的金融时间序列特征具有很好的拟合效果。自恩格尔（Engle）于 1982 年提出了 ARCH 模型以来,波勒斯勒夫（Bollerslev）、尼尔森（Neilson）、扎科扬（Zakoian）等学者在此基础上综合考虑了杠杆效应、风险溢价等因素,分别拓展出了高阶 GARCH、EGARCH、TGARCH、GARCH - M 等模型,本课题统称为 GARCH 类模型。此后国内外学者们广泛应用 VAR-GARCH 模型进行各类市场风险研究。例如,2003 年邹建军对我国股市市场风险的研究；2006 年,刘庆富等对我国期铜市场风险的研究；2007 年杨立洪等对我国股指期货市场风险的研究；2005 年郭晓亭对证券投资基金市场风险的研究；2011 年严志勇对黄金市场的市场风险的研究。上述文献均验证了该方法在市场风险测度中的有效性。故本课题决定使用 GARCH 类模型计算 VAR 值。本课题对国债期货市场风险进行研究时,与上述文献的不同之处在于:为达到最优拟合效果,本课题选择用标准正态分布、t 分布和 GED 分布来拟合残差序列,而不是简单假设最优的分布。

四、 国债期货市场风险测度实证分析

（一）数据的选取和处理

国债期货市场风险主要体现在国债期货合约价格的变动上,因此本课题主要以收益率为研究对象。为保证数据的完整性和连续性,本课题将 2013 年 9 月 6 日至 2021 年 1 月 5 日五年、十年、二年期国债期货主力合约的日交易数据,按照持仓量和收盘价加权计算,得到一个连续的国债期货合约加权收盘价,并将其作为实证部分的国债期货价格数据。

$$p_t = p_t^{TF} \times \frac{OP_t^{TF}}{OP_t^{TF} + OP_t^T + OP_t^{TS}} + p_t^T \times$$

$$\frac{OP_t^T}{OP_t^{TF} + OP_t^T + OP_t^{TS}} + p_t^{TS} \times \frac{OP_t^{TS}}{OP_t^{TF} + OP_t^T + OP_t^{TS}} \quad (2)$$

其中,p_t^{TF},p_t^T,p_t^{TS} 分别为样本期间内五年、十年、二年期主力合约 t 时刻的收盘价；OP_t^{TF},OP_t^T,OP_t^{TS} 分别为样本期间内五年、十年、二年期主力合约 t 时刻的持仓量。p_t 为计算出来的 t 时刻国债期货合约加权收盘价。数据来源于 wind。本课题在进行实证研究时使用对数收益率。公式为:

$$r_t = \ln(p_t) - \ln(p_{t-1}) \quad (3)$$

处理后对数收益率序列样本共计 1 784 个数据。

（二）数据的基本统计特征

我们首先将处理后的对数收益率序列进行统计检验，统计结果如图8-4所示。

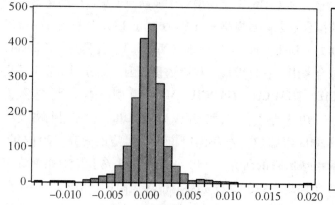

图8-4　国债期货对数收益率描述性统计分析

由图8-4可知，国债期货对数收益率序列均值为0.000 033，标准差为0.002 100，偏度为0.320 258>0，说明序列有较长的右拖尾；峰度为11.055 94>3，说明有尖峰特征。Jarque-Bera统计量为4 854.588，P值为0.000 000，说明该收益率序列不服从正态分布。从以上统计数据可以看出，国债期货对数收益率序列有着明显的"尖峰厚尾"特征。

（三）国债期货价格波动的基础特征

1. 样本数据平稳性检验

使用ARCH模型时需要明确时间序列是平稳的，对样本序列进行ADF检验是常用的方法。

本课题对样本数据进行ADF检验，结果如表8-1所示。

表8-1　国债期货对数收益率序列ADF检验

Augmented Dickey-Fuller test statistic		t-Statistic	Prob.
		−12.175	0.000
Test critical values	1% level	−3.430	
	5%level	−2.860	
	10%level	−2.570	

以上检验结果可知，我国国债期货对数收益率序列的ADF检验T统计量为−12.175，分别小于1%、5%、10%置信区间下的临界值，并且对应P值为0，因此拒绝原假设，国债期货对数收益率序列是平稳的。

2. 数据自相关检验

自相关现象在时间序列中比较常见，为了保证VAR-GARCH模型的拟合效果，自相关性检验也是必要的。序列的自相关函数（ACF）和偏自相关函数（PACF）1~10 阶滞后的检测结果如图 8-5 所示。

Sample: 1 1784
Included observations: 1784

Autocorrelation	Partial Correlation		AC	PAC	Q-Stat	Prob
		1	-0.01...	-0.01...	0.1797	0.672
		2	-0.01...	-0.01...	0.5208	0.771
		3	0.037	0.036	2.9345	0.402
		4	0.019	0.020	3.5878	0.465
		5	-0.00...	-0.00...	3.6500	0.601
		6	-0.04...	-0.04...	7.0225	0.319
		7	-0.02...	-0.03...	8.3671	0.301
		8	-0.04...	-0.04...	11.362	0.182
		9	-0.01...	-0.00...	11.525	0.241
		1...	0.020	0.022	12.210	0.271

图 8-5　国债期货收益率序列的自相关和偏自相关检验结果

从检测结果可看出，收益率序列 1~10 阶滞后的自相关和偏自相关值都位于虚线之间。Q 统计值的 P 值均大于 0.05，接受不存在自相关的原假设。因此本课题的国债期货对数收益率序列不表现出自相关性。

3. ARCH 效应检验

建立 GARCH 模型的前，应对序列进行 ARCH 效应检验。只有在扰动项存在条件异方差时，才需要使用 GARCH 模型。

由于序列不存在自相关性，我们可以对序列 r_t 建立均值模型，即：

$$r_t = C + \varepsilon_t \tag{4}$$

由 r_t 的描述性统计图 8-5 可知，均值为 0.000 033，将 r_t 去均值化，可得：

$$\varepsilon_t = r_t - 0.000\ 033 \tag{5}$$

其描述性统计结果如图 8-6 所示。

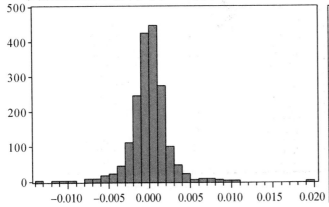

Series:B	
Sample 1 1784	
Observations 1784	
Mean	−2.36e-09
Median	1.65e-05
Maximum	0.019385
Minimum	−0.013551
Std. Dev.	0.002100
Skewness	0.320258
Kurtosis	11.05594
Jarque-Bera	4854.588
Probability	0.000000

图 8-6　残差序列 ε_t 的描述性统计分析

对残差平方序列 $\{\varepsilon_t^2\}$ 进行 Q 检验，检验其序列相关性，若 $\{\varepsilon_t^2\}$ 存在自相关，则认为 ε_t 存在条件异方差。使用 Eviews 软件取最大滞后阶数为 12，检验结果如图 8-7 所示。

Sample: 1 1784
Included observations: 1784

Autocorrelation	Partial Correlation		AC	PAC	Q-Stat	Prob
		1	0.091	0.091	14.805	0.000
		2	0.091	0.084	29.766	0.000
		3	0.073	0.058	39.220	0.000
		4	0.088	0.071	53.021	0.000
		5	0.072	0.050	62.283	0.000
		6	0.064	0.039	69.555	0.000
		7	0.081	0.057	81.361	0.000
		8	0.031	0.001	83.033	0.000
		9	0.055	0.030	88.452	0.000
		10	0.034	0.009	90.511	0.000
		11	0.051	0.026	95.112	0.000
		12	0.092	0.071	110.34	0.000

图 8-7 $\{\varepsilon_t^2\}$ 的自相关和偏自相关

由图 8-7 可看出，自相关系数均不为 0，Q 统计量显著，P 值均为 0.00，拒绝原假设，即存在显著的 ARCH 效应。

恩格尔（Engle）在 1982 年提出的 LM 检验也可用来检验序列的 ARCH 效应。本课题使用 STATA 软件对序列进行了 LM 检验，检验结果如图 8-8 所示。由检验结果可知，1 阶滞后到 20 阶滞后，p 值均为 0.000 0，高度拒绝了原假设 H_0: no ARCH effects，同样说明存在显著的 ARCH 效应。

archlm, lag (1/20)
LM test for autoregressive conditional heteroskedasticity (ARCH)

lags (p)	chi2	df	prob> chi2
1	14.773	1	0.000 1
2	27.215	2	0.000 0
3	33.168	3	0.000 0
4	41.933	4	0.000 0
5	46.249	5	0.000 0
6	48.868	6	0.000 0
7	54.488	7	0.000 0
8	54.479	8	0.000 0
9	55.964	9	0.000 0
10	56.059	10	0.000 0
11	57.214	11	0.000 0
12	65.790	12	0.000 0
13	69.478	13	0.000 0
14	69.598	14	0.000 0
15	69.526	15	0.000 0
16	69.896	16	0.000 0
17	69.814	17	0.000 0
18	70.080	18	0.000 0
19	70.052	19	0.000 0
20	70.567	20	0.000 0

H0: no ARCH effects   vs. H1:ARCH(p) disturbance

图 8-8 ARCH 效应检验

（四）国债期货市场的 GARCH 类模型分析

计算 σ_t 是计算 VAR 值的关键步骤，研究表明金融时间序列存在着明显的"尖峰厚尾"和波动性聚集的特征，ARCH 模型可以对条件异方差特性进行很好的刻画。受波动性聚集特征的启示，ARCH 模型的具体表现形式为

$$\varepsilon_t = \sigma_t v_t \tag{6}$$

$$\sigma_t^2 = \alpha_0 + \alpha_1 \varepsilon_{t-1}^2 + \alpha_2 \varepsilon_{t-2}^2 + \cdots + \alpha_p \varepsilon_{t-p}^2 \tag{7}$$

其中，ε_t 为随机扰动项，v_t 为白噪声，其均值为 0 方差为 1，σ_t^2 为条件方差项。p 为滞后阶数。$\alpha_i > 0$ 且 $\sum_{i=1}^{p} \alpha_i < 1$。系数 α_i 即过去波动率对未来波动率的影响，由于 $\alpha_i > 0$，这一影响均为正向的。ARCH 模型能够很好地刻画金融时间序列波动性聚集的特征，但有几个缺点：一是 ARCH 并没有区分正向的影响和负向影响在波动率上的不同，即没有考虑杠杆效应；二是参数选择较为复杂，p 很大时需要估计很多的参数，这就会损失样本容量。博勒斯莱文（Bollerslev）在 1986 年在 ARCH 模型的基础上加入了 σ_t^2 的自回归部分，使得模型预测更加准确。改进后的 GARCH（p，q）模型设定为：

$$\sigma_t^2 = \alpha_0 + \alpha_1 \varepsilon_{t-1}^2 + \cdots + \alpha_q \varepsilon_{t-q}^2 + \gamma_1 \sigma_{t-1}^2 + \cdots + \gamma_p \sigma_{t-p}^2 \tag{8}$$

由于国债期货市场收益率序列 $\{r_t\}$ 存在明显的 ARCH 效应，并且一般低阶 GARCH 族模型就能很好描述，因此本课题选择用 GARCH（1，1）模型和 GARCH-M（1，1）模型进行建模。此外由于金融时间序列通常会存在非对称性和杠杆效应，本课题还选取了 EGARCH（1，1）和 TGARCH（1，1）模型建模。由图 8-4 可知收益率序列存在着明显的"尖峰厚尾"特征和异方差性，为达到最优拟合效果，本课题选择用标准正态分布、t 分布和 GED 分布来拟合残差序列。

1. GARCH 模型

最为常用的 GARCH（1，1）模型表达式如下：

$$\sigma_t^2 = \alpha_0 + \alpha_1 \varepsilon_{t-1}^2 + \gamma_1 \sigma_{t-1}^2 \tag{9}$$

其中，$\alpha_0 > 0$，$\alpha_1 > 0$，$\gamma_1 > 0$，$\alpha_1 + \gamma_1 < 1$。

残差 ε_t 分别选择服从三种不同分布进行参数估计，结果如表 8-2、表 8-3、表 8-4 所示。

表 8-2　正态分布的 GARCH（1，1）模型

Dependent Variable：r			
Variance Equation			
	Coefficient	Std. Error	t-Statistic	Prob.
α_0	2.86E-06	1.04E-06	2.759032	0.0058

表8-2(续)

α_1	0. 150 000	0. 056 818	2. 639 994	0. 008 3
γ_1	0. 600 000	0. 133 507	4. 494 131	0. 000 0
AIC	−9. 352 568		SC	−9. 340 266

表 8-3　t 分布的 GARCH (1, 1) 模型

Dependent Variable：r				
Variance Equation				
	Coefficient	Std. Error	t−Statistic	Prob.
α_0	4. 63E−08	1. 60E−08	2. 901 320	0. 003 7
α_1	0. 061 322	0. 011 546	5. 310 922	0. 000 0
γ_1	0. 928 220	0. 011 900	78. 001 69	0. 000 0
AIC	−9. 840 279		SC	−9. 824 902
DOF	4. 951 595			

表 8-4　GED 分布的 GARCH (1, 1) 模型

Dependent Variable：r				
Variance Equation				
	Coefficient	Std. Error	t−Statistic	Prob.
α_0	3. 95E−08	1. 26E−08	3. 124 333	0. 001 8
α_1	0. 061 750	0. 011 233	5. 497 100	0. 000 0
γ_1	0. 929 270	0. 010 631	87. 410 52	0. 000 0
AIC	−9. 824 162		SC	−9. 808 765
GED	1. 219 324			

　　从表 8-2、8-3、8-4 可以看出，残差 ε_t 分别选择服从三种分布下的 GARCH (1, 1) 模型参数都是高度显著的，并且 $\alpha_1 + \gamma_1 < 1$，除了服从正态分布的模型外，均接近 1。这说明国债期货市场的波动性具有持久性。

　　接着我们对三种模型的残差序列进行 ARCH-LM 检验，分别选择 1 阶、4 阶、8 阶滞后，检验残差序列的 ARCH 效应是否消除了。结果如表 8-5 所示。

表 8-5 三种分布下 GARCH（1，1）模型 ARCH-LM 检验

滞后阶数	基于正态分布		基于 t 分布		基于 GED 分布	
	F-Statisti	Prob	F-Statisti	Prob	F-Statisti	Prob
1	0.483 261	0.487 0	0.485 908	0.485 8	0.464 622	0.495 6
4	0.903 335	0.461 1	0.176 489	0.950 6	0.172 423	0.952 6
8	2.145 140	0.029 0	0.351 896	0.945 3	0.371 109	0.936 1

由表 8-5 可以看出，残差 ε_t 分别选择服从三种分布下的 GARCH（1，1）模型均可以在 5% 的显著水平下接受原假设，说明残差序列的条件异方差性被很好地消除了。这说明 GARCH（1，1）模型的建立是合理的。

2. TGARCH 模型

GARCH 模型虽然与 ARCH 模型相比进行了一定的改进，但也存在着一些问题，如并没有考虑到金融资产价格的非对称效应，即坏消息和好消息对金融资产价格的影响程度可能不同。TGARCH 模型能很好地反映这种非对称效应。

因为国债期货收益率序列可能存在非对称效应，本课题还选择了 TGARCH（1，1）模型来检验非对称效应的存在。根据定义，TGARCH（1，1）表示为：

$$\sigma_t^2 = \alpha_0 + \alpha_1 \varepsilon_{t-1}^2 + \lambda_1 \varepsilon_{t-1}^2 \cdot 1(\varepsilon_{t-1} > 0) + \beta_1 \sigma_{t-1}^2 \tag{10}$$

其中，$1(\varepsilon_{t-1})$ 为示性函数，即当 $\varepsilon_{t-1} > 0$ 时，取值为 1；反之，取值为 0。

残差 $\{\varepsilon_t\}$ 分别选择服从三种分布进行参数估计，结果如表 8-6、表 8-7、表 8-8 所示。

表 8-6 正态分布的 TGARCH（1，1）模型

Dependent Variable：r				
Variance Equation				
	Coefficient	Std. Error	t-Statistic	Prob.
α_0	3.67E-08	5.50E-09	6.671 195	0.000 0
α_1	0.051 594	0.007 147	3.277 787	0.000 0
λ_1	-0.025 576	0.007 803	3.277 787	0.001 0
β_1	0.929 782	0.005 536	167.948 5	0.000 0
AIC	-9.735 098		SC	-9.719 721

表 8-7 t 分布的 TGARCH (1, 1) 模型

Dependent Variable：r				
Variance Equation				
	Coefficient	Std. Error	t-Statistic	Prob.
α_0	5. 25E-08	1. 74E-08	3. 010 837	0. 002 6
α_1	0. 051 587	0. 013 594	3. 697 006	0. 000 2
λ_1	-0. 029 679	0. 018 326	1. 619 514	0. 105 3
β_1	0. 921 772	0. 012 779	72. 130 51	0. 000 0
DOF	4. 957 558	0. 527 586	9. 396 688	0. 000 0
AIC	-9. 840 621		SC	-9. 822 168

表 8-8 GED 分布的 TGARCH (1, 1) 模型

Dependent Variable：r				
Variance Equation				
	Coefficient	Std. Error	t-Statistic	Prob.
α_0	4. 37E-08	1. 35E-08	3. 228 395	0. 001 2
α_1	0. 051 611	0. 013 244	3. 896 791	0. 000 1
λ_1	-0. 026 265	0. 016 326	1. 608 782	0. 107 7
β_1	0. 925 228	0. 011 193	82. 657 81	0. 000 0
GED	1. 220 980	0. 041 666	29. 303 94	0. 000 0
AIC	-9. 824 358		SC	-9. 822 168

由表 8-6、表 8-7、表 8-8 可知，在 5% 的显著水平下，只有残差服从正态分布的 TGARCH (1, 1) 模型拟合的系数全是显著的，并且均通过了 t 检验，说明国债期货市场具有非对称性。$\lambda_1<0$ 说明负面消息带来的波动大于正面消息。接着我们对模型的残差序列进行 ARCH-LM 检验，分别选择 1 阶、4 阶、8 阶滞后，检验残差序列的 ARCH 效应是否消除了，结果如表 8-9 所示。

表 8-9 正态分布下 TGARCH (1, 1) 模型 ARCH-LM 检验

滞后阶数	F-Statisti	Prob
1	0. 246 075	0. 619 9
4	0. 147 793	0. 964 0
8	0. 388 593	0. 927 2

由表 8-9 可以看出残差 ε_t 序列服从正态分布的 TGARCH（1，1）模型可以在 5% 的显著水平下接受原假设，这说明残差序列的 ARCH 效应被很好地消除了，TGARCH（1，1）模型的建立是合理的。

3. EGARCH 模型

除了前文中使用的 TGARCH 模型外，尼尔森（Nelson）在 1991 年提出的 EGARCH 模型同样可以检验国债期货收益率序列的杠杆效应。为达到最佳的拟合效果，本部分使用 EGARCH 模型进行实证。EGARCH（1，1）模型的具体表达式为：

$$\ln\sigma_t^2 = \alpha_0 + \alpha_1(\varepsilon_{t-1}/\sigma_{t-1}) + \lambda_1|\varepsilon_{t-1}/\sigma_{t-1}| + \beta_1\ln\sigma_{t-1}^2 \tag{10}$$

其中，$(\varepsilon_{t-1}/\sigma_{t-1})$ 为 ε_{t-1} 的标准化。若 $\alpha_1 \neq 0$，这表明模型包括了非对称效应。

利用 EGARCH（1，1）模型，残差 ε_t 分别选择服从三种分布进行参数估计，结果如表 8-10、表 8-11、表 8-12 所示。

表 8-10　正态分布的 EGARCH（1，1）模型

Dependent Variable：r				
Variance Equation				
	Coefficient	Std. Error	t-Statistic	Prob.
α_0	−0. 255 625	0. 021 361	−11. 966 68	0. 000 0
α_1	−0. 024 971	0. 005 720	−4. 365 854	0. 000 0
λ_1	0. 152 137	0. 012 236	12. 433 10	0. 000 0
β_1	0. 988 491	0. 001 609	614. 509 3	0. 000 0
AIC	−9. 727 685		SC	−9. 712 308

表 8-11　t 分布的 EGARCH（1，1）模型

Dependent Variable：r				
Variance Equation				
	Coefficient	Std. Error	t-Statistic	Prob.
α_0	−0. 303 190	0. 073 652	−4. 116 496	0. 000 0
α_1	−0. 026 769	0. 014 131	−1. 894 262	0. 058 2
λ_1	0. 153 265	0. 024 023	6. 379 861	0. 000 0
β_1	0. 984 882	0. 002 523 9	187. 973 4	0. 000 0
DOF	4. 868 147	0. 506 376	9. 613 693	0. 000 0
AIC	−9. 840 679		SC	−9. 822 226

表8-12　GED 分布的 EGARCH（1，1）模型

Variance Equation				
	Coefficient	Std. Error	t-Statistic	Prob.
α_0	−0. 284 792	0. 057 755	−4. 931 046	0. 000 0
α_1	−0. 025 026	0. 012 617	−1. 983 481	0. 047 3
λ_1	0. 153 745	0. 022 788	6. 746 811	0. 000 0
β_1	0. 986 449	0. 004 224	233. 544 5	0. 000 0
GED	1. 210 277	0. 040 574	29. 829 14	0. 000 0
AIC	−9. 822 637		SC	−9. 822 637

由表8-10、表8-11、表8-12 可知，在5%的显著水平下，只有残差服从正态分布和 GED 分布的 EGARCH（1，1）模型拟合的系数全是显著的，并且均通过了 t 检验，同样说明国债期货市场具有非对称性，并且都有 $\alpha_1 <$ 0，说明负面消息带来的波动大于正面消息，这与 TGARCH 得到的结论吻合。然后我们对模型的残差序列进行 ARCH-LM 检验，分别选择 1 阶、4 阶、8 阶滞后，检验结果如表8-13 所示。

表8-13　正态分布和 GED 分布下的 EGARCH（1，1）模型 ARCH-LM 检验

滞后阶数	基于正态分布		基于 GED 分布	
	F-Statisti	Prob	F-Statisti	Prob
1	0. 414 717	0. 519 7	0. 269 995	0. 603 4
4	0. 149 699	0. 963 2	0. 114 208	0. 977 5
8	0. 307 898	0. 963 3	0. 281 129	0. 972 3

由表8-13 可以看出残差 ε_t 序列服从正态分布和 GED 分布的 EGARCH（1，1）模型可以在5%的显著水平下接受原假设，残差序列的条件异方差性被 EGARCH 模型很好地消除了。这说明 EGARCH（1，1）模型的建立是合理的。

4. GARCH-M 模型

金融学理论关注收益和风险的关系，一般认为资产的风险越高，其带来的收益也应该越高。恩格尔，莉莲和鲁宾斯（Engle，Lilien & Robins）在1987 年提出了 ARCH-M 模型刻画了这种关系。本部分使用 GARCH-M（1，1）模型来进行实证分析。常见的 GARCH-M（1，1）模型的表达式为

$$y_t = x_t \theta + \lambda \sigma_t^2 + \varepsilon_t \qquad (11)$$

$$\sigma_t^2 = \alpha_0 + \alpha_1\, \varepsilon_{t-1}^2 + \gamma_1\, \sigma_{t-1}^2 \qquad (12)$$

其中，σ_t^2 为 GARCH 项，即在条件均值模型中加入了 GARCH 项。利用 GARCH-M（1，1）模型，残差 ε_t 分别选择服从三种分布进行参数估计，结果如图 8-9、图 8-10、图 8-11 所示。

Variable	Coefficient	Std. Error	z-Statistic	Prob.
GARCH	6.471 022	17.468 21	0.370 446	0.711 1
C	3.04E-05	6.38E-05	0.475 998	0.634 1
Variance Equation				
C	3.30E-08	5.13E-09	6.423 433	0.000 0
RESID(-1)^2	0.063 293	0.006 232	10.155 25	0.000 0
GARCH(-1)	0.931 904	0.005 124	181.854 0	0.000 0

图 8-9　正态分布的 GARCH-M（1，1）模型

Variable	Coefficient	Std. Error	z-Statistic	Prob.
GARCH	−5.137 614	16.689 97	−0.307 826	0.758 2
C	7.61E-05	5.81E-05	1.310 635	0.190 0
Variance Equation				
C	4.61E-08	1.59E-08	2.896 452	0.003 8
RESID(-1)^2	0.061 145	0.011 524	5.305 931	0.000 0
GARCH(-1)	0.928 449	0.011 881	78.144 68	0.000 0
T-DIST. DOF	4.948 276	0.526 313	9.401 777	0.000 0

图 8-10　t 分布的 GARCH-M（1，1）模型

Variable	Coefficient	Std. Error	z-Statistic	Prob.
GARCH	−1.773 380	15.499 91	−0.114 412	0.908 9
C	5.53E-05	5.40E-05	1.023 301	0.306 2
Variance Equation				
C	3.95E-08	1.26E-08	3.123 997	0.001 8
RESID(-1)^2	0.061 719	0.011 235	5.493 644	0.000 0
GARCH(-1)	0.929 301	0.010 635	87.378 37	0.000 0
GED PARAMETER	1.219 332	0.041 216	29.584 13	0.000 0

图 8-11　GED 分布的 GARCH-M（1，1）模型

由图 8-9、图 8-10、图 8-11 可知，三种分布下，在 5% 的显著水平下均值方程中 GARCH 项系数 λ 均不显著，故不需要建立 GARCH-M 模型。

5. GARCH 族模型的选择

通过建立以上模型，GARCH（1，1）-N、GARCH（1，1）-t、GARCH（1，1）-GED、TGARCH（1，1）-N、EGARCH（1，1）-N 和 EGARCH（1，1）-GED 这六种模型不仅参数显著，并且均通过了 ARCH-LM 检验，成功消除了 ARCH 效应。我们通过表 8-14 对比分析以上模型的 AIC 值和 SC 值发现，GARCH（1，1）-t、GARCH（1，1）-GED 和 EGARCH-GED 模型的拟合效果较好，这与 t 分布和 GED 分布能够更好描述样本序列"尖峰厚尾"特征有关。我们将根据以下模型来计算 VAR 值。

表 8-14　模型 AIC 值和 SC 值统计结果

模型	AIC	SC
GARCH（1，1）-N	-9.727 685	-9.712 308
GARCH（1，1）-t	-9.840 279	-9.824 902
GARCH（1，1）-GED	-9.824 162	-9.808 765
TGARCH（1，1）-N	-9.735 098	-9.719 721
EGARCH（1，1）-N	-9.727 685	-9.712 308
EGARCH（1，1）-GED	-9.822 637	-9.822 637

（五）国债期货市场风险的风险度量

1. 日 VAR 计算

VAR（Value at Risk）的概念最初在 20 世纪 90 年代由 J. P. Morgan 公司首次提出，VAR 可以用来度量金融资产及金融市场风险。其具体含义为在给定置信水平下资产在未来一段时间内的最大可能损失，用数学方法表达为：

$$Prob(\Delta P < -VAR) = 1 - c \tag{13}$$

其中，$Prob$ 表示概率测度，c 为置信水平，ΔP 为给定期间的资产损失。VAR 即给定置信水平下的风险价值。

方差-协方差法下日 VAR 值的计算公式为：

$$VAR = P_{t-1} Z_c \sigma_t \tag{14}$$

其中，P_{t-1} 为国债期货前一日价格，Z_c 为显著水平 c 下对应分布的分位数，σ_t 则是根据 GARCH 模型计算出的条件标准差。

根据式（14）我们可以计算出不同置信水平下各个模型下的 VAR 值的结果。结果如表 8-15 所示。

表 8-15 各个模型下 VAR 值计算结果

模型	置信度	分位数	最大值	最小值	均 值	标准差
GARCH (1, 1) -N	95%	1.645	1.300 531	0.385 844	0.475 170	0.061 088
	90%	1.282	1.013 545	0.300 700	0.370 314	0.047 608
GARCH (1, 1) -T	95%	2.018 049	1.078 621	0.210 443	0.989 073	0.146 846
	90%	1.478 054	0.789 469	0.154 029	0.284 772	0.107 480
GARCH (1, 1) -GED	95%	1.647 248	0.883 711	0.165 372	0.316 249	0.122 219
	90%	1.193 621	0.640 351	0.120 090	0.229 159	0.088 562
TGARCH (1, 1) -N	95%	1.645	0.834 049	0.164 649	0.320 225	0.125 068
	90%	1.282	0.650 001	0.128 316	0.249 585	0.097 469
EGARCH (1, 1) -N	95%	1.645	0.723 321	0.136 701	0.319 310	0.115 342
	90%	1.282	0.563 707	0.106 535	0.248 848	0.089 889
EGARCH (1, 1) -GED	95%	1.646 806	0.720 907	0.133 920	0.314 504	0.111 880
	90%	1.191 781	0.521 715	0.096 971	0.227 604	0.080 966

由表 8-15 可知，若残差序列服从正态分布，则根据 GARCH 模型计算出的 VAR 值：95% 置信水平下 VAR 值最大为 1.300 531，最小值为 0.385 844，均值为 0.475 170。这表明有 5% 的可能性，市场的损失会大于均值 0.475 170，并且市场最大损失不超过 1.300 531 或最小损失超过 0.385 844 的概率有 95%。同样其他置信水平下和其他模型估计下的损失情况也可由表 8-15 得出。在计算出各种模型下的 VAR 值后，还需要对 VAR 值进行检验，以得出哪种模型下的估计是最优最合理的。

2. 后验测试

VAR 的计算是基于历史数据和统计参数的估计，计算出来的 VAR 值对于风险的测验是否与实际情况相偏离还需要进行检验。如果偏离程度过大，那可能模型的设定就不合理，如果实际的损失与预期的损失偏离程度越接近于设定的置信水平，说明 VAR 值的准确性越高，模型的设定越合理有效。

VAR 检验的方法很多，本课题选取 Kupiec1995 年提出的 Kupiec 失败检验法进行检验。

设 C 为 VAR 的置信水平，N 为失败的天数，T 为考察的天数，那么实际的失败率为 $\dfrac{N}{T}$，期望的失败率为 $p = 1 - C$。零假设 H_0：$\dfrac{N}{T} = 1 - C$，备择假设 H_1：$\dfrac{N}{T} \neq 1 - C$。Kupiec 构建的统计量 LR 为：

$$LR = -2\ln[p^N (1-p)^{T-N}] + 2\ln\left[\left(1 - \frac{N}{T}\right)^{T-N}\left(\frac{N}{T}\right)^N\right] \qquad (15)$$

当接受原假设 H_0：$\dfrac{N}{T} = 1 - C$ 时，LR 是服从 $\chi^2(1)$ 分布的。查表可知，

90%和95%置信水平下，$\chi^2(1)$ 分布的临界值分别为 2.706，3.841。如果在相应置信水平下 LR 统计量小于临界值，我们就无法拒绝原假设，那么风险的估计就是合理的。

本课题选取样本数据 1 784 个，置信区间选择为 95%和 90%。得到两种置信水平下各个模型 VAR 值的 LR 统计量，如表 8-16 所示。

表 8-16　模型 VAR 回测检验结果

模型	置信度	失败天数	失败频率	LR 统计量	是否通过检验
GARCH (1, 1) -N	95%	28	1.57%	59.698	否
	90%	54	3.03%	129.13	否
GARCH (1, 1) -T	95%	42	2.35%	32.432	否
	90%	99	5.55%	46.059	否
GARCH (1, 1) -GED	95%	76	4.26%	2.160 1	是
	90%	167	9.36%	0.825 3	是
TGARCH (1, 1) -N	95%	73	4.09%	3.292 8	是
	90%	140	7.85%	9.843 1	否
EGARCH (1, 1) -N	95%	72	4.04%	3.727 0	是
	90%	134	7.51%	13.318	否
EGARCH (1, 1) -GED	95%	75	4.20%	2.509 7	是
	90%	167	9.36%	0.825 23	是

分析结果可知：

（1）假设序列服从正态分布，GARCH (1, 1) -N 模型、TGARCH (1, 1) -N 模型和 EGARCH (1, 1) -N 模型在 90%置信水平下模型均未能通过检验，并且三种模型的失败率较低，说明 GARCH (1, 1) -N 模型、TGARCH (1, 1) -N 模型和 EGARCH (1, 1) -N 模型不能有效地衡量国债期货市场风险，存在着对风险的高估。

（2）假设序列服从 t 分布，GARCH (1, 1) -T 模型在 95%和 90%置信水平下均不能通过检验，并且模型的失败率过低，说明模型同样存在高估风险的情况。

（3）假设序列服从 GED 分布，在 95%置信水平下 GARCH (1, 1) -GED 模型和 EGARCH (1, 1) -GED 模型都通过了检验，在 90%置信水平下 GARCH (1, 1) -GED 模型和 EGARCH (1, 1) -GED 模型同样也都通过了检验。可见序列服从 GED 分布时 GARCH 模型和 EGARCH 模型计算的 VAR 值能对国债期货市场风险进行有效度量。

五、 实证结论

本课题通过定性分析和实证分析相结合的方法，以国债期货价格波动为研究对象，使用 GARCH 族模型下的 VAR 方法对我国国债期货市场风险进行的度量，结论如下：

（1）国债期货收益率具有"尖峰厚尾"特征，并且存在着波动性聚集，即收益率的变化具有"扎推"的趋势。这种"扎堆"的现象可以抽象地理解为当期的波动较大时，未来若干期的波动同样可能会很大。反之亦然。

（2）本课题对国债期货对数收益率序列进行实证分析，假设 $\{\varepsilon_t\}$ 分别服从正态分布、t 分布、GED 分布，利用 GARCH 类模型进行拟合。我们通过观察模型的拟合系数的显著性，筛选出了六种能够刻画收益率序列波动性特征的模型：GARCH（1，1）$-N$、GARCH（1，1）$-t$、GARCH（1，1）-GED、TGARCH（1，1）$-N$、EGARCH（1，1）$-N$ 和 EGARCH（1，1）-GED。这六种模型不仅参数显著，并且均通过了 ARCH-LM 检验，成功消除了 ARCH 效应。

（3）从模型的拟合结果看，GARCH 模型中+<1 且很接近于 1，说明波动率具有持久性，即利率、汇率、经济景气度等风险因子对国债期货市场波动的影响是持续的；TGARCH 模型中<0，说明国债期货市场具有非对称性和杠杆效应，负面冲击带来的市场波动会更加剧烈。同样的结论在 EGARCH 模型中也得到了印证：EGARCH 模型中<0 同样表明国债期货市场具有非对称性和杠杆效应。

（4）GARCH（1，1）$-N$ 模型、TGARCH（1，1）$-N$ 模型、EGARCH（1，1）$-N$ 模型和 GARCH（1，1）$-T$ 模型计算出的 VAR 值均未通过检验，上述模型均存在着对国债期货市场风险高估的情形。基于残差序列服从 GED 分布假设的 GARCH（1，1）-GED 模型和 EGARCH（1，1）-GED 模型计算出的 VAR 值通过了检验，说明残差序列服从 GED 分布对国债期货市场风险的度量更为准确。同时，我们在对 VAR 值进行回测检验时发现，置信水平的提高会降低 VAR 检验的失败天数，因此我们在国债期货市场风险管理过程选择较高置信水平的 VAR 值能够更加有效预防市场波动带来的风险。

参考文献

［1］曹彬. 境外国债期货市场持仓限额制度研究［J］. 经济研究导刊，2019（11）：119-121.

［2］戴国强，徐龙炳，陆蓉. VAR 方法对我国金融风险管理的借鉴及

应用 [J]. 金融研究, 2000 (7): 45-51.

[3] 龚锐, 陈仲常, 杨栋锐. GARCH 族模型计算中国股市在险价值 (VAR) 风险的比较研究与评述 [J]. 数量经济技术经济研究, 2005 (7): 67-81.

[4] 郭晓亭. 基于 GARCH 模型的中国证券投资基金市场风险实证研究 [J]. 国际金融研究, 2005 (10): 55-59.

[5] 胡艳姝. 基于 GARCH 类模型 VAR 和 CVAR 在我国中小板市场风险度量中的应用 [D]. 济南: 山东大学, 2020.

[6] 康书隆, 何继海. 我国五年期国债期货合约价格发现效率的实证研究 [J]. 数学的实践与认识, 2015 (10): 38-51.

[7] 刘庆富, 仲伟俊, 梅姝娥. 基于 VAR-GARCH 模型族的我国期铜市场风险度量研究 [J]. 系统工程学报, 2006 (4): 429-433.

[8] 宋国良, 陈旭兰. 国债期货市场风险的实证研究: 基于 5 年期国债期货仿真交易与真实交易的对比分析 [J]. 金融理论与实践, 2015 (11): 77-81.

[9] 孙琳. 基于 VAR-Garch 模型的石油市场风险管理研究 [D]. 厦门: 厦门大学, 2008.

[10] 王春峰, 万海晖, 张维. 金融市场风险测量模型: VAR [J]. 系统工程学报, 2000 (1): 67-75.

[11] 严志勇. 基于 VAR-GARCH 模型的黄金市场风险管理研究 [D]. 上海: 复旦大学, 2011.

[12] 杨立洪, 徐黄玮, 何韵妍. 用 GARCH-VAR 族模型度量股指期货市场风险 [J]. 管理科学与系统科学研究新进展, 2007 (10): 296-300.

[13] 叶永刚, 黄河. 从无套利定价理论看我国国债期货市场的过去与未来: 兼析 "3.27" 国债期货事件的深层次原因 [J]. 经济评论, 2004 (3): 92-96.

[14] 詹原瑞. 市场风险的量度: VAR 的计算与应用 [J]. 系统工程理论与实践, 1999 (12): 1-7.

[15] 张革. 我国国债期货市场引入境外投资者的意义及可行性探讨 [J]. 债券, 2019 (4): 22-26.

[16] 张雪. 我国国债期货价格波动的实证研究 [D]. 兰州: 兰州大学, 2000.

[17] 张宗新, 张秀秀. 引入国债期货合约能否发挥现货市场稳定效应?: 基于中国金融周期的研究视角 [J]. 金融研究, 2019 (6): 58-75.

[18] 周泽. 国债期货风险管理研究 [D]. 上海: 复旦大学, 2013.

［19］邹建军, 张宗益, 秦拯. GARCH 模型在计算我国股市风险价值中的应用研究［J］. 系统工程理论与实践, 2003 (5)：20-25.

［20］BAILLIE R T, BOLLERSLEV L M H O. Fractional integrated generalized autoregressive conditional heteroskedasticity［J］. Journal of econometrics, 1996, 74 (1)：3-30.

［21］FAMA. The behavior of stock market prices［J］. Journal of Business, 1965 (38)：34-10.

［22］MANDELBROT B. New methods in statistical economics［J］. Journal of Political Economy, 1963 (71)：421-400.

［23］MARKOWITZ H. Portfolio selection［J］. Journal of Finance, 1952, 7 (1)：77-79.

［24］ROCKAFELLAR R T, STANISLAV U. Conditional value-at-risk for general loss distributions［J］. Journal of Banking and Finance, 2000, 26 (7)：1443-1471.

［25］Thomas J L, Neil D P. Value at risk［J］. Financial Analysts Journal, 2000, 56 (2)：47-67.

课题 9 国债期货对国债收益率曲线的影响研究

摘要：2018 年 8 月 17 日，二年期国债期货 TS 在中国金融期货交易所成功上市。国债期货品种的多样化能否完善国债收益率曲线？本课题通过主成分分析法，研究发现水平因子、斜率因子和曲率因子能刻画我国国债收益率曲线的绝大部分特征。其中，水平因子对我国国债收益率曲线的解释比重为 84.78%，发挥着决定性的作用。通过对比三因子在国债期货仿真交易前、仿真交易期间、五年期国债期货 TF 上市后、十年期国债期货 T 上市后、二年期国债期货 TS 上市后这五个子区间的统计特征变化，我们发现这三个因子的标准差都呈现出震荡下降的趋势。因此，我们可以得出结论：国债期货的推出对完善和健全国债收益率曲线具有促进作用。

关键词：国债期货；国债收益率曲线；主成分分析法

一、 引言

我国的国债期货曾于 1993 年在上海证券交易所问世，却仅上市了 2 年 6 个月就被宣告暂停交易。2012 年 2 月 13 日，中国金融交易所宣布正式启动国债期货仿真交易。2013 年 9 月 6 日，三个五年期国债期货产品于中金所挂牌上市，这意味着国债期货在时隔十八年后重新回归大众视野。2015 年 3 月 20 日，十年期国债期货合约上市。2018 年 8 月 17 日，二年期国债期货合约正式推出，这是我国首个问世的短期国债期货品种。至此，我国已拥有了短、中、长期的国债期货品种。

随着我国金融市场的发展，多种类型的金融衍生品创设推出，极大地丰富了我国资本市场的交易品种。国债期货作为利率衍生产品，在利率市场化的背景下应运而生，对利率风险管理有着十分重要的作用，同时对完善债券市场有着积极意义，有利于促进交易所债券市场与银行间债券市场的互联互通，还可以通过促进期货现货市场之间的信息传递，助力货币政策更加迅速、有效地实施。另外，国债期货可以通过价格发现功能促进更有效的无风险利率曲线的构建，准确地反映经济金融信息。

通过总结前人对国债期货与国债收益率曲线之间的研究，我们可以得知前者有助于提升后者的有效性。但已有研究都没有纳入二年期国债期货品种，为了更加完整地研究两者的关系，本课题综合研究了五年期、十年期和二年期国债期货的上市对国债收益率曲线的影响。鉴于二年期国债期货 TS于 2018 年 8 月 17 日上市，因此本课题将研究区间确定为 2010 年 1 月 4 日至 2020 年 9 月 30 日，以其国债收益率曲线为研究对象。本课题整体研究思路为：第一步通过主成分分析法提取出能反映国债收益率曲线形态特征的水平因子、斜率因子和曲率因子；第二步根据国债期货上市的时间划分样本区间，统计不同样本区间国债收益率曲线均值和标准差的变化，由此说明国债期货上市对国债收益率曲线的影响。

本课题的整体研究框架包含理论和实证两个方面，分为六个部分，依次为：引言、文献综述、研究设计、实证结果与分析、进一步讨论、结论与政策建议。

二、 文献综述

20 世纪 80 年代国外学者就开展了国债期货与国债收益率曲线的关系研究。1984 年博茨（Bortz）和 1985 年辛普森（Simpson）等一致认为，货币市场价格波动率短期内下滑是因为美国国债期货的上市，但随着国债期货交易量的上升，两者的因果关系会逐步减弱。1998 年爱德华兹（Edwards），1991 年伊利（Ely），1998 年约胡姆（Jochum）和珂诺诗（Kodres）却提出货币市场利率波动幅度减小并非由国债期货导致。查特拉斯和宋（Chatrath & Song）于 1998 年在对日本利率期货进行研究的基础上，指出期货推出会加速市场信息的传递，导致现货市场价格波动率增大，并认为期货和现货市场之间的波动溢出是由信息驱动的，期货市场的监管将不会减少现货市场的波动。

由于国内 2013 年才重启国债期货，因此关于国债期货与国债收益率曲线关系的研究开始得较晚。在定性研究方面，2012 年胡俞越等人，2014 年熊启跃和海米提·瓦哈甫在理论层面上探讨了我国国债期货与国债收益率曲线的关系。研究结论为，国债期货的推出有助于提高投资者参与国债期货交易的积极性和资本市场的流动性，从而使得收益率曲线更趋近于基准利率。在实证研究方面，张宗新等人在 2008 年为了考察利率期货对现货市场的影响，以香港市场 90 天的利率期货为研究对象，应用自回归条件异方差模型（GARCH）和方差比模型（VR）进行实证分析。结果显示，交易利率期货在加速现货市场信息传递的同时也会加剧市场波动性。王晋忠和胡晓帆在

2015 年采用最便宜交割债券和国债 ETF 作为国债现货，进行期现市场的均衡研究。结果表明国债期货市场存在较大的套利空间，期货市场与现货市场并未达到均衡状态，期货的市场功能有待提升。何平等人在 2016 年为了检验国债期货交易对利率市场波动性的影响，采用双重差分模型开展实证研究。结果显示，利率的波动性在国债期货推出后显著降低。刘成立和周新苗在 2017 年采用主成分分析法对 2010 年 1 月 4 日至 2016 年 9 月 14 日的国债收益率曲线进行分析。研究发现，国债收益率曲线整体的波动性在国债期货仿真交易开始后明显减弱。刘玄等人在 2019 年从方向交易和套利交易两个方面对国债期货与国债收益率曲线的关系进行理论层面的分析，之后采用主成分分析法对两者进行实证分析。结果表明，五年期国债期货的上市加快了金融市场信息从短期国债利率向中长期国债利率的传递速度。

由此可见，在国债期货与国债收益率曲线的关系研究中，国外学者主要集中在国债期货对现货市场波动性的影响上，并且并未形成一致的结论。由于我国国债期货于 2013 年重新启动，起步较晚，数据时序较短，因此关于我国国债期货的研究主要是定性分析，涉及定量研究的寥寥无几，而且大多以仿真交易数据为基础，这就会使得实证结果与真实情况产生差距，缺乏说服力。本课题对国债期货与国债收益率曲线的定量研究是在该领域的一个有益探索。

三、 研究设计

（一）研究内容

本课题主要运用主成分分析方法，该方法的运用需要满足一定的前提条件，即确保相应期限的收益率能纳入主成分的提取中，主要实现手段为，对不同期限的收益率曲线进行相关分析、KMO 检验和巴特利特球形度检验。根据主成分分析的结果，我们可以找到解释国债收益率曲线形态特征的主成分。为了减少不同品种国债期货之间的干扰，本课题根据不同国债期货上市的时间，将研究区间划分为以下五个部分：国债期货仿真交易前、仿真交易期间、五年期国债期货 TF 上市后、十年期国债期货 T 上市后，以及二年期国债期货 TS 上市后。通过比较主成分在这五个子区间的统计特征，我们可以推断出国债期货的推出对国债收益率曲线的影响。

（二）数据选取与来源

新冠肺炎疫情的暴发使金融市场产生了较大波动。为了减少新冠肺炎疫情对国债收益率的干扰性，本课题选择研究位于 2010 年 1 月 4 日与 2020 年 9 月 30 日之间的中债国债收益率。由于二年期、四年期、六年期、八年期和九年期国债在研究区间内被中断发行，数据有所缺失，因此本课题选取的国债到期期限分别为 1 个月、2 个月、3 个月、6 个月、9 个月、1 年、3 年、5 年、7 年、10 年、15 年、20 年、30 年、40 年、50 年，共计 15 个期限，2 688 个观察值，数据来源于 CSMAR 数据库。

（三）主成分分析法

在研究国债期货的上市对我国国债收益率曲线的影响之前，我们必须先提取出能描绘国债收益率曲线形态变化特征的因素。利特曼（Litterman）和斯格因克曼（Scheinkman）于 1991 年在研究美国即期利率曲线时，首次使用了主成分分析法。他们基于多因素套利定价理论，建立线性多因子模型，研究发现水平因素、倾斜因素和曲率因素可以解释收益率曲线绝大多数的期限结构变化。由这三个风险因素构成的线性模型被称为三因子模型。此后在不同国家债券市场利率期限结构的实证研究中，三因子模型被广泛使用。国内学者朱世武和陈健恒在 2003 年采用 Nelsen Siegel Svensson 扩展模型对我国交易所国债的利率曲线进行拟合，再对拟合后的曲线进行主成分分析，发现平行移动成分对利率曲线的解释比例只有 52.47%，说明我国利率曲线还受其他因素的影响，只对某一种风险因素进行管理监控是不可靠的。之后宋巍在 2009 年对我国国债利率曲线的研究再次验证了这个结论。2003 年唐革榕和朱峰应用样条函数技术，建立 FNZ 模型对国债收益率曲线进行拟合，并对拟合后的即期利率曲线应用主成分分析法。结果显示，水平因素、倾斜因素和曲率因素对我国零息国债收益率曲线的累计解释比例超过 90%，但各个因素的解释能力不一，其中水平因素的解释能力最高。近年来的刘海东、余文龙、王安兴、谈正达、霍良安、文忠桥等均采用主成分分析法来研究收益率曲线的期限结构特征。因此本课题效仿前人的研究方法，也选用主成分分析法来刻画我国国债收益率曲线。

主成分分析指借助正交变换将可能存在相关关系的原始变量转换为一组不存在线性相关关系的变量，转换后的这组变量就被称为主成分。主成分对收益率曲线的解释程度就是其所承载的包含收益率曲线形状变化的重要信息。在研究国债收益率曲线时，本课题从连续的期限中选出了 15 个期限。我们将这 15 个期限称为关键期限，其对应的收益率称为主干利率。随着时间的推移，主干利率会有所波动，而这些主干利率变化的线性组合为主成分。

$$p_i = \sum_{j=1}^{n} k_{i,j} \cdot \Delta y_i \tag{1}$$

其中 p_i 为提取出的主成分，$k_{i,j}$ 为主干利率变动对主成分的敏感度，Δy_i 为主干利率的变动值。

也用矩阵表示为：

$$\begin{bmatrix} p_1 \\ \cdots \\ p_n \end{bmatrix} = \begin{bmatrix} k_{1,1} & \cdots & k_{1,n} \\ \cdots & \cdots & \cdots \\ k_{n,1} & \cdots & k_{n,n} \end{bmatrix} \times \begin{bmatrix} \Delta y_1 \\ \cdots \\ \Delta y_n \end{bmatrix} \qquad (2)$$

其中，$[p_i]$ 是收益率曲线的主成分，$[k_{i,j}]$ 为主成分系数矩阵，也称为因子载荷矩阵，$[\Delta y_i]$ 为主干利率的变动值。

为了准确地刻画收益率曲线的变化特征，我们应根据各个主成分对收益率曲线的贡献程度来确定主成分的个数。从量化的角度看，所有特征向量之和 $\sum\limits_{i=1}^{n} \lambda_i$ 可表示为一条国债收益率曲线整体的波动性，某个主成分对整条收益率曲线的贡献程度可表示为 $\lambda_i / \sum\limits_{i=1}^{n} \lambda_i$，则前 m 个主成分的累积贡献程度可表示为 $\sum\limits_{i=1}^{m} \lambda_i / \sum\limits_{i=1}^{n} \lambda_i$。

四、 实证结果与分析

（一）描述性统计分析

图 9-1 是运用 matlab 软件刻画的中债国债收益率日变化的三维曲面图。从国债的到期期限来看，中债国债收益率短期波动较大，长期波动较小；从国债的发行日期来看，我国国债收益率渐趋平稳，波动的幅度逐渐变小。

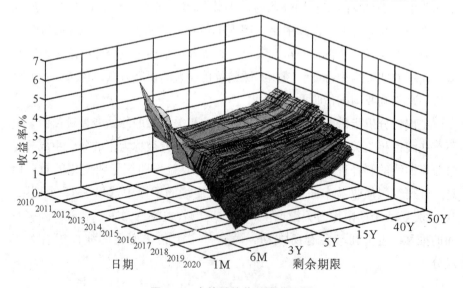

图 9-1 中债国债收益率曲面图

如表 9-1 所示，我国国债收益率的平均值从 2.47 逐步上升至 4.17，标准差从 0.78 依次下降到 0.40。由此可见，国债收益率随着到期期限的延长而上升，收益率曲线倾斜向上。在波动性方面，相比于长期国债利率，短期国债利率的波动更为剧烈。

表 9-1　中债国债收益率样本统计值

到期期限	平均值	中位数	标准差	最大值	最小值	偏度	峰度
1 个月	2.47	2.30	0.78	6.58	0.74	0.87	1.53
2 个月	2.57	2.55	0.70	5.64	0.80	0.34	0.52
3 个月	2.61	2.60	0.68	5.11	0.84	0.21	0.22
6 个月	2.69	2.66	0.64	4.37	0.97	0.01	-0.27
9 个月	2.73	2.73	0.62	4.25	1.12	-0.04	-0.39
1 年	2.77	2.77	0.62	4.25	1.12	-0.08	-0.45
3 年	3.06	3.02	0.53	4.50	1.41	0.11	-0.09
5 年	3.24	3.19	0.48	4.53	1.79	0.20	-0.15
7 年	3.42	3.42	0.44	4.67	2.33	0.33	-0.13
10 年	3.49	3.49	0.44	4.72	2.48	0.25	-0.08
15 年	3.78	3.78	0.39	4.91	2.90	0.27	0.14
20 年	3.92	3.95	0.42	5.10	2.97	0.25	0.32
30 年	4.06	4.10	0.40	5.20	3.08	0.27	0.47
40 年	4.12	4.16	0.40	5.27	3.19	0.35	0.48
50 年	4.17	4.22	0.40	5.33	3.27	0.38	0.45

（二）相关分析

本课题运用 SPSS 软件实现对中债国债收益率的主成分分析，提取出最能刻画国债收益率曲线的因子。在进行主成分分析之前，我们必须先分析不同期限的收益率之间线性相关关系。如果某一期限的收益率与其他期限的收益率关联性弱，我们就认为该期限的收益率与其他期限的收益率偏离，不应纳入主成分的提取中。一般来说，相关系数高于 0.3，就说明研究变量之间具有线性相关性。

如表 9-2 所示，关键期限收益率之间的相关系数均位于 0.6 至 1.0，远高于 0.3，可进行主成分分析。这意味着到期期限不同的国债收益率存在共同的影响因素，导致变动趋势相同。另外，我们还可以观察到期限相差越小，国债收益率的相关性越大。这说明某一期限的国债收益率会受到相邻期限国债收益率的影响，而且期限相差越大，影响越小。

表 9-2 不同到期期限收益率的相关系数

	1M	2M	3M	6M	9M	1Y	3Y	5Y	7Y	10Y	15Y	20Y	30Y	40Y	50Y
1M	1.000														
2M	0.955	1.000													
3M	0.933	0.991	1.000												
6M	0.897	0.961	0.979	1.000											
9M	0.876	0.939	0.960	0.992	1.000										
1Y	0.867	0.932	0.954	0.987	0.996	1.000									
3Y	0.823	0.877	0.897	0.931	0.940	0.948	1.000								
5Y	0.775	0.826	0.847	0.877	0.884	0.897	0.981	1.000							
7Y	0.735	0.785	0.803	0.830	0.837	0.852	0.955	0.987	1.000						
10Y	0.663	0.712	0.726	0.745	0.749	0.767	0.888	0.942	0.972	1.000					
15Y	0.632	0.679	0.694	0.720	0.726	0.745	0.863	0.917	0.949	0.984	1.000				
20Y	0.628	0.674	0.681	0.690	0.688	0.706	0.824	0.880	0.919	0.968	0.976	1.000			
30Y	0.616	0.658	0.666	0.680	0.683	0.703	0.824	0.882	0.921	0.965	0.969	0.988	1.000		
40Y	0.620	0.663	0.670	0.681	0.682	0.702	0.820	0.877	0.917	0.962	0.967	0.989	0.998	1.000	
50Y	0.616	0.660	0.666	0.671	0.671	0.691	0.806	0.863	0.904	0.954	0.959	0.987	0.992	0.998	1.000

（三）KMO 检验和巴特利特球形度检验

为进一步表明数据的合理性，增强结果的准确性，本课题在提取研究数据的主成分之前，还对数据开展了 KMO 检验和巴特利特球形度检验。通常来说，KMO 的观测标准如下：KMO≥0.9 表明样本极其优秀，适合主成分分析；0.8≤KMO<0.9 为中等偏上，0.7≤KMO<0.8 为中等，0.6≤KMO<0.7 为中等偏下，0.5≤KMO<0.6 为低劣，KMO<0.5 表明样本不合格。如表 9-3 所示，KMO 值为 0.915>0.9，巴特利特球形度检验的 P 值小于 0.001，即认为样本数据可进行主成分提取。

表 9-3　KMO 和巴特利特检验

KMO 取样适切性量数		0.915
巴特利特球形度检验	近似卡方	149 618.817
	自由度	105
	显著性	0.000

（四）因子载荷矩阵

运用主成分分析法研究我国国债收益率曲线的结果如表 9-4 所示，前三主成分的方差贡献率分别为 84.78%、11.69% 和 1.83%，累积解释程度高达 98.29%。图 9-2 为各主成分的碎石图，用于辅助判断主成分的个数，主成分的个数等于折线由陡峭突然变得平稳时所对应的组件号。前三个主成分走势陡峭，包含的信息多，而第三个成分之后走势平坦，包含的信息少。综合考量，我们可以得知前三个主成分可以解释国债收益率曲线绝大部分的变动特征。

表 9-4　前三主成分的方差贡献率

主成分	特征值	方差贡献率/%	累积方差贡献率/%
1	12.716	84.78	84.78
2	1.753	11.69	96.46
3	0.275	1.83	98.29

通过计算，我们可以得到前三大主成分的系数。根据表 9-5，我国国债收益率曲线的前三个主成分可分别表示为：

第一主成分：$p_1 = 0.840 \Delta y_1 + 0.890 \Delta y_2 + 0.901 \Delta y_3 + 0.914 \Delta y_4 + 0.914 \Delta y_5 + 0.923 \Delta y_6 + 0.970 \Delta y_7 + 0.974 \Delta y_8 + 0.970 \Delta y_9 + 0.943 \Delta y_{10} + 0.927 \Delta y_{11} + 0.914 \Delta y_{12} + 0.910 \Delta y_{13} + 0.910 \Delta y_{14} + 0.902 \Delta y_{15}$

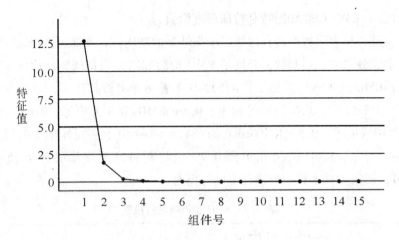

图 9-2　各主成分的碎石图

第二主成分：$p_2 = 0.414\Delta y_1 + 0.409\Delta y_2 + 0.405\Delta y_3 + 0.385\Delta y_4 + 0.369\Delta y_5 + 0.338\Delta y_6 + 0.112\Delta y_7 - 0.031\Delta y_8 - 0.139\Delta y_9 - 0.298\Delta y_{10} - 0.340\Delta y_{11} - 0.381\Delta y_{12} - 0.396\Delta y_{13} - 0.393\Delta y_{14} - 0.398\Delta y_{15}$

第三主成分：$p_3 = 0.283\Delta y_1 + 0.170\Delta y_2 + 0.092\Delta y_3 - 0.050\Delta y_4 - 0.113\Delta y_5 - 0.127\Delta y_6 - 0.180\Delta y_7 - 0.173\Delta y_8 - 0.141\Delta y_9 - 0.052\Delta y_{10} - 0.039\Delta y_{11} + 0.093\Delta y_{12} + 0.075\Delta y_{13} + 0.098\Delta y_{14} + 0.125\Delta y_{15}$

综合上述表达式可知，第一主成分与各期限国债收益率均正相关且影响程度大致相同。第二主成分与到期期限一个月、两个月、三个月、六个月、九个月、一年、三年的国债收益率均正相关，与其他到期期限的国债收益率负相关，并且正向影响程度与负向影响程度大致相同。第三主成分与到期期限一个月、两个月、三个月、二十年、三十年、四十年、五十年的国债收益率均正相关，与其他到期期限的国债收益率负相关。

表 9-5　前三主成分的因子载荷矩阵

到期期限	第一主成分	第二主成分	第三主成分
1M	0.840	0.414	0.283
2M	0.890	0.409	0.170
3M	0.901	0.405	0.092
6M	0.914	0.385	−0.050
9M	0.914	0.369	−0.113
1Y	0.923	0.338	−0.127
3Y	0.970	0.112	−0.180
5Y	0.974	−0.031	−0.173

表9-5(续)

到期期限	第一主成分	第二主成分	第三主成分
7Y	0.970	-0.139	-0.141
10Y	0.943	-0.298	-0.052
15Y	0.927	-0.340	-0.039
20Y	0.914	-0.381	0.093
30Y	0.910	-0.396	0.075
40Y	0.910	-0.393	0.098
50Y	0.902	-0.398	0.125

为了进一步表示出主成分的具体含义，本课题绘制了主成分系数与到期期限的函数关系图（见图9-3）。在前人研究成果的基础上，本课题通过分析三大主成分随到期期限变化的趋势，确定这些主成分在解释国债收益率曲线时所体现的特点。

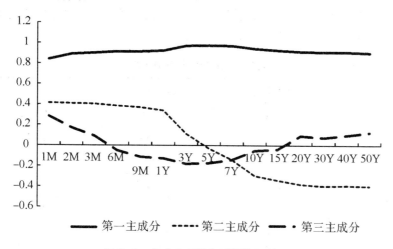

图9-3 主成分系数与到期期限关系

由图9-3可知，第一主成分的因子载荷波动很小，其对应的曲线近乎水平，意味着当第一主成分波动时，各期限的收益率会发生方向和幅度大致相同的波动，解释了国债收益率曲线的同向运动，因此我们可以将其称为水平因子。国外的大多数实证研究表明，水平因子对利率曲线的解释比例为80%以上，起着主导作用。针对我国国债收益率曲线，水平因子的解释能力达到84.78%，说明在我国国债市场不断完善、有效性不断提高的情况下，收益率曲线的平行移动成分发挥着决定性的作用。

随着到期期限的延长，第二主成分的系数由正变为负，曲线的斜率为负。这意味着当第二主成分波动时，短期国债收益率与长期国债收益率朝着相反的方向波动，解释了国债收益率曲线的斜率变化，因此我们可以将其称为斜率因子。我国斜率因子的贡献率为 11.69%，与国外债券市场 10% 左右的比例相当。

第三主成分呈现波浪形特征，系数经历了正、负、正的变化。这表示当第三主成分波动时，短期国债收益率和长期国债收益率变化的方向相同，而中期国债收益率朝着相反方向变化，解释了国债收益率曲线的曲率变化，因此我们可以将其称为曲率因子。曲率因子 1.83% 的贡献率，低于国外 5% 的平均水平，对国债收益率曲线的影响不大。而在往年国内学者对国债利率期限结构的研究中，曲率因子的比重大多超过 10%。曲率因子所占的比重越大，意味着收益率曲线变化的复杂程度越高，预测难度越大。如今曲率因子所占的比重降低，可能与国债市场的交易规模增大和国债期货品种增加有关。

各主成分可以表示为 15 个期限的国债收益率与其对应成分得分系数的乘积求和，其中国债收益率为经标准正态变换后的国债收益率。如表 9-6 所示，在已知成分得分系数的情况下，水平因子、斜率因子和曲率因子可以通过各期限的国债收益率进行求解。

表 9-6　成分得分系数矩阵

期限	水平因子	斜率因子	曲率因子
1M	0.066	0.236	1.030
2M	0.070	0.233	0.620
3M	0.071	0.231	0.335
6M	0.072	0.219	−0.182
9M	0.072	0.211	−0.410
1Y	0.073	0.193	−0.461
3Y	0.076	0.064	−0.653
5Y	0.077	−0.018	−0.630
7Y	0.076	−0.079	−0.511
10Y	0.074	−0.170	−0.188
15Y	0.073	−0.194	−0.140
20Y	0.072	−0.217	0.340
30Y	0.072	−0.226	0.274
40Y	0.072	−0.224	0.358
50Y	0.071	−0.227	0.456

水平因子 $=0.066 Z_1+0.070 Z_2+0.071 Z_3+0.072 Z_4+0.072 Z_5+0.073 Z_6+$ $0.076 Z_7+0.077 Z_8+0.076 Z_9+0.074 Z_{10}+0.073 Z_{11}+0.072 Z_{12}+0.072 Z_{13}+$ $0.072 Z_{14}+0.071 Z_{15}$

斜率因子 $=0.236 Z_1+0.233 Z_2+0.231 Z_3+0.219 Z_4+0.211 Z_5+0.193 Z_6+$ $0.064 Z_7-0.018 Z_8-0.079 Z_9-0.170 Z_{10}-0.194 Z_{11}-0.217 Z_{12}-0.226 Z_{13}-$ $0.224 Z_{14}-0.227 Z_{15}$

曲率因子 $=1.030 Z_1+0.620 Z_2+0.335 Z_3-0.182 Z_4-0.410 Z_5-0.461 Z_6-$ $0.653 Z_7-0.630 Z_8-0.511 Z_9-0.188 Z_{10}-0.140 Z_{11}+0.340 Z_{12}+0.274 Z_{13}+$ $0.358 Z_{14}+0.456 Z_{15}$

其中，Z_i 表示经标准正态变换后的各期限国债收益率。

五、 进一步讨论

为了分析国债期货的推出对国债收益率曲线的影响，本课题以仿真交易开启的时间与五年期、十年期、二年期国债期货上市的时间为划分节点，将研究区间分为以下五个时间段，分别为国债期货仿真交易开启前（2010 年 1 月 4 日到 2012 年 2 月 10 日）、仿真交易期间（2012 年 2 月 13 日到 2013 年 9 月 5 日）、五年期国债期货 TF 上市后（2013 年 9 月 6 日到 2015 年 3 月 19 日）、十年期国债期货 T 上市后（2015 年 3 月 20 日到 2018 年 8 月 16 日）、二年期国债期货 TS 上市后（2018 年 8 月 17 日到 2020 年 9 月 30 日）。之后我们对每个时间段的国债收益率进行主成分分析，统计水平、斜率、曲率三因子的特征变化并进行对比，根据三因子在国债期货推出前后特征的变化来说明国债期货对国债收益率曲线的影响。

一般来说，水平因子、斜率因子和曲率因子的标准差越小，国债收益率曲线的平滑度越高，表明当下的国债市场越成熟，国债市场体系越完善。表 9-7 列出了水平、斜率和曲率因子在五个不同时间段的均值和标准差。首先观察水平因子的变化，水平因子体现了国债收益率曲线的整体走势。水平因子的标准差从仿真交易前的 0.826 下降到仿真期间的 0.442，国债收益率曲线的波动性明显降低。在 TS 上市后，水平因子的标准差为 0.609，比 TF、T 上市后的标准差都低，可见国债期货品种的增加有利于国债收益率曲线的稳定。斜率因子反映了国债收益率曲线的倾斜程度，其标准差呈现波浪形，但总体趋势是下降的，其中 T 上市后的下降幅度最为明显。虽然 TF 上市后斜率的波动性略微上升，但随着国债期货品种的不断丰富，国债收益率曲线的波动性逐渐降低，整体趋于平滑，TS 上市后标准差降为 0.511。曲率因子反映了国债收益率曲线的凹凸程度。曲率因子的标准差震荡下降，在仿真交易开启后略微降低，TF 上市后少量回升，而在 T 和 TS 上市后均有所降低。

综合本课题的统计结果，随着国债期货的不断推出，水平因子、斜率因子和曲率因子的标准差都呈现出了不同程度的下降。这说明国债期货的上市提升了国债市场的流动性，增强了国债收益率曲线的稳定性，对国债收益率曲线的完善起着重要作用。

表 9-7　不同时间段因子的统计特征

项目	因子	均值	标准差
仿真交易前	水平	−0.013	0.826
	斜率	−1.018	1.046
	曲率	0.136	0.990
仿真期间	水平	0.160	0.442
	斜率	−0.330	0.796
	曲率	0.790	0.863
TF 上市后	水平	1.466	0.752
	斜率	−0.145	1.073
	曲率	0.536	0.992
T 上市后	水平	−0.217	0.849
	斜率	0.603	0.693
	曲率	−0.333	0.803
TS 上市后	水平	−0.818	0.609
	斜率	0.165	0.511
	曲率	−0.569	0.780

六、 结论与政策建议

（一）研究结论

本课题先以国债收益率曲线为研究对象，运用主成分分析法研究国债收益率曲线的动态特征，找出可以解释国债收益率曲线的三大因子，再将仿真交易、五年期、十年期、二年期国债期货问世前后三因子的统计特征进行对比，最后根据三因子的前后变化来体现国债期货的推出对国债收益率曲线的影响。

从描述性统计分析的结果来看，对国债收益率曲线而言，短端波动比长端波动大，并且短期国债存在异常波动的次数较多。但随着国债市场的不断完善，无论是短期还是长期，收益率都呈现出越来越平稳的趋势。

从主成分分析的结果来看，本课题在分析国债收益率曲线时，根据方差贡献率和碎石图呈现的结果确定了水平、斜率和曲率这三大主成分，累积解释程度达到98.29%。其中，水平因子对我国国债收益率曲线的形态变化发挥着决定性的作用，解释程度高达84.78%。斜率因子次之，解释程度为11.69%。而曲率因子的解释程度仅为1.83%，对我国国债收益率曲线的形状变化影响甚微。所得结果与国外学者对国外同类市场的研究结果相近，可见我国的国债期货市场体系被逐渐完善，国债收益率曲线的稳定性和国债市场的成熟度均有所提高。

从进一步讨论分析的结果来看，本课题按照一定的规则将2010年1月4日至2020年9月30日的时间段划分为五个阶段：分别为国债期货仿真交易前、仿真交易期间、五年期国债期货TF上市后、十年期国债期货T上市后、二年期国债期货TS上市后。根据水平因子、斜率因子和曲率因子在这五个阶段的统计特征，我们不难发现，这三个因子的标准差都呈现出震荡下降的趋势。因此，我们可以得出结论：国债期货的推出对完善和健全国债收益率曲线具有促进作用。

国债期货在金融市场中发挥着重要作用，具体体现在以下四个方面。第一，国债期货具有价格发现的功能。国债期货通过公开集中竞价的方式来撮合买卖双方的交易，信息公开透明且交易成本低，从而吸引了更多的投资者，导致越来越多的信息传递到现货市场。第二，国债期货具有套期保值的功能。正常情况下，随着到期期间的减少，期货价格和现货价格呈现同向运动的趋势。投资者通过在现货市场和国债期货市场建立方向相反、数量一致的头寸，并在合约到期前对冲平仓，便可实现在一个市场上亏损，却在另一个市场获利的目的。也就是说，投资者在一个市场上亏损的金额能在另一个市场得到补偿，这便是套期保值的意义所在。第三，国债期货具有规避风险的功能。国债期货与利率相挂钩，当利率波动时，国债期货的价格也会随之波动，因此国债期货可用于管理利率风险。第四，完善国债收益率曲线带来的好处也可以体现国债期货的价值。要知道，国债收益率曲线是国债发行定价的基准。承销商在对新发行的国债进行定价时，主要的依据是对应期限的国债收益率，而且财政部在下达的相关文件中明确表示，国债做市支持操作价格区间依据国债收益率曲线确定。

（二）政策建议

从实证结果中可以得知，国债期货利于健全国债收益率曲线，使得国债收益率曲线能够更加准确、灵敏地反映宏观经济政策走向，是国债承销机构管理风险的有力工具。为了充分发挥国债期货的功能，本课题将对国债期货市场的发展提出以下几点政策建议。

1. 进一步丰富国债期货品种，加大国债期货市场的建设

我国依次推出了五年期、十年期和二年期的国债期货品种，形成了包含短中长期的国债期货体系。从实证结果来看，国债期货并非任何时候都有助于完善国债收益率曲线的功能。在十年期国债期货上市后到二年期国债期货上市前，水平、斜率和曲率因子的标准差相对于最初并非都有所下降，其中水平因子的标准差出现小幅回弹。而在二年期国债期货上市后，三个因子的标准差相对于最初都有所下降。可见国债期货品种的多样化，有助于稳定国债期货市场。因此推出超短期、中长期和超长期等国债期货品种，有利于增强对各个期限国债期货进行风险管理的灵活性，提升我国债券市场的活跃度。

2. 丰富商业银行参与国债期货的交易模式，增加试点机构数量

商业银行、保险机构将国债视为重要的投资标的，是我国国债交易的主要机构投资者。2020 年 2 月 14 日，符合条件的试点商业银行和具备投资管理能力的保险机构获准进入国债期货市场，其中第一批试点银行为国有五大行，即工商银行、农业银行、中国银行、建设银行和交通银行。2020 年 4 月 10 日，国债期货正式纳入商业银行的投资范围。2020 年 7 月 1 日，银保监会进一步明确了保险机构参与国债期货交易的详细要求。但商业银行参与国债期货交易的目的仅限于风险管理，不允许开展套利交易和投机交易，这就在一定程度上限制了国债期货的交易规模。从中金所首次披露的相关数据来看，商业银行对国债期货的成交量和持仓量均较低。若商业银行获准套利交易，那么国债现货市场与期货市场的价格关联度将进一步提升，从而提高其开展国债期货业务的积极性。适时开放第二批试点机构（股份制银行、部分区域性银行和符合条件的保险机构）将进一步扩大国债期货市场交易规模，提升国债期货的流动性。

3. 降低国债期货交易成本，健全市场交易机制

交易成本直接关乎投资者的账户收益和投资意愿，因此合理降低国债期货合约的交易手续费可以进一步活跃国债期货市场和提高市场参与度，同时，也要优化市场的交易机制，例如，适当降低对投资者开户的要求、将 T+1 的交易制度改善为 T+0，从而提升市场的流动性和交易效率。

参考文献

［1］陈星. 国债期货品种结构对国债收益率曲线曲率和波动率的影响 ［D］. 上海：华东理工大学，2018.

［2］郭磊. 利率市场化拓展研究：基于国债期货市场功能分析 ［J］. 宏观经济研究，2017（1）：97-105.

［3］胡俞越，郭晨凯，曹飞龙. 利用国债期货寻求基准收益率曲线［J］. 中国金融，2012（8）：62-63.

［4］黄国平，付妹娇，方龙. 国债收益率曲线发展及其体制性影响因素分析［J］. 经济问题探索，2018（9）：13-20.

［5］刘成立，周新苗. 国债期货对国债收益率曲线动态的影响［J］. 商业研究，2017（5）：34-41.

［6］刘海东. 我国利率期限结构的静态分析和动态特征［J］. 山西财经大学学报，2006（5）：99-103.

［7］刘玄，吴长凤，鲍思晨. 国债期货对国债收益率曲线及国债发行的影响［J］. 债券，2019（10）：38-44.

［8］闫星月. 国债期货对我国国债市场收益率曲线的影响研究［D］. 上海：上海师范大学，2015.

［9］宋巍. 我国国债利率期限结构的实证分析［J］. 商业时代，2010（29）：55-56，50.

［10］唐革榕，朱峰. 我国国债收益率曲线变动模式及组合投资策略研究［J］. 金融研究，2003（11）：64-72.

［11］王晋忠，胡晓帆. 中国国债期货的市场有效性研究［J］. 经济评论，2015（6）：55-68.

［12］王蕾，冯倩楠. 利率市场化、国债期货价格发现与风险规避功能［J］. 金融论坛，2015，20（4）：36-45.

［13］谢太峰，刘格华. 我国国债期货的市场功能研究：基于利率市场化改革基本完成前后的实证对比分析［J］. 金融理论与实践，2018（1）：14-19.

［14］熊启跃，海米提·瓦哈甫. 国债期货完善收益率曲线的机制分析［J］. 新金融，2014（8）：37-40.

［15］杨晓丽. 运用国债期货规避利率风险［J］. 西南金融，2006（9）：15-16.

［16］张劲帆，汤莹玮，刚健华，等. 中国利率市场的价格发现：对国债现货、期货以及利率互换市场的研究［J］. 金融研究，2019（1）：19-34.

［17］张珺. 基于 Nelson-Siegel 模型的国债收益率曲线及其影响因素实证研究［D］. 成都：西南财经大学，2019.

［18］张宗新，丁振华，冯亦东. 利率期货推出对现货市场的冲击效应：基于香港市场的经验证据［J］. 中国管理科学，2008（3）：151-156.

［19］朱世武，陈健恒. 交易所国债利率期限结构实证研究［J］. 金融

研究, 2003 (10): 63-73.

[20] BORTZ G A. Does the treasury bond futures market destabilize the treasury bond cash market? [J]. Journal of Futures Markets, 2006, 4 (1): 25-38.

[21] CHATRATH A, SONG F. Information and volatility in futures and spot markets: The Case of the Japanese yen [M] //A history of the Hindi grammatical tradition: E. J. Brill, 1987.

[22] EDWARDS F R. Futures trading and cash market volatility: Stock index and interest rate futures [J]. Journal of Futures Markets, 1988, 8 (4): 421-439.

[23] LITTERMAN R B, SCHEINKMAN J A. Common factors affecting bond returns [J]. Journal of Fixed Income, 1991, 1 (1): 54-61.

[24] MAITLAND A J. Interpolating the south African yield curve using principle-components [J]. South African Actuarial Journal, 2002, 2 (1): 129-146.

课题 10　中国国债期货价格影响因素分析

摘要： 国债期货作为利率衍生产品，在风险管理中有着重要作用。纵观我国国债期货价格波动历史不难发现，其价格波动多次大起大落，尤其是我国近年来所面临的经济不确定性增强，国际形势的复杂性及突发事件的影响都导致了国债期货价格的波动变得更为频繁。因此，理解我国国债期货价格波动的机制，明晰造成我国国债期货价格波动背后的因素，探索这些因素与国债期货价格波动之间的关系意义重大。本课题以我国国债期货市场为切入点，通过分析我国国债期货价格波动的特点，结合前人研究和我国国债期货市场发展实际归纳出了影响我国国债期货价格的主要因素，并运用金融理论对宏观经济景气度、通货膨胀、国民投资品购买力、投资者情绪、外汇因素及对外贸易这六个主要方面如何影响国债期货的价格进行了分析，之后引入主成分分析模型，选取了反映上述六个方面的十一个指标进行主成分分析，以消除各个指标之间的共线性，并用提取的因子与国债期货价格做主成分回归分析。结果发现外汇因素、宏观经济景气度、国民投资品购买力、投资者情绪是影响国债期货价格的主要因素，这几个因素与国债期货价格相关性均较强，能显著影响国债期货价格。对外贸易和通货膨胀虽然会对国债期货价格产生一定影响，但影响较微弱，不是影响国债期货价格的主要因素。

关键词： 国债期货；影响因素；主成分分析

一、导论

（一）研究背景与意义

国债期货是作为避险工具于 20 世纪 70 年代在美国国内经济通胀严重、利率波动频繁且剧烈的背景下推出的，90 天的短期国库券期货合约最先面世，之后为了更好地管理长端利率风险和满足投资者的需要，更多期限的国债期货合约品种被推出，长期期限如十年期，中期期限如五年期和二年期，超长期限如 30 年期均被先后推出。其他国家和地区跟随美国步伐，相继推出国债期货品种。目前，国债期货已经成为国际上发展成熟、被广泛运用的利率衍生产品和风险管理工具。

我国国债期货市场试点失败后在 1995 年关闭，于 2013 年 9 月才重新开启，经过几年的发展，目前我国国债期货市场已经形成了二年、五年、十年期，覆盖短、中、长三个期限的产品体系，其合约设计与交易规则趋于合理，市场参与度与市场活跃度稳步提升，交易主体更加多元化。特别是，进入 2020 年，国债期货市场因商业银行和保险机构的参与而变得更加活跃，这也意味着国债期货作为重要的利率风险管理工具将得到更加广泛的运用，其市场功能将逐步发挥。观察和分析我国国债期货市场的发展和国债期货价格历史数据，我们发现经济环境、宏观政策等诸多不确定性因素在一定程度上影响着国债期货价格的波动。近年来，我国经济运行面临的不确定因素增多，国际关系更加复杂，如中美贸易争端、2020 年出现的疫情等对全球政治经济产生了重大影响，在此情况下，分析影响我国国债期货价格波动背后的重要因素，明晰各个因素对我国国债期货价格波动影响程度，对我国国债期货市场的健康发展和市场功能的有效发挥有着十分积极的意义。

（二）研究内容与方法

1. 研究内容

本课题首先以我国国债期货价格波动的影响因素为研究对象，在前人研究成果的基础上，结合国债期货市场运行的实际情况，对影响我国国债期货价格波动的主要影响因素进行了探索和归纳；然后从宏观经济景气度、通货膨胀、国民投资品购买力、投资者情绪、外汇因素和对外贸易等方面考察这些因素如何影响我国国债期货价格；再就各因素影响我国国债期货价格波动的机制运用相关经济和金融理论进行了探讨；最后，运用主成分分析模型对各因素对国债期货价格的影响进行了实证分析。

2. 研究方法

本课题运用了文献研究法和实证分析法。

文献研究法：本课题在收集研读大量相关研究成果的基础上，分析影响国债期货价格变动的诸多因素，分析其影响机理，为实证分析奠定基础。

实证分析法：本课题在理论分析的基础上，通过数据和图表分析了我国国债期现货市场现状，借助主成分分析模型，将影响国债期货价格的多个变量进行了降维处理，并对降维后的因子与国债期货价格做了主成分回归。

（三）文献综述

1. 国外文献综述

（1）宏观经济因素对国债期货价格的影响。约翰（Jones）等在 1998 年研究了美国国债价格对美国宏观经济新闻发布的反应，认为有关就业和生产者价格指数的新闻稿最令人感兴趣，是因为它们是在定期、预先宣布的日期发布的，而且与债券市场的大幅波动有关，并且在众多宏观经济因素中，对国债现货和期货价格影响较大的是工业生产者价格（PPI）、居民消费价格（CPI）和就业率。弗莱明（Fleming）等在 1999 年记录了宏观经济信息发布后国债市场两阶段调整过程并进行总结分析，认为主要宏观经济公告的发布首先会在第一阶段引起价格和交易量的瞬间下降，之后在漫长的第二阶段价格波动会持续，但成交量会激增。波勒斯勒夫（Bollerslev）等在 2000 年通过研究美国国债期货合约 1994 年到 1997 年 5 分钟收益率的波动性特征，总结出收益率和波动率的模式，并估计了记忆成分和周期性日内波动，最终发现宏观经济信息发布当日的市场价格与平时相比波动更加频繁且剧烈，而且与其他公布的数据相比，就业有关数据和生产者价格指数产生的影响最大。吉姆（Kim）等在 2001 年在对澳大利亚国债期货市场进行研究后发现，除了 GDP、失业率和 CPI 会影响国债期货价格外，国债期货价格还受到经常账户赤字的影响。只要当这些影响因素高于预期，国债期货价格就会下降。

（2）预期对国债期货价格的影响。碧桃丝（Balduzzi）等于 2001 年研究了公布的未被投资者预期到的经济消息对不同期限国库券期货价格的影响，经实证后发现，若宣告的经济消息不在投资者预期范围内，消息公布后，国库券价格就会显著波动，并且在不同期限的国库券品种中，十年期国库券价格波动最明显，即受影响最大。帕帕萨纳西奥（Papadamou）于 2013年在分析利率传递和相应的央行反应函数的基础上，通过实证检验了美国国债和国债期货这两个市场对美联储利率宏观调控的反应，实证结果显示不在预期范围内的政策利率的变化对国债利率有着显著影响，进而对国债和国债期货价格产生显著影响。

（3）投资替代品对国债期货价格的影响。从投资替代品的角度来说，国债现货、股票等均为国债期货的投资替代品。1993 年，克雷比尔（Krehbiel）和阿德金斯（Adkins）运用实证模型检验了国债期货价格无法提前预测现货市场，认为国债现货市场与期货市场之间并不是因果关系。2012 年，邓基（Dungey）和格沃兹季基夫卡（Hvozdyk）在考察美国国债现货价格和期货价格之间的关系后发现国债现货和期货价格间存在趋势一致性，但预期的不一致会使得这种价格趋势一致性在短期之内被打破。Hsiang 在 2019 年探讨了美国国债期货、国债现货及股票市场这三个市场相互之间的动态关系，结合金融危机讨论了这三个市场之间的相互作用和传染效应，并用VEC 和 GARCH 等模型来检验这些动态交互作用。实证结果显示三个市场的联动性会在危机期间加强，若危机的冲击出现过度传播的现象，三个市场之间的收益率和波动率相关性会增强。

2. 国内文献综述

由于我国国债期货市场发展历程较为曲折，从第一次上市到暂停上市时间较短，在 2013 年之前，国内学者的研究重点主要集中在探讨导致国债期货市场为何关闭，国债期货市场是否重启及何时重启等相关问题，针对分析国债期货市场价格波动影响因素的文献十分少。2013 年国债期货交易重启后，学者们研究的重点才逐渐转向国债期货的制度设计、基本功能有效发挥、国债期货与利率市场化之间的关系、国债期现货市场的关系等方面。

（1）宏观经济因素对国债期货价格的影响。从宏观经济政策来看，戴志敏于 1994 年在对国债期货价格从 1993 年到 1994 年 4 月的走势进行考察后，认为国家宏观经济政策会影响到国债期货价格，国债期货价格会受到诸如国家调整存贷款利率、控制物价等相关政策的影响。张宏良 1995 年认为通货膨胀对国债期货价格施加的是一种正向影响，也就是说当通胀加剧的时候，国债期货价格会上升；当通胀减缓的时候，国债期货价格会下降。徐静 2015 年从国债期货价格的形成机制入手，详细地分析了国债期货价格影响因素和国债期货交易策略，并在此基础上得出了利率会影响国债价格的结论，并且认为货币供应量与通货膨胀率会通过影响利率来影响国债期货价格。2017 年，邢晓晴和郭宇熙结合理论分析和实证检验的研究方法，发现经济周期、货币供应量、国债收益率和通货膨胀率均会对国债期货价格产生一定影响。

（2）利率对国债期货价格的影响。张宏良在 1995 年认为国债期货既然作为利率期货的一种，那么利率的波动将不可避免地对国债期货价格产生重要的影响，并且在不同条件下影响不同。在完全市场经济条件下，利率与国债期货价格之间呈现负相关关系；在我国经济体制改革转制时期，利率对国债期货价格的影响较为复杂，有些方面还因政策的不确定性而难以描述。2019 年，周日旺、刘芳园和王丽娅基于金融市场之间的相互影响，从市场角度研究了不同市场对国债期货市场的影响，研究得出利率市场对五年期国债期货市场的影响最为显著，实证结果还显示，国债期货市场对不同市场的反应速度存在差异，其中国债期货市场对利率市场的反应最为迅速，人民币市场次之，对大宗商品市场和股票市场反应稍显迟钝。汤茂洋在 2019 年以五年期国债期货为研究对象，基于 GARCH 模型和 VEC 模型，实证分析了我国国债期货与货币政策间的相关性。实证结果显示若 SHIBOR 利率发生变动，五年期国债期货价格也会变动，并且二者之间是单向引导关系，说明 SHIBOR 利率的变动会对五年期国债期货价格产生影响。

（3）投资替代品对国债期货价格的影响。从投资替代品的角度来说，股票、大宗商品、人民币均为国债期货的投资替代品。戴志敏 1994 年将同一个时间段的国债期货市场交易活跃程度与股市涨落情况进行对比观察后，认为国债期货市场交易活跃程度会受到股市涨落影响，国债期货价格也因此受到影响。当股市低迷时，部分资金会从股市流出，转而进入国债市场，资金的流入使得国债期现货市场的流动性发生改变，国债期货价格相应发生变动；当股市涨势较好时会吸引较多资金，国债期货市场的交易便会因资金的撤退而显得平稳，其价格自然受到影响。张宏良在 1995 年通过关注国债期货市场与股市的动态，发现国债期货价格与股票价格变动方向相反，认为二者之间是一种反向相关关系。2019 年，周日旺等在理论分析的基础上，运用 VAR 等模型对人民币价格与国债期货价格之间的内在关系进行了实证检验，研究发现国债期货价格强劲时，人民币价格走弱；但在人民币国际化过程中，人民币价格走高又会带动我国国债期货价格上涨。2019 年，冯承彦以十年期国债期货价格走势代表国债期货市场价格变动情况，以大宗商品指数走势代表大宗商品市场价格变动情况，以上证综指走势代表股票市场价格变动情况，以隔夜质押式回购加权平均利率代表利率变动情况，在用理论探讨几个市场之间的联系后，用 VAR 模型对几个指标进行了实证检验，结果发现国债期货价格受到大宗商品价格的影响最大，其次是股票价格，利率对国债期货的影响最小。2020 年，张雪通过对五年期国债期货价格与可能的影响因素之间先后进行平稳性检验、格兰杰因果关系检验与协整检验等一系列实证检验，发现国债期货价格的变动与国债市场价格、股票市场、利率市场、经济政策不确定性及市场规模变化紧密相关，并且认为当股票市场波动程度较大且预期回报率低时，较多资金会进入风险较低的债券市场，从而带动国债期货价格上涨；当股市出现牛市一路高涨时，投资者会为追求高收益而放弃持有债券并买进股票，进而导致国债期货价格的下降。

3. 文献评述

从国外研究来看，研究主要围绕宏观经济因素、预期、投资替代品三个角度对国债期货价格的影响因素展开研究。在上述的三大角度中，从宏观经济因素和预期的角度来进行研究的文献相对较多，从其他投资品种的角度来进行研究的文献，主要以国债现货和股票为国债期货的主要投资替代品来分析其对国债期货价格的影响。从国内研究来看，在国债期货重新上市以后，随着国债期货市场的发展，有足够的数据支撑实证检验，研究影响国债期货价格波动因素的文献逐渐增多。国内学者主要围绕宏观经济因素、利率变动、国债期货投资替代品等方面分析对国债期货价格的影响，并利用 VAR 等相关模型进行实证检验，文献研究的广度和深度都得到了一定程度的拓展和加深。现有研究着重于选取某几个因素来探究其对国债期货价格的影响程度，对于影响国债期货价格的因素并没有全面系统地进行概括分析，因此本课题在结合前人研究的基础上，对可能影响国债期货价格的众多因素进行了较为全面的梳理，在定性分析的基础上引入主成分分析模型，定量地分析了这些因素对于国债期货价格的作用方向与影响程度，得到了影响国债期货价格的主要因素。

二、 我国国债期货市场发展现状

我国国债期货市场在 2013 年再次开启，此次上市以五年期国债期货合约作为首推对象，之后十年期和二年期国债期货合约分别于 2015 年和 2018 年推出，2020 年 2 月，商业银行和保险机构这两大国债现货市场最重要的投资者也正式获批参与国债期货业务。我国国债期货交易品种不断丰富，参与主体也逐渐多元化，到目前为止我国国债期货市场已经形成覆盖短、中、长期三个期限的产品体系。如图 10-1 所示，自国债期货市场再次重启后，我国国债期货市场交易活跃度逐年攀升，虽然 2018 年受国内国际多重因素影响，成交量和持仓量出现暂时下降，但从总体来看，国债期货交易量呈强劲上升趋势，截至 2020 年年底，国债期货的年成交量已经突破 2 400 万手。经过几年的发展，我国国债期货市场已形成一定规模，其特点主要如下：

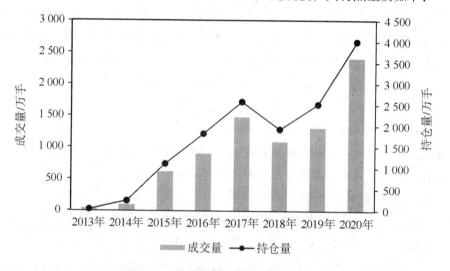

图 10-1　国债期货市场成交量与持仓量

数据来源：wind 数据库

（一） 市场规模稳步增长，发展前景较为乐观

我国国债期货市场自 2013 年重启至今，市场活跃度有大幅提升，日均成交量和日均持仓量均稳步上涨，2013 年日均成交量仅为 0.43 万手，2017 年日均成交量为 6.05 万手，约为 2013 年的 14 倍，2020 年 9.89 万手的日均成交量约为 2013 年的 23 倍；2013 年日均持仓量为 0.37 万手，2017 年日均持仓量 10.56 万手约为 2013 年的 28 倍，2020 年日均持仓量达到 16.47 万

手，约为 2013 年日均持仓量的 44 倍，见图 10-2。自 2015 年以来，我国国债期货成交持仓比稳定在 0.5 左右，与美国等发达国家的成熟国债期货市场水平相当，因此从整体来看，我国国债期货市场的规模正在稳步增长。随着商业银行等重要的机构投资者被引入国债期货市场，国债期货在利率风险管理的作用更加凸显，其发展前景较为乐观。

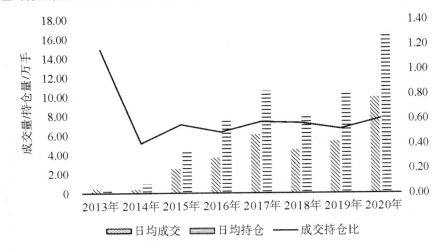

图 10-2 国债期货日均成交量与持仓量走势对比

数据来源：CEIC 数据库

（二）十年期国债期货占据市场主流，规模优势明显

虽然十年期国债期货比五年期国债期货晚两年上市交易，但十年期国债期货交易活跃度却不输五年期国债期货，上市后其交易量迅速增长，仅仅用了不到一年的时间便在 2016 年成功反超五年期国债期货，成为当年交易量最大的国债期货合约。自 2016 年以来十年期国债期货合约成交量也一直保持着第一的地位，是交易最为活跃的合约。从 2020 年国债期货成交量来看，五年期国债期货成交量不足十年期成交量的一半，两年期国债期货成交量仅为十年期的四分之一，可见十年期国债期货占据着绝对的市场主流地位，规模优势明显（见图 10-3）。

（三）机构投资者成为国债期货市场主力

从机构投资者的国债期货日均持仓量占比来看，从 2013 年到 2017 年，机构投资者发展迅速，经过四年时间的发展，机构投资者持仓占比便从 39% 升至了 82%，完成了从非主力到绝对主力地位的转变。2020 年 4 月，我国国债期货市场放开了对商业银行和保险机构的限制，这两大现货市场最重要的投资者的加入进一步丰富了国债期货市场的投资者结构。据统计，2020 年上半年机构持仓占比已超过 86%，机构投资者为国债期货市场主力的特征大大凸显（见表 10-1）。

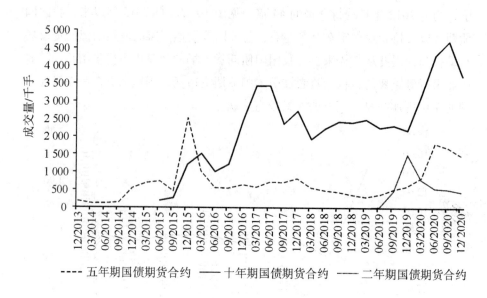

图 10-3　国债期货成交量走势对比

数据来源：CEIC 数据库。

表 10-1　我国国债期货市场参与者占比表　　单位:%

年份	机构投资者	个人投资者
2013	39	61
2017	82	18
2020	86	14

数据来源：中国金融期货交易所。

（四）价格波动较为频繁剧烈

从我国五年期国债期货价格走势图来看，我国国债期货价格波动较为剧烈，2013 年价格经历短暂上行后又出现断崖式下跌，2013 年到 2016 年其价格一路振荡上行，2016 年 9 月份时国债期货价格再次反转，出现大幅下跌，之后价格一直起起伏伏，在振荡中下行，这种情况一直持续到 2018 年年初，之后国债期货价格又出现新一轮振荡上涨的趋势，到 2020 年触顶后又出现断崖式下跌且跌势不止。自上市以来，国债期货价格几经大起大落，波动较为剧烈，见图 10-4。

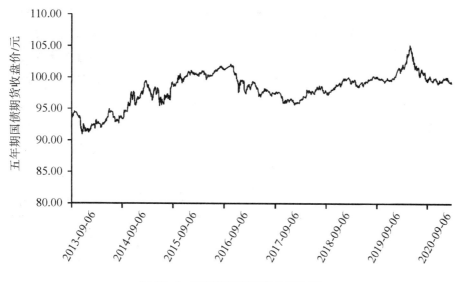

图 10-4 五年期国债期货价格走势

数据来源：wind 数据库。

三、 我国国债期货价格影响因素机制分析

综合国内外文献来看，影响我国国债期货价格的因素主要有 CPI、采购经理指数（PMI）、GDP、货币供应量等宏观经济指标及预期因素。结合我国国债期货市场发展实践来看，我国国债期货价格还常常受到国际关系尤其是中美关系的影响，国际关系的变化会作用于外汇市场进而对我国国债期货价格产生影响。除此之外，美元指数的变动和我国对外贸易情况也会影响人民币对美元汇率进而影响我国国债期货价格。因此，结合前人文献研究及我国国债期货市场发展实际，本课题着重从我国宏观经济景气度、通货膨胀、国民投资品购买力、投资者情绪、外汇因素及对外贸易这六个主要方面来探究我国国债期货价格影响因素的作用机制。

（一）宏观经济景气度对国债期货价格的影响

宏观经济景气度主要是指一国整体经济运行情况的景气程度，一般由宏观经济景气一致指数来度量。此外，中国采购经理人指数 PMI 作为经济运行的指标，也可反映一国宏观经济景气程度。

1. 宏观经济景气一致指数

宏观经济景气一致指数源于对企业家进行的有关企业运营与社会经济景气状况的问卷调查，能够反映一国经济当前基本走势。只要该指数高于 100 则说明当前经济处于景气状态且数值越高意味着宏观经济越景气；若该指数不到 100 则表明经济处于不景气状态且数值越低意味着宏观经济越不景气。

当宏观经济景气指数较高即整个宏观经济较为景气时，一方面，企业盈利能力良好，股票、债券期望收益变高，此时包括国债在内的一类低风险投资品种的收益率无法满足投资者的需求，投资者会转而将资金配置在股票等具有较高收益率的投资品种上，国债需求减少，国债价格下跌，国债期货价格随之走低；另一方面，经济景气时期投资者风险偏好提升，期望通过承担更大的风险以获得更高的收益，部分资金便会从低风险的国债市场转移到包括股票市场在内的高风险市场，从而导致国债价格下跌，国债期货价格相应下跌。当宏观经济景气指数较低即整个宏观经济状况不好时，一方面，企业效益不佳，股票、期货收益率向下波动较为频繁，相比于收益不稳定的高收益、高风险投资品种，投资者更倾向于将资金配置在收益稳定的投资品种上，资金流入国债市场推动国债价格走高，国债期货价格随之走高；另一方面，投资者风险偏好下降，更加青睐安全性较高的投资品种，从而会更多地将资金配置在安全性较高的资产上，国债需求增加，相应的，国债价格因资金的流入和需求的拉动而上升，国债期货价格随之上升。

2. 中国采购经理人指数

中国采购经理人指数是能够及时且快速反映我国市场经济动态的综合指数。该指数高于50%则意味着经济总体扩张且越高表明经济越向好的方向发展，该指数低于50%则意味着经济总体衰退且越低表明经济衰退越严重。当该指数越高，意味着经济越为景气，此时投资者信心较为充足，相应地对投资品种也有更高的收益率要求，对收益较低的国债需求减少，国债价格走低，国债期货价格相应走低；当该指数越低，意味着经济衰退趋势明显，投资者偏好安全性较高的资产，对国债需求增加，国债价格相应上涨，进一步带动国债期货价格上涨。

总的来看，当宏观经济景气度上升，国债期货价格有下降趋势；宏观经济景气度下降，国债期货价格有上升趋势。宏观经济景气度与国债期货价格呈反向变动关系。

（二）通货膨胀对国债期货价格的影响

居民消费价格指数（CPI）是综合反映与居民生活有关的物价变动情况的经济指标，也是目前各国衡量通货膨胀程度的最主要指标。一般而言，CPI上涨，意味着通货膨胀程度增强，温和的通货膨胀有利于刺激经济的增长，从而会提高投资者在投资国债时所要求的收益率，一旦国债收益率达不到投资者要求，投资者便会将资金从国债市场撤出，国债价格下跌，国债期货价格相应下跌。严重的通货膨胀会导致经济扭曲，货币贬值，从而导致投资者出于保值考虑将资金撤出国债期货市场投资于房地产等保值资产市场，引起国债期货价格下跌；CPI下降，意味着通胀程度减弱，物价下跌，生产厂商可能会缩减生产，引发经济衰退，投资者出于安全性考虑会增加对国债的投资，国债价格上涨带动国债期货价格上涨。若 CPI 的变动导致市场通胀预期提高，而通胀预期的提高又会推高国债的收益率，国债收益率曲线变得陡峭会引发市场做空国债，资金流入国债期货市场，国债期货价格相应上涨。综合来看，通货膨胀对于国债期货价格的影响方向不确定。

（三）国民投资品购买力对国债期货价格的影响

国民投资品购买力包括国民购买投资品的意愿和能力。在开放经济条件下，与国民生产总值相比，国内生产总值能更好地代表一国的经济实力和财富总量，也能更好地从侧面反映国民对投资品的购买意愿和能力。货币供应量 M2 代表了国民的潜在购买力，二者均能很好地衡量国民对于投资品的购买力。

1. 国内生产总值

国内生产总值（GDP）是衡量一国经济状况的常用指标，也是国民财富和收入的象征。一方面，GDP 上升带动了国民经济实力和生活水平的提高，当经济实力得到提升，生活质量得到改善，国民的投资意愿会变得强烈，对金融资产的需求也会增加，投资者也会相应增加配置在国债和国债期货等投资品种上的资金，从而推动国债期货价格的上涨；另一方面，当 GDP 上升，国家经济表现较好时，市场的风险偏好会增加，投资者会更加青睐包括股票在内的高风险、高收益的投资品种，投资者的投资需求偏好会改变资金流向，资金从包括国债市场在内的低风险市场流向如股票市场的高风险市场，导致国债价格的降低，其价格下跌进一步引导国债期货价格下跌。当 GDP 下降时，则会出现相反的情况，一方面，GDP 下降意味着国民财富和收入的减少，国民购买力下降，对金融资产需求也会减少，投资者也会相应减少对国债期货的需求，从而推动其价格下跌；另一方面，GDP 下降也意味着经济有下行趋势，此时市场风险偏好降低，投资者会更加青睐安全性较高的国债，从而导致资金从高风险市场流向低风险市场如国债市场，国债价格走高带动国债期货价格上升。总的来看，GDP 对国债期货价格的影响方向取决于将资金投入国债期货市场和将资金转移出国债期货市场两方力量的博弈。

2. 货币供应量

货币供应量是一国在某一时点发挥流通手段和支付手段职能的货币总和，M2 更是包含了一切可能成为现实购买力的货币形式。央行通过调节货币供应量来调节经济，国债期货价格也会相应受到货币供应量变动的影响。当市场货币流动性不足或者经济处于萧条状态时，我国央行会通过央票、常备借贷便利等公开市场操作向市场投放货币，以达到增强市场流动性、刺激经济的目的。货币供给的增加会形成投资者对未来利率下降的预期，国债期货价格本身是基于投资者对远期利率的预期且与利率反方向变动，所以货币供给的增加会导致国债期货价格上升。当居民流动性资金得到补充，对生活消费品和理财投资品的购买意愿和能力均会增强，追求多元化投资的投资者也会将资金配置在包括国债在内的低风险投资品种上，国债价格上涨引导国债期货价格上升，国债期货价格上升趋势得以加强。当经济过热时，出于抑制通胀和稳定物价的目的，央行通常会回笼货币以减少货币量的供应，市场上的流动性货币减少会推动利率的上升，进而导致国债期货价格下跌。因此，综合来看货币供应量与国债期货价格呈正向变动关系。

（四）投资者情绪对国债期货价格的影响

投资者是资本市场的主体，其心理因素和行为会直接影响市场的价格。一般来说重大事件的出现也会首先引起投资者情绪变化，然后通过影响投资者决策作用于金融市场，最终反映于金融市场资产价格上，因此投资者情绪也是造成国债期货价格波动的重要因素。例如，当投资者情绪高涨时，一方面一部分资金会流入国债期货市场，推动国债期货市场价格的上涨，另一方面投资者会形成对未来较好的预期，会追求较高收益的投资品种，部分投资者可能会转而将资金从国债期货市场撤出投资在其他高收益投资品种的市场，造成国债期货价格的下降。因此投资者情绪对国债期货价格的影响并不是单向的。

（五）外汇因素对国债期货价格的影响

1. 美元指数及美元对人民币汇率

美元指数（USDX）是衡量美元对其他货币汇率变化程度的一项综合指标，能够较为准确地反映美元在国际外汇市场的强弱走势。美元指数主要通过汇率影响各国经济，因此美元指数的变动对我国最显著的影响便是会加剧我国人民币在外汇市场上走势的波动，进而对我国国债期货价格产生一定影响。美元指数的上升意味着在国际外汇市场美元相对走强，与美元走强相呼应，美元对人民币汇率上升，人民币相对走弱；美元指数的下降意味着在国际市场上美元相对走弱，与美元走弱相呼应，美元对人民币汇率下降，人民币相对走强。

2. 外汇储备

外汇储备是一国持有并可以随时兑换为外国货币的资产，虽然我国人民币不可自由兑换外汇，但外汇储备仍然是我国调节经济和实现国际收支平衡的重要手段。若一国外汇储备增加，意味着外汇市场对本国货币信心增强，本币相对走强，有升值压力；外汇储备减少，意味着外汇市场对本国货币信心减弱，本币相对走弱，有贬值压力。

综上所述，无论是美元指数上升还是外汇储备的减少均会导致本币的相对走弱，美元指数的下降或者外汇储备的增加均会导致本币的相对走强。当美元走强而人民币相对较弱，即当人民币有贬值压力时，一方面，对国际投资者而言，美元吸引力增强，持有人民币资产如国债期货和人民币一样无利可图，资金便会从我国国债期货市场涌出，进而导致我国国债期货价格下跌；另一方面，资金从中国货币市场的流出会降低我国货币市场的流动性，货币市场流动性的变化又会导致利率上升，我国国债期货作为利率期货的一种，其价格会不可避免地受到利率影响，利率与国债期货一般呈现反向变动关系，因而利率的上升会导致国债期货价格的下跌，所以当人民币贬值时，国债期货价格会下跌。当美元走弱而人民币相对较强，即当人民币有升值压力时，一方面，对于国际投资者而言，人民币吸引力增强，持有人民币资产如国债期货比持有美元更有利可图，国外资金流入国债期货市场推动国债期货价格上升；另一方面，国外资金的流入会增强我国货币市场的流动性，进而导致利率下降，而利率与国债期货呈现反向变动关系，因此利率的下降会导致国债期货价格的上升，所以当人民币升值时，国债期货价格会上升。综上分析来看，美元指数及美元对人民币汇率对国债期货价格的影响是负向的，外汇储备对国债期货价格的影响是正向的。

（六）对外贸易对国债期货价格的影响

一国的对外贸易是指该国与其他国家或地区所进行的国际上的商品买卖，可用进出口总额衡量一国对外贸易的总规模。两国间所进行的国际贸易很容易产生贸易差额，造成国际贸易顺差或逆差，进而影响两国间的相对汇率，尤其我国一直以来都是美国的贸易顺差国，这也是我国与美国间的汇率频繁波动的主要原因之一，而外汇市场的波动又会传递到国债期货市场，导致国债期货价格的变动。

1. 进出口总额

进出口总额是指实际进出一国货物的总金额，可衡量一国对外贸易的总规模。若本国进出口总额上升，代表经济正处于扩张阶段，外汇市场会看好本国货币，对本国货币信心增强，从而带动对本国货币的需求上升，推动本国货币升值，本币相对走强；若进出口总额下降，意味经济增长放缓，外汇市场对于本国货币的信心下降，对本国货币的需求也会相应下降，从而带动本币贬值，本币相对走弱。本币的相对走强或走弱对国债期货价格的影响在前文分析外汇因素对国债期货价格的影响时已作叙述，这里不再赘述。综合分析来看，进出口总额与国债期货价格存在正向相关性。

2. 中美贸易差额

中美贸易差额是指中国对美国出口货物与中国进口美国货物总金额的差

额。我国一直是美国的贸易顺差国，中美贸易的不平衡还容易造成中美贸易摩擦，而中美摩擦又会通过影响投资者情绪、中国对美国的汇率等途径对我国国债期货价格产生影响。当贸易顺差产生甚至增大时，外汇市场对我国货币需求增加，我国货币即人民币会由于在外汇市场的供不应求而面临升值压力，本币相对走强；当贸易逆差产生时，我国货币因在外汇市场供过于求而面临贬值压力，本币相对走弱。除此之外，由贸易不平衡所带来的贸易摩擦和争端可能会使得投资者产生恐慌情绪，从而将股市资金转而配置在诸如国债等安全性更高的投资品种，从而推动国债价格走高，进一步带动国债期货价格走高。综合分析来看，中美贸易差额与国债期货价格呈正向变动关系。

（七）小结

综上分析，我国国债期货价格主要受到宏观经济景气度、通货膨胀、国民投资品购买力、投资者情绪、外汇因素及对外贸易这六个主要方面的影响。这六方面因素对国债期货价格的影响并不是独立的，而是相互之间有交叉，并且这六方面因素对于国债期货价格变动方向的综合影响是不确定的。因此，本课题将通过实证研究来进一步探究影响我国国债期货价格的主要因素。

四、 我国国债期货价格影响因素实证研究

（一）指标选取与方法选择

1. 指标选取

对于自变量的选取，本课题综合我国宏观经济景气度、通货膨胀、国民投资品购买力、投资者情绪、外汇因素及对外贸易这六个方面对国债期货价格的影响，选取了与当前现实贴近、与国债期货价格相关性较强的11个指标进行实证研究。其中宏观经济景气度因素包含中国采购经理人指数（PMI）、宏观经济景气一致指数（CMI）；通货膨胀以居民消费价格指数（CPI）来衡量；国民投资品购买力因素包含能够代表现实购买力的M2和国家统计局公布的名义GDP指标；投资者情绪指标选取能够较好测度投资者情绪的综合投资者情绪指数（CICSI）；外汇因素包含美元指数（USDX）、美元对人民币汇率（USDCNY）、外汇储备（FER）；对外贸易因素包含进出口总额（TEL）和中美贸易差额（BAL）。其中国内生产总值（GDP）、货币供应量（M2）、中国采购经理人指数（PMI）、消费者物价指数（CPI）数据来源为统计局，宏观经济景气一致指数（CMI）、综合投资者情绪指数（CICSI）、进出口总额（TEL）、对美贸易顺差（BAL）、人民币对美元汇率（USDCNY）数据来源为国泰安数据库，外汇储备（FER）、美元指数（US-DX）数据来源为中国宏观经济数据库。所有数据选取范围均为2013年9月

到 2020 年 12 月，同时考虑到上述指标大部分只有月度数据，为了使数据具有一致性，实证结果更加准确，故本课题实证所采用的数据均为月度数据。由于五年期国债期货是我国国债期货市场重启首先推出的国债期货合约品种，其价格波动能很好地代表我国国债期货市场重启以来国债期货价格波动情况，故本课题以五年期国债期货主力合约从 2013 年 9 月到 2020 年 12 月的月收盘价作为因变量来探究各个因素对国债期货价格的影响。

2. 主成分分析法

由于影响国债期货价格的各个变量之间有一定相关性，这些相关性会影响最终实证结果的有效性，而主成分分析法在通过一系列变换后，既能够保留重要指标信息，又能够很好地消除变量之间的相关性，故本课题采用主成分分析法来研究各个变量对国债期货价格的影响。

（二）实证分析

1. KMO 和 Bartlett 球形检验

在进行主成分分析之前，本研究需要检验所选取的变量是否具有足够的相关性来做主成分分析，KMO 和 Bartlett 球形检验都是检验变量相关性的较好的方法，KMO 值越大，说明变量相关性越强，主成分分析也就越有效。一般而言，只要 KMO 检验系数不低于 0.5，Bartlett 球形检验结果中的 Sig 低于 0.05，所选取的变量做主成分分析是可行的。为了判断本课题所选取的 11 个指标是否适合做主成分分析，本课题首先对 11 个指标进行了 KMO 和 Bartlett 球度检验，如表 10-2 所示，检验结果显示 KMO 值为 0.684，满足 KMO 高于 0.5 的要求，同时 Bartlett 球度检验显示 Sig 的值为 0，满足其低于 0.05 的要求，说明本课题所选取的 11 个指标满足做主成分分析的相关要求，用主成分分析方法对变量进行分析是可行的。

表 10-2 KMO 和 Bartlett 球度检验表

KMO 结果		0.684
Bartlett 球形度检验	Approx. Chi-Square	915.323
	df	55
	Sig.	0.000

注：根据 SPSS 计算得出。

2. 计算主成分和累计方差贡献率

在确定了主成分分析的适用性之后，需要进一步确定主成分个数。本研究可通过计算出每个成分对方差各自的贡献率及累计的贡献率来提取出主成分。一般认为，各个成分对方差贡献率从大到小排序之后，累计方差贡献率大于 80% 的前几个成分可提取作为主成分。本课题对 11 个变量进行主成分分析，从总方差解释结果（见表 10-3）可以看出，前三个成分的累计方差贡献率为 80.749%，大于 80%，故本课题可以提取出 3 个主成分代替原来的 11 个变量。本课题提取的 3 个主成分集中了原始指标超过 80% 的信息量，因而能够较好地反映原有变量总体变动情况。

表 10-3　总方差解释表

Component	Initial Eigenvalues			Extraction Sums of Squared Loadings		
	Total	% of Variance	Cumulative %	Total	% of Variance	Cumulative %
1	5.22	47.453	47.453	5.22	47.453	47.453
2	2.453	22.304	69.758	2.453	22.304	69.758
3	1.209	10.991	80.749	1.209	10.991	80.749
4	0.64	5.822	86.571			
5	0.516	4.687	91.258			
6	0.387	3.521	94.78			
7	0.204	1.858	96.638			
8	0.17	1.545	98.183			
9	0.106	0.962	99.145			
10	0.067	0.608	99.752			
11	0.027	0.248	100			
Extraction Method：Principal Component Analysis.						

注：根据 SPSS 计算得出

3. 计算载荷因子矩阵

在提取出主成分之后，我们需要进一步通过载荷因子计算出主成分与各原始变量之间的系数，得到载荷因子矩阵。载荷因子矩阵主要展示主成分对原变量的信息提取情况，以及主成分与原变量之间的对应关系，各个变量与主成分之间的对应系数代表主成分对该变量的信息提取量，系数越高，说明该变量能被对应主成分提取的信息量越多，被主成分解释的程度越高，说明该变量更适合归于该对应主成分下。从旋转后载荷因子矩阵（见表 10-4）来看，影响因素中的外汇储备、美元指数、美元对人民币汇率、货币供应量、投资者情绪指数、GDP 在主成分 1 中有较高载荷，反映了外汇因素、国民投资品购买力、投资者情绪对国债期货价格的影响。进出口总额、对美贸易顺差在主成分 2 中有较高载荷，反映了我国对外贸易对国债期货价格的影响。消费者价格指数、宏观经济景气一致指数、采购经理指数在主成分 3

中有较高载荷，反映了我国通货膨胀和宏观经济景气度对国债期货价格的影响。

表 10-4　旋转后载荷因子矩阵

Variable	Comp1	Comp2	Comp3
FER	−0.907	−0.127	−0.048
USDX	0.905	−0.189	0.015
USDCNY	0.851	0.219	0.301
M2	0.815	0.395	0.288
CICSI	0.691	0.211	−0.004
GDP	0.679	0.654	0.170
TEL	0.032	0.945	−0.006
BAL	0.270	0.827	−0.208
CPI	0.019	0.083	0.920
CMI	−0.579	0.105	−0.668
PMI	−0.105	0.468	−0.640

注：根据 SPSS 计算得出。

根据旋转载荷因子矩阵可以列出 11 个原始变量与 3 个主成分之间的关系：

$$F1 = -0.907FER + 0.905USDX + 0.851USDCNY + 0.815M2 + 0.691CICSI +$$
$$0.679GDP + 0.032TEL + 0.270BAL + 0.019CPI - 0.579CMI - 0.105PMI \quad (1)$$

$$F2 = -0.127FER - 0.189USDX + 0.219USDCNY + 0.395M2 + 0.211CICSI +$$
$$0.654GDP + 0.945TEL + 0.827BAL + 0.083CPI + 0.105CMI + 0.468PMI \quad (2)$$

$$F3 = -0.048FER + 0.015USDX + 0.301USDCNY + 0.288M2 - 0.004CICSI +$$
$$0.170GDP - 0.006TEL - 0.208BAL + 0.920CPI - 0.668CMI - 0.640PMI \quad (3)$$

其中 F1、F2、F3 表示三个主成分。

4. 主成分回归分析

用主成分分析法构造回归模型，将提取出的 3 个主成分作为新自变量代替原来的 11 自变量，之后再与五年期国债期货主力合约收盘价 Y 做主成分回归分析，便得到了能够反映 3 个主成分对我国国债期货价格的影响大小的回归方程，回归方程如下：

$$Y = -0.007 + 0.815F1 - 0.105F2 + 0.2F3 \quad (4)$$

结合 F1、F2、F3 与原变量的表达式，可得到解释变量与被解释变量之间的关系：

$$Y = -0.007 - 0.735FER + 0.760USDX + 0.731USDCNY + 0.680M2 +$$

0. 540CICSI+0. 519GDP-0. 074TEL+0. 092BAL+0. 191CPI-0. 617CMI-0. 263PMI

$$(5)$$

（三）实证结果分析

从主回归分析结果来看，外汇因素与国债期货价格相关性较强。其中美元指数与国债期货价格呈正相关关系，相关系数为 0. 76；美元兑人民币汇率（直接标价法）与国债期货价格呈正相关关系，相关系数为 0. 731；国债期货价格与外汇储备呈负相关关系，相关系数为-0. 735。理论分析与实证结果不一致，这可能是因为美元指数的上升和美元兑换人民币的汇率上升均意味着人民币面临贬值压力。此时为了稳定本国汇率，我国央行便会动用外汇储备，在外汇市场上抛售美元的同时买入本币，同时为了避免国内流动性过于紧张，央行又会通过买入央行票据和国债等方式投放基础货币，从而导致国债价格上升，国债期货价格也会上升。

CPI 与国债期货价格存较弱的正相关性，相关系数为 0. 191。理论分析认为通货膨胀对国债期货价格的影响较为复杂，通货膨胀对于国债期货价格的影响方向会因通货膨胀程度及市场产生的通货膨胀预期而有所不同，当CPI 上升导致市场产生通胀预期并引发国债做空时，资金会流入国债期货市场推动国债期货价格上升。因此理论分析与实证结果基本一致。

货币供应量 M2 与 GDP 均与国债期货价格呈较强的正相关性，相关系数分别为 0. 68 和 0. 519。货币供应量的增加会伴随着国债期货价格的上升，这主要是因为货币供应量是市场交易主体活跃的基础，货币供应量的增加使得市场交易主体有更多资金投入市场，追求多元化投资的投资者也会在国债期货上增加资金配置，同时货币供给增加会形成利率下降的预期，国债期货价格便在资金配置增加和利率下降预期的双重作用下上升。GDP 与国债期货价格呈正向变动关系，说明 GDP 对国债期货价格的影响以正向为主，当GDP 上升时，流入国债期货市场的资金大于流出国债期货市场的资金，国债期货价格相应上升。理论分析与实证结果基本一致。

投资者情绪指数与国债期货价格存在较强的正相关性，相关系数为0. 54。理论分析认为投资者情绪对于国债期货价格的影响方向不确定，当投资者对市场充满信心、情绪高涨的时候，信心的高涨会增加市场交易活跃度，进而导致包括国债期货在内的投资品种价格上涨。但同时投资者情绪的上涨也可能使得投资者对未来形成好的预期而将资金从国债期货市场转移到收益更高的股票等高风险市场，进而导致国债期货价格的下降。从实证结果来看，投资者情绪指数与国债期货价格呈现较强的正相关性，说明当投资者情绪高涨时，进入国债期货市场的资金力量大于流出国债期货市场的资金力量，投资者情绪对国债期货价格的影响以正向为主。

　　从对外贸易来看，国债期货价格与对美贸易顺差呈微弱的正相关关系，相关系数为 0.092，理论分析与实证结果相一致。国债期货价格与进出口总额呈微弱的负相关关系，相关系数为 -0.074，理论与实证结果不一致，这可能是因为进出口总额的上升的背后是国内经济的持续向好，投资者信心十足，风险偏好增加，自然会追求高风险高收益的投资品种，资金从国债市场流出，国债价格的走低进一步带动国债期货价格的走低。

　　宏观经济景气一致指数与采购经理人指数均与国债期货价格呈现负相关关系，其中宏观经济景气指数与国债期货价格相关性较强，相关系数为 -0.617，中国采购经理人指数与国债期货价格相关性较弱，相关系数为 -0.263。二者均与国债期货价格负相关，意味着经济景气度的上升伴随着国债期货价格的下降。这主要是因为当整个宏观经济较为景气时，投资者信心十足，相应地也会追求高收益率的投资品种，低风险低收益的国债需求减少，国债价格下降，国债期货价格相应下降；相反，当整个经济状况不好时，投资者会增加对包括国债在内的安全性较高的投资品种的需求，国债价格相应上升，国债期货价格也随之上升。理论分析与实证结果一致。

五、　结论

　　本课题通过主成分分析模型所得出的结果发现，宏观经济景气度、通货膨胀、国民投资品购买力、投资者情绪、外汇因素及对外贸易均对我国国债期货的价格有不同程度影响。外汇因素的所有变量对国债期货价格的影响系数都在 0.7 以上，其中美元指数对国债期货价格的影响系数最大，高达 0.76，这意味着美元指数的变动对国债期货价格有十分重要的意义，并且美元指数和我国对外汇率（直接标价法）的上升对国债期货价格以正向影响为主；货币供应量、GDP、投资者情绪对国债期货价格的影响均是正向的，并且影响系数都在 0.5 以上，说明三者的变动与国债期货价格的变动关系密切，国民投资品购买力和投资者情绪能显著影响国债期货价格；通货膨胀对国债期货价格的影响系数介于 0.1 与 0.2，说明通货膨胀对国债期货价格有一定影响，但影响不大；对外贸易因素中的进出口贸易和中美贸易差额对国债期货价格影响系数均在 0.1 以下，说明对外贸易变动情况对国债期货价格影响非常微弱；经济景气度对国债期货价格的影响是负向的，并且反映宏观经济景气度的宏观经济景气指数对国债期货价格的影响系数在 0.6 以上，说明宏观经济景气度会显著影响我国国债期货的价格。故综合分析来看，外汇因素、宏观经济景气度、国民投资品购买力、投资者情绪是影响我国国债期货价格的主要因素，通货膨胀和对外贸易对我国国债期货价格的影响微弱，不是影响我国国债期货价格的主要因素。

参考文献

[1] 戴志敏. 我国国债期货价格变动分析 [J]. 浙江大学学报, 1994 (3)：79-86.

[2] 张宏. 对国债期货交易价格波动影响因素的分析 [J]. 新疆金融, 1995 (5)：38-40.

[3] 徐静. 我国国债期货定价与交易策略浅析 [J]. 价格理论与实践, 2015 (10)：102-104.

[4] 邢晓晴，郭宇熙. 五年期国债期货价格的影响因素分析 [J]. 科学与管理, 2017 (37)：17-22.

[5] 于永瑞. 基于高频数据的国债期货与现货价格关系研究 [D]. 哈尔滨：哈尔滨工业大学, 2017.

[6] 韦巍. 国债期货市场及其对发展我国国债市场的意义 [J]. 财政, 1993 (7)：47-48.

[7] 钱小安. 完善我国国债期货市场的政策研究 [J]. 经济研究, 1994 (4)：56-60.

[8] 刘冰，岳凯. 浅谈我国因债期货市场的规范化管理 [J]. 财贸经济, 1995 (7)：44-46.

[9] 党剑. 利率市场化与国债期货 [J]. 南开经济研究, 2002 (1)：76-78.

[10] 郭彦峰，魏宇，肖倬. 交易不活跃影响了国债期货的价格发现吗？：来自中国国债市场的经验证据 [J]. 系统工程, 2016 (34)：31-37.

[11] 汪颢. 影响我国药品价格因素的主成分分析 [J]. 中国卫生经济, 2018 (37)：71-73.

[12] 陈甜微，郭俊廷. 股价影响因素的实证探究：基于主成分分析方法 [J]. 现代商业, 2018 (13)：90-91.

[13] 张雪. 我国国债期货价格波动的实证研究 [D]. 兰州：兰州大学.

[14] 周日旺，刘芳园，王丽娅. 国债期货价格波动影响因素的实证分析 [J]. 价格月刊, 2019 (1)：10-16.

[15] 冯承彦. 是什么影响了十年期国债期货的价格波动？：基于 VAR 模型的实证分析 [J]. 浙江金融, 2019 (6)：35-41.

[16] 汤茂洋. 国债期货价格波动与货币政策 [J]. 北方金融, 2019 (5)：87-91.

[17] 唐衍伟，陈刚. 我国期货市场的波动性与有效性：基于三大交易市场的实证分析 [J]. 财贸研究, 2004 (5)：16-22.

［18］高天惠，张玉静，朱家明，等. 基于主成分分析对安徽省税收收入影响因素的实证研究 ［J］. 哈尔滨师范大学自然科学学报，2020（36）：12-17.

［19］BALDUZZI，ELTON，GREEN. Economic news and bond prices：evidence from the us treasury market ［J］. Journal of Financial and Quantitative Analysis，2001，36（4）：523-543.

［20］BOLLERSLEV，CAI，SONG. Intraday periodicity，long memory volatility，and macroeconomic announcement effects in the US treasury bond market ［J］. Journal of Finance，2000，7（1）：37-55.

［21］FLEMING，REMOLONE. Price of formation and liquidity in the US treasury market：the response to public information ［J］. Journal of Financial Economics，1999（5）：1901-1915.

［22］LIU H H，WANG T K，WENYLI. Dynamical volatility and correlation among US stock and treasury bond cash and futures markets in presence of financial crisis：a couple approach ［J］. Research in international Business and Finance，2019（48）：381-396.

［23］JONES C M，LAMONT O，LUMSDAINE R L. Macroeconomic news and bond market volatility ［J］. Journal of Financial Economics，1998（47）：315-337.

［24］KIM，SHEEN. International linkages and macroeconomic new effects on interest rate volatility australia and the US ［J］. Pacific - Basin Finance Journal，2000（8）：85-113.

［25］MARDI D，LYUDMYLA H. Cojumping：evidence from the US treasury bond and futures markets ［J］. Journal of Banking & Finance，2012（36）：1563-1575.

［26］PAPADAMOU S. Market anticipation of monetary policy actions and interest rate transmission to US treasury market rates ［J］. Economic Modeling，2013（33）：545-551.

［27］TIM K，ADKINS L C. Co-integration test of the unbiased expectation hypothesis in metal markets ［J］. The Journal of Future Markets，1993（7）：753-763.

课题 11 中国股指期货对国债期货的波动性影响

摘要： 国债期货市场作为重要的利率衍生产品，与其他金融市场有着不同程度的联系。本课题利用 2013—2020 年的沪深 300 股指期货与对应的二年期、五年期和十年期国债期货合约的日收盘数据，针对股指期货与不同国债期货合约之间的动态相关关系，以及二者之间的波动溢出效应进行了实证分析。研究发现：①我国股指期货市场和国债期货市场之间的动态相关系数的均值不为常数且显著为负，这意味着股指期货市场和国债期货市场间存在非常紧密的动态负相关关系。②十年期、五年期的国债期货与沪深 300 股指期货之间的波动溢出效应在传导方向上表现为从国债期货市场到股指期货市场的单方向溢出，但是这一波动溢出效应并不显著。二年期国债期货与沪深 300 股指期货之间的波动溢出效应在传导方向上则表现为从股指期货到二年期国债期货的单方向的波动溢出，在溢出方向上与十年期和五年期相反，并且该波动溢出效应显著。

关键词： 波动溢出效应；国债期货；多元 GARCH 模型

一、 引言

国债期货市场的平稳运行是维持整个金融系统稳定的重要环节，防止国债期货市场出现异常波动，有利于防范金融系统性风险的出现。张宗新、张秀秀在 2019 年对国债期货市场对整体金融体系的稳定器功能进行了研究，发现在金融周期风险期间，股票、债券现货市场会出现不正常的价格波动，而国债期货市场能够发挥降低金融周期风险的波动冲击的作用，扮演了金融体系稳定器的角色。我国近年来积极地推进国债期货市场的发展，从 2013 年 9 月 6 日中国金融期货交易所推出五年期国债期货合约发展至今，国债期货市场已经形成包括二年期、五年期及十年期国债期货合约在内的多品种的产品体系。随着市场的发展，国债期货市场总体保持平稳运行，市场规模和流动性不断提高，交易机制也逐渐完善，形成了多方共同参与的积极局面。

但是，维持国债期货市场的平稳不能局限于关注其自身的波动，由于股指期货市场与国债期货市场之间关联性的存在，股指期货市场的波动也会影响到国债期货市场的平稳。一方面，股指期货的价格高低和涨跌情况折射出投资者对当前及未来一段时间的经济形势的看法，投资者对经济形势好坏的判断也会反映在国债期货市场的价格波动中。另一方面，股指期货市场与国债期货市场的投资者的风险偏好不同，并且投资者的风险偏好不是一成不变的，而是会随着面临的市场情况的变化而改变。股指期货市场的波动反映了投资者风险偏好的变化，进而影响到国债期货市场的波动。

国债期货市场与其他金融市场有着广泛的联系，在整个市场结构中发挥着基础性作用。由于股指期货市场与国债期货市场的内在关联性，维持国债期货市场的平稳运行需要考虑股指期货市场对国债期货市场的跨市场波动影响。为了厘清股指期货市场对国债期货市场间的波动影响，本课题利用市场数据，针对我国股指期货市场和国债期货市场之间的动态相关关系及两市场的波动性影响进行了实证研究。

二、　文献综述

到目前为止，国内有关股指期货和国债期货市场之间的相互关系的研究主要集中于国债期货的推出对股指期货市场的影响，而对于股指期货市场对国债期货市场的影响的研究较少。这可能是由于国债期货的推出时间在股指期货推出之后的原因，我国最早的国债期货是 2013 年 9 月 6 日由中国金融期货交易所推出的五年期国债期货合约，而股指期货在 2010 年即上市交易。刘文文、秦博在 2015 年发现国债期货推出后对股指期货市场产生了影响，降低了股指期货的波动性与流动性，而且股指期货市场对新信息反应效率也有所提高，从整体来看，国债期货与股指期货市场存在双向波动溢出效应。国外学者也有类似的结论，德布罗克（De Broeck）在 1998 年在一个很长的时间跨度下对许多工业国家的政府债券市场的波动情况进行了研究，认为国债期货的推出有助于提升二级市场的信息效率。

在跨区域、跨品种市场间的波动溢出效应研究方面，国外学者的研究比较丰富。2020 年，赛菲丁（Seyfettin）以印度、马来西亚和土耳其的股票市场为研究对象，探讨股票市场和外汇市场之间的波动溢出效应，发现只有土耳其的股票市场对其外汇市场具有波动溢出效应。2007 年，安徒生（Andersena）等认为由于股票与债券在定价方面有所不同，市场参与者会在市场信息的基础上不断调整其投资组合，这使得股票和债券市场的变动呈反方向，即股票市场和国债市场对同一信息的反应有所不同。宫崎骏（Miya-koshi）在 2003 年利用双变量的 GARCH 族模型研究了世界上多个主要股市，发现不同国家及地区的股票市场间存在明显的波动溢出效应。巴勒（Baele）2005 年对以美国和欧盟为主的西方国家的股市进行了分析，发现在全球化和区域一体化的背景下，西方国家的股票市场间的波动溢出效应出现了逐渐增加的趋势。甘巴·桑塔马利亚（Gamba-Santamaria）等人在 2016 年以美国股市及其他四个拉美国家股市为样本研究了这几个市场间的波动溢出效应，发现这几个市场间普遍存在显著的波动溢出效应，并且在金融危机期间表现得更加明显。在期货、现货市场间的波动溢出效应研究方面，陈（Chan）等人在 1991 年建立二元 GARCH 模型，在分析美国标普 500 股指期货与股票现货的波动关系的研究中，发现美国标普 500 指数的期货、现货市场之间的波动率会相互影响，并且信息的传递方向是双向的。索和特西（So & Tse）在 2004 年使用 M-GARCH 模型针对港股恒生指数市场进行了研究，结论表明港股恒生指数现货和指数期货及盈富基金这三个市场的波动彼此影响，具有波动溢出效应。遗憾的是，直接关于股指期货市场对国债期货市场的波动性的影响的文献还比较缺乏。

国内学者对我国的股指期货市场和国债期货市场的相互关系也有关注，但关于股指期货对国债期货市场的波动性影响的直接研究很少，相关研究主要集中于市场相关性及价格引导作用方面。曾志坚和江洲 2007 年的研究表明我国的股票市场和债券市场的收益之间存在领先滞后的关系，认为我国股票市场和债券市场之间存在长期的联动关系，而且这种关系不是稳定不变的而是具有时变性质。同样，郑振龙和杨伟 2012 年的研究也支持这一观点，即我国股票市场和债券市场之间的相关性表现出动态的时变特征。从股指现货和国债现货市场的相关性角度，高汝召（2016）发现我国股票市场和国债市场之间的相关性关系可以从方向上区分为正相关关系和轻微负相关关系这两个状态。从波动溢出效应的研究角度，王璐、庞皓在 2008 年利用 2002 年至 2007 年的数据，分析了我国的上证综合指数与中国债券总指数之间的价格波动溢出效应，结果表明上证综合指数与中国债券总指数之间存在双向的波动溢出效应。蔺佳旭 2018 年通过分析我国股指期货和股票现货市场间的波动效应，认为我国股指期货和股票市场之间存在双向且非对称的波动溢出效应，其中从股指期货市场到股票现货市场方向上的波动溢出效应表现得更加明显。

国内学者对股指期货市场对国债期货市场的波动性影响的直接研究较少，缺乏直接讨论股指期货对国债期货的市场波动性造成的影响，对这一问题的研究仍待进一步挖掘和深入。本课题将从我国股指期货对国债期货的波动性影响这一角度出发探究两个市场间的关系。本课题剩余内容安排如下：第三部分对股指期货和国债期货的内在联系进行定性的理论阐述，第四部分对样本数据和选取模型进行说明，第五部分是实证结论的分析，第六部分是总结。

三、 理论分析

市场波动性的含义是市场上各类金融资产的交易价格偏离其内在基础价值的幅度，这是因为不同信息在交易价格形成过程中的影响程度，以及信息得到反映的程度不同而造成的价格偏离内在价值的上下波动。市场的波动方向和幅度大小受到各市场内和市场间的信息交换的影响，在波动的动态变化中蕴含着某种流动信息。一个市场产生的波动不仅仅是受其自身波动的影响，同样也会受到其他与之相关联的市场的波动影响。

国债期货与股指期货分别以国债产品和股票指数作为基础标的，国债现货市场和股票现货市场具有高度的内在相关性，这决定了国债期货市场和股指期货市场的天然的关联性。一方面，从无风险利率角度考虑，国债市场利率水平反映了无风险利率的高低，国债市场利率越高，则无风险利率水平越高，而无风险利率变动与股市走势相反，国债期货市场和股指期货市场通过无风险利率互相紧密联系在一起；另一方面，从资本的时间价值和股市融资成本角度考虑，国债市场利率水平反映了资本的时间价值，国债市场利率越高意味着资本的时间价值越大。同时，资本的时间价值越大意味着股市的融资成本越高。国债市场利率的变动使得国债期货市场和股指期货市场之间存在相互替代的关系。

依据市场有效性理论，只有当国债期货市场和股指期货市场均处于完全有效的状态时，每一新信息才能同时体现在国债期货和股指期货的市场价格上，使两个市场瞬时、同步地接收并在交易价格上做出反应，促使两个市场长期处于稳定均衡的状态。但是实际经济环境中的金融市场往往无法也不可能达到完全有效的完美状态，而是存在许多摩擦因素，这就造成国债期货与股指期货价格对同一条信息的接收和反映存在领先或者滞后的先后顺序，从而造成两个市场间的波动溢出效应。波动溢出效应的实质表现为不同市场间的波动传导。国债期货和股指期货市场均不是强式有效市场，当股指期货市场首先接收到某条信息时，由于市场间的关联性，该信息对股指期货市场的影响在一定程度上也会使得在国债期货市场上出现波动，反之亦然。这一过程就会引起国债期货和股指期货市场之间波动性的相互影响。

关于股票市场和债券市场波动溢出的形成机制问题，学术界存在两种代表性观点：传统金融学理论认为无论是股票还是债券，二者本质上都是未来预期现金流的贴现，在其他条件不变情况下，无风险收益率、通货膨胀率等基础条件的变化，影响的是贴现因子，这将导致股票与债券二者出现价格同向变化，即呈现出联动效应；行为金融学理论认为股票和债券的价格形成机制有着本质的区别。关键在于股票的名义收益率是不确定的，而实际收益率是稳定的。与之相反，债券的名义收益率是确定的，实际收益率是不确定的。由于股票与债券定价基础的本质不同，所以随着新信息的不断出现，投资者对股票与债券价格的预期不再保持一致，从而引发投资者调整其投资组合，导致股票与债券价格呈反方向变动，即呈现出"跷跷板"效应。

总之，由于国债期货市场和股指期货市场的市场有效性水平不可能达到完全有效程度，加上两个市场紧密的联系和波动溢出理论机制的存在，我们可以定性地认为股指期货市场对国债期货市场的波动存在一定的影响，下文将对这一问题利用相关数据进行实证分析。

四、数据与模型

本部分利用 2013—2020 年的沪深 300 股指期货与对应的二年期、五年期和十年期的三种国债期货合约的日收益率数据，应用 GARCH 族模型对股指期货与不同国债期货合约之间的动态相关关系进行探究，并同时验证两个市场之间的波动溢出效应。

（一）样本数据与指标

2013 年 9 月 6 日，我国首个国债期货品种——五年期国债期货合约上市交易。目前，市场上交易的国债期货合约有三个品种，分别是二年期、五年期及十年期的期货合约，每一大类合约下又包括离当月最近的三个季月（3、6、9、12 月）小类。为了更加全面地分析股指期货市场对国债期货市场的影响，使得数据具有代表性，本课题选择每一品种中当日成交量最大的季度合约作为国债期货的样本，对二年期、五年期以及十年期的期货合约进行实证分析。为了尽可能代表整个股指期货市场，本课题选取沪深 300 股指期货 2013 年 9 月 6 日到 2020 年 12 月 31 日的日收盘价数据来代表股指期货市场。本课题涉及的实证数据均来源于中国金融期货交易所的统计报告，我们进行了手工计算整理。表 11-1 列出了相关变量及含义。

表 11-1　变量指标

变量	含义
RIF	沪深 300 股指期货合约日收益率
RT	十年期国债期货合约日收益率
RTF	五年期国债期货合约日收益率
RTS	二年期国债期货合约日收益率

对于各类日收益率的时间序列，由相应的日收盘价序列 PIF、PT、PTF、PTS 进行对数一阶差分计算得到：

$$R_t = (ln\, P_t - ln\, P_{t-1}) \times 100$$

（二）实证模型选择

本课题研究对象包含股指期货市场和国债期货市场两个相关的金融时间序列数据，并且研究目的在于分析两个市场之间的波动率的动态相关性，即一个时间序列的波动和另一个时间序列的波动之间的相关关系随着时间的变化会产生什么样的规律。针对此类问题，恩格尔（Engle）在 2002 年提出了动态条件相关 GARCH 模型，即 DCC-MGARCH 模型。该模型既保留了单变量 GARCH 模型的灵活性，又降低了传统高维模型的计算复杂程度，被学界广泛应用于市场间动态相关关系的实证研究，同样适用于研究国债期货和股指期货收益率时间序列间的动态相关关系。本课题首先利用 DCC-MGARCH 模型对股指期货市场和国债期货市场之间的动态相关关系进行探究。对该模型的解释如下：

首先单独对两个市场收益率序列建立单变量 GARCH（1，1）模型：

$$R_t = \varphi_0 + \sum_{i=1}^{p} \varphi_i R_{t-i} + \varepsilon_i \tag{1}$$

$$\varepsilon_i \,|\, \Omega_{t-1} \sim N(0,\, h_t),\ \varepsilon_i = u_t^{\grave{}} \tag{2}$$

$$h_t = a_0 + a_1 a_{t-1}^2 + a_2 h_{t-1} \tag{3}$$

其中，h_t 是条件方差，u_t 是 ε_i 的标准残差。Ω_{t-1} 代表 $t-1$ 期的已知信息。定义 P_t 为动态相关矩阵，其矩阵内部元素 $\rho_{ij,\,t}$ 可看作是变量 $\varepsilon_{i,\,t}$ 和 $\varepsilon_{j,\,t}$ 的相关系数，即：

$$\rho_{ij,\,t} = \frac{E(\varepsilon_{i,\,t}\, \varepsilon_{j,\,t})}{\sqrt{E(\varepsilon_{i,\,t}^{\ 2}) E(\varepsilon_{j,\,t}^{\ 2})}} = \frac{q_{ij,\,t}}{\grave{}} \tag{4}$$

其中，$q_{ij,\,t} = \bar{q}_{ij} + \alpha(u_{i,\,t-1}\, u_{j,\,t-1} - \bar{q}_{ij}) + \beta(q_{ij,\,t-1} - \bar{q}_{ij})$，其中 $\bar{q}_{ij}$ 为非条件方差，$i,\,j = 1,\,2$，分别代表两个市场 1 和 2。经过上述模型的处理，在实证结论中的 P_t 的内部元素 $\rho_{12,\,t}$ 的变化实际上反映了两个市场动态相关的关系。

本课题不仅对股指期货市场和国债期货市场的动态相关关系进行研究，还将进一步探讨两个市场间的波动溢出效应，但上述 DCC-MGARCH 模型研究对象仅限于波动率间的相关系数，不适用于具体分析两个市场间的波动溢出效应。针对不同市场间的波动溢出效应的问题，我们需要借助其他 GARCH 族模型，本课题经过综合比较，确定选择 BEEK-MGARCH 模型。这是因为与其他多元 GARCH 模型相比，BEKK-MGARCH 模型针对的研究对象正是不同金融时间序列之间的波动溢出效应，能够同时反映波动溢出效应的显著性和方向。同时 BEKK-GARCH 模型能够在比较弱的约束条件下保证协方差矩阵的正定性性质，还具有待估计的参数较少等优点，使运算复杂度大幅下降。

BEKK (p, q) 模型的相关表达式如下：

$$H_t = C_0 C_0^T + \sum_{i=1}^{p} A_i \, \varepsilon_{t-i} \, \varepsilon_{t-i}^T \, A_i^T + \sum_{j=1}^{q} B_j \, H_{t-j} \, B_j^T \tag{5}$$

BEKK (p, q) 模型假设，残差向量 ε_t 的条件方差协方差矩阵服从上述变化过程，其中，C_0 为下三角矩阵，而 A_i 和 B_j 均为方阵。具体到双变量的 BEKK $(1, 1)$ 模型。

$$H_t = \begin{pmatrix} h_{11,\,t} & h_{12,\,t} \\ h_{21,\,t} & h_{22,\,t} \end{pmatrix}, \; C_0 = \begin{pmatrix} c_{11} & 0 \\ c_{21} & c_{22} \end{pmatrix}, \; A = \begin{pmatrix} a_{11} & a_{12} \\ a_{21} & a_{22} \end{pmatrix}$$

$$B = \begin{pmatrix} b_{11} & b_{12} \\ b_{21} & b_{22} \end{pmatrix}, \quad \varepsilon_{t-1} \, \varepsilon_{t-1}^T = \begin{pmatrix} \varepsilon_{1,\,t-1}^2 & \varepsilon_{1,\,t-1} \, \varepsilon_{2,\,t-1} \\ \varepsilon_{2,\,t-1} \, \varepsilon_{1,\,t-1} & \varepsilon_{2,\,t-1}^2 \end{pmatrix},$$

$$H_{t-1} = \begin{pmatrix} h_{11,\,t-1} & h_{12,\,t-1} \\ h_{21,\,t-1} & h_{22,\,t-1} \end{pmatrix}$$

为了更加直观地看出市场间的溢出效应，将上述的矩阵方程改写成便于观察的方程组的形式，

$$h_{11,\,t} = c_{11}^2 + (a_{11}^2 \, \varepsilon_{1,\,t-1}^2 + 2 a_{11} a_{12} \, \varepsilon_{1,\,t-1} \, \varepsilon_{2,\,t-1} + a_{12}^2 \, \varepsilon_{2,\,t-1}^2) + (b_{11}^2 \, h_{11,\,t-1} + 2 b_{11} b_{12} \, h_{12,\,t-1} + b_{12}^2 \, h_{22,\,t-1}) \tag{6}$$

$$h_{22,\,t} = c_{22}^2 + (a_{22}^2 \, \varepsilon_{2,\,t-1}^2 + 2 a_{22} a_{21} \, \varepsilon_{1,\,t-1} \, \varepsilon_{2,\,t-1} + a_{21}^2 \, \varepsilon_{1,\,t-1}^2) + (b_{22}^2 \, h_{22,\,t-1} + 2 b_{22} b_{21} \, h_{12,\,t-1} + b_{21}^2 \, h_{22,\,t-1}) \tag{7}$$

式中，a_{12}、a_{21}、b_{12}、b_{21} 均是模型的回归系数，有如下原假设 H_0：

$$H_0: \; a_{12} = a_{21} = b_{12} = b_{21} = 0$$

可见，当原假设 H_0 成立时，可以认为两个市场间不存在波动溢出效应现象的存在，反之则认为两个市场间存在波动溢出，可以通过比较 a_{12}、a_{21}、b_{12}、b_{21} 的大小及显著性对两个市场间的波动溢出效应进行具体分析。

五、 实证过程与分析

（一）变量的描述性统计结果

表 11-2 汇报了相关变量的描述性统计结果。无论是从均值情况还是标准差情况来看，股指期货市场的波动都比国债期货市场更加剧烈；在三类不同的国债期货合约中，五年期的国债期货合约相较于二年期和十年期的合约，其收益率波动更加明显。

表 11-2 变量的描述性统计

变量	均值	标准差	偏度	峰度	正态分布
RIF	0.048 0	1.787 8	−0.911 3	15.420 5	否
RT	0.000 7	0.294 6	−0.551 8	9.614 6	否
RTF	0.003 5	0.215 8	0.336 3	10.111 2	否
RTS	0.002 4	0.087 0	0.002 7	8.877 0	否

总的来看，由各个变量的分布特征可知，各收益率序列 *RIF*、*RT*、*RTF* 和 *RTS* 均不符合正态分布。

（二）ARCH 效应的检验

对于时间序列数据样本，只有在当扰动项存在条件异方差时，才可以使用 GARCH 模型，即条件异方差是进行 GARCH 模型分析的前提条件。图 11-1 是对各收益率序列进行 ARCH 效应检验验证其是否存在条件异方差的结果。

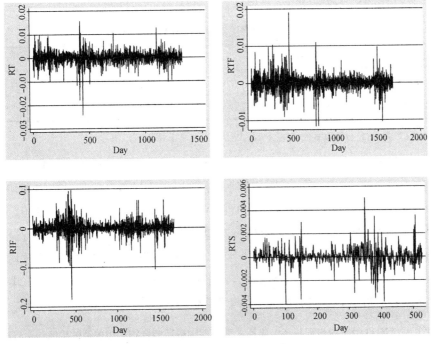

图 11-1 各日收益率序列的时间趋势

从各样本数据日收益率的时间趋势图可以明显地看出，样本数据的时间序列均存在波动聚集现象，我们可以初步判断各个变量的扰动项很可能存在条件异方差，适合用 GARCH 族模型进行分析。

进一步由 LM 检验（见表 11-3）可知，各日收益率序列在 1% 的置信水平下均拒绝不存在 ARCH 效应的原假设，表明对样本数据适合建立 GARCH

类模型进行后续分析。

表 11-3　LM 检验结果

收益率序列	原假设	P 值
RIF		0.000
RT	不存在 ARCH 效应	0.000
RTF		0.000
RTS		0.000

（三）市场间的动态相关关系

本课题利用 DCC-MGARCH 模型对股指期货和国债期货市场进行研究，该模型可以分析两个市场之间相关性的动态变动，也就是说它们之间的波动不是一个常数，而是一个随着时间的进行而变化的系数。

首先对三类不同期限的国债期货合约的样本收益率序列建立 GARCH（1，1）模型，结果如表 11-4 所示。

表 11-4　各收益率序列的 GARCH（1，1）模型

	RIF	RT	RTF	RTS
ARCH（1）	0.111 ***	0.052 ***	0.061 ***	0.166 ***
GARCH（1）	0.886 ***	0.927 ***	0.933 ***	0.827 ***

注：*、** 和 *** 分别表示在 10%、5% 和 1% 的置信水平下显著。

如表 11-4 所示，沪深 300 股指期货收益率序列及三类国债期货合约的收益率序列的 ARCH 项、GARCH 项的系数均十分显著，并且系数之和均接近于 1，说明样本收益率序列的波动聚集现象具有持久性的特征。在 GARCH（1，1）模型的基础上进一步建立 DCC-MGARCH 模型并进行极大似然估计。沪深 300 股指期货与十年期、五年期的国债期货的相关系数均值如表 11-5 所示，由于二年期国债合约上市时间较晚，样本容量过少，本课题并没有汇报深 300 股指期货与二年期的国债期货合约的相关系数均值。

表 11-5　股指期货与十年期、五年期国债期货合约的相关系数均值

	RT	RTF
RIF	-0.168 *** (0.001)	-0.140 *** (0.000)

注：*、** 和 *** 分别表示在 10%、5% 和 1% 的置信水平下显著，括号内为相应的 p 值。

结果显示，沪深 300 股指期货与十年期国债期货的相关系数均值为 -0.168，并且在 1% 的显著水平下高度显著；同样，沪深 300 股指期货与五

年期国债期货的相关系数均值为-0.140,并且在1%的显著水平下高度显著。结论说明股指期货市场和国债期货市场的动态相关系数是显著异于零的,进一步说明两个市场间存在着紧密的动态关联,并且呈负相关关系。在样本数据期间,RIF 与 RT、RTF 之间的动态相关系数如图 11-2 所示。

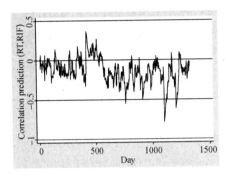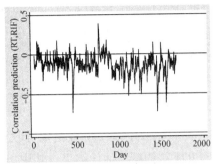

图 11-2　RIF 与 RT、RTF 之间的动态相关系数

如图 10-2 所示,在样本数据期间内,从股指期货与十年期国债期货和股指期货与五年期国债期货的动态相关系数图来看,股指期货市场与国债期货市场在每一 t 时刻的动态相关系数在绝大多数时期内均为负值,最大负值在-0.7 左右。这说明股指期货市场与国债期货市场在绝大多数期间呈现持续稳定的负相关关系。

(四)波动溢出效应分析

对于诸如不同金融市场间的波动溢出效应之类的问题,选用 BEKK-GARCH 模型的优势在于其运算较为简便,并且无需较多的约束条件,同时有利于保证方差矩阵和协方差矩阵的正定性。大量实证研究证实多变量的 BEKK-GARCH(1,1)能够对该问题进行较好的描述。下文利用 BEKK-GARCH(1,1)模型对沪深 300 股指期货收益率序列 RIF 与二年期、五年期和十年期的国债期货收益率序列 RTF 进行波动溢出效应分析(见表 11-6),相关分析利用 Winrats 软件完成。

表 11-6　RIF 与 RTF 的波动溢出效应结果

element	Coefficient	Std. Error	T-statistic	Prob.
C (1, 1)	0.181 0***	0.024 6	7.368 8	0.000 0
C (2, 1)	-0.004 6	0.005 2	-0.870 0	0.384 3
C (2, 2)	0.018 8***	0.003 5	5.357 3	0.000 0
A (1, 1)	0.259 4***	0.019 7	13.169 2	0.000 0
A (1, 2)	0.002 1	0.002 4	0.884 0	0.376 7

表11-6(续)

element	Coefficient	Std. Error	T-statistic	Prob.
A (2, 1)	−0.160 5	0.141 5	−1.134 0	0.256 8
A (2, 2)	0.210 3***	0.003 7	10.656 4	0.000 0
B (1, 1)	0.211 6***	0.018 4	11.477 4	0.000 0
B (1, 2)	0.959 1***	0.005 4	176.999 2	0.000 0
B (2, 1)	−0.000 4	0.000 7	−0.505 1	0.613 5
B (2, 2)	0.045 7	0.037 6	1.213 4	0.225 0

注:*、** 和 *** 分别表示在10%、5%和1%的置信水平下显著。

表11-6为沪深300股指期货收益率序列(RIF)与五年期国债期货合约(RTF)的模型估计结果,其中矩阵A中的元素代表ARCH效应系数估计结果,矩阵B中的元素代表GARCH效应系数结果。具体而言,元素A(1,1)、A(2,2)表示收益率序列RIF和RTF的ARCH效应,元素B(1,1)、B(2,2)表示收益率序列RIF和RTF的GARCH效应;矩阵元素A(1,2)、B(1,2)代表从收益率序列RIF到RTF的波动溢出效应;矩阵元素A(2,1)、B(2,1)代表从收益率序列RTF到RIF的波动溢出效应。

表11-6显示,元素A(1,1)、A(2,2)分别为0.26、0.21,并且高度显著,P值都为0,说明序列RIF与RTF都存在显著的ARCH效应,与前文结论保持一致;同样可分析得知RIF与RTF也具有显著的GARCH效应,这表明两个市场各自的波动率都存在较大的聚集效应,即当期的大的波动会使下期的波动也较大。遗憾的是,系数没有通过显著性检验。我们不妨从定性的角度来看市场间的波动溢出效应,A(1,2)和B(1,2)接近于0,绝对值小于A(2,1)和B(2,1),可以认为两个市场间的波动溢出效应,主要体现为从国债期货市场到股指期货市场,这与宏观经济政策保持一致。为了进一步考察市场间的波动溢出效应,本课题对系数进行了联合假设检验(见表11-7),结论显示沪深300股指期货和五年期国债期货不存在显著的波动溢出效应。

表11-7 联合系数假设检验结果:RIF、RTF

项目	原假设	P 值	F 统计值	结论
RIF 与 RTF 之间不存在波动溢出效应	A(1,2) = B(1,2) = A(2,1) = B(2,1) = 0	0.541 4	0.774 7	接受原假设

表11-7(续)

项目	原假设	P 值	F 统计值	结论
不存在 RIF 向 RTF 波动溢出	A（1，2）＝B（1，2）＝0	0.604 0	0.504 2	接受原假设
不存在 RTF 向 RIF 波动溢出	A（2，1）＝B（2，1）＝0	0.462 6	0.771 0	接受原假设

如表 11-8 所示，本课题对股指期货收益率序列 RIF 与十年期国债期货合约收益率（RT）进行上述同样的波动溢出效应分析。表 11-8 中，代表 ARCH 效应的 A（1，1）、A（2，2）均为正值且高度显著，其中 A（1，1）大于 A（2，2），说明 RIF 与 RT 都具备显著的 ARCH 效应，即二者都受到自身以前已知信息的影响，并且 RIF 受自身已知信息的影响更大；同样地，代表 GARCH 效应的 B（1，1）、B（2，2）均为正值且高度显著，说明 RIF 与 RT 都具备显著的 GARCH 效应，即二者的波动具有持续性。同样定性地看，A（1，2）和 B（1，2）接近于 0，绝对值小于 A（2，1）和 B（2，1），我们可以认为两个市场间的波动溢出效应，主要体现为从 RT 到 RIF，即从国债期货市场到股指期货市场。

表 11-8　RIF 与 RT 的波动溢出效应结果

element	Coefficient	Std. Error	T-statistic	Prob.
C（1，1）	0.161 6 ***	0.017 0	9.496 8	0.000 0
C（2，1）	-0.016 0	0.006 9	-2.314 0	0.020 7
C（2，2）	0.039 9 ***	0.004 4	8.958 4	0.000 0
A（1，1）	0.307 0 ***	0.012 5	24.494 0	0.000 0
A（1，2）	-0.002 8	0.002 3	-1.194 4	0.232 3
A（2，1）	-0.153 4 **	0.077 3	-1.986 0	0.047 0
A（2，2）	0.218 0 ***	0.013 7	15.860 6	0.000 0
B（1，1）	0.950 6 ***	0.003 2	299.424 9	0.000 0
B（1，2）	0.001 0	0.000 6	1.626 0	0.104 0
B（2，1）	0.035 2	0.022 3	1.579 2	0.114 3
B（2，2）	0.964 9 ***	0.004 1	236.916 6	0.000 0

注：*、** 和 *** 分别表示在 10%、5% 和 1% 的置信水平下显著。

我们进一步对系数进行联合假设检验，由表 11-9 结论得知，沪深 300 股指期货和十年期国债期货之间的波动溢出效应并不显著。

表 11-9　联合系数假设检验结果：RIF、RT

项目	原假设	P 值	F 统计值	结论
RIF 与 RT 间不存在波动溢出效应	A (1, 2) = B (1, 2) = A (2, 1) = B (2, 1) = 0	0.081 5	2.072 3	接受原假设
不存在 RIF 向 RT 波动溢出	A (1, 2) = B (1, 2) = 0	0.260 3	1.345 9	接受原假设
不存在 RT 向 RIF 波动溢出	A (2, 1) = B (2, 1) = 0	0.136 8	1.989 2	接受原假设

如表 11-10，本课题同样对沪深 300 股指期货收益率序列 RIF 与二年期国债期货收益率 RTS 进行波动溢出效应分析。表 11-10 中，代表 ARCH 效应的 A (1, 1)、A (2, 2) 均为正值且高度显著，说明 RIF 与 RTS 都具备显著的 ARCH 效应，即二者都受到自身以前已知信息的影响；同样地，代表 GARCH 效应的 B (1, 1)、B (2, 2) 均为正值且高度显著，说明 RIF 与 RTS 都具备显著的 GARCH 效应，即二者的波动具有持续性。

表 11-10　RIF 与 RTS 的波动溢出效应结果

element	Coefficient	Std. Error	T-statistic	Prob.
C (1, 1)	0.374 9 ***	0.048 5	7.724 3	0.000 0
C (2, 1)	0.003 8	0.004 8	0.780 0	0.435 4
C (2, 2)	0.014 5 ***	0.004 1	3.519 9	0.000 4
A (1, 1)	0.372 3 ***	0.021 0	17.738 9	0.000 0
A (1, 2)	0.008 0 ***	0.002 0	3.970 3	0.000 1
A (2, 1)	−0.120 5	0.767 5	−0.157 0	0.875 3
A (2, 2)	0.412 4 ***	0.030 7	13.428 5	0.000 0
B (1, 1)	0.904 4 ***	0.010 9	82.905 4	0.000 0
B (1, 2)	−0.003 7 ***	0.000 9	−4.121 1	0.000 0
B (2, 1)	0.165 2	0.378 7	0.436 3	0.662 6
B (2, 2)	0.897 6 ***	0.013 9	64.513 9	0.000 0

注：*、** 和 *** 分别表示在 10%、5% 和 1% 的置信水平下显著。

我们从表 11-11 的联合系数假设检验的结论得知，RIF 与 RTS 之间存在波动溢出效应，并且是显著的，表现为从股指期货到二年期国债期货的单向波动溢出。

表 11-11　联合系数假设检验结果：RIF、RTS

项目	原假设	P 值	F 统计值	结论
RIF 与 RTS 不存在波动溢出效应	A（1，2）= B（1，2）= A（2，1）= B（2，1）= 0	0.000 2	5.634 7	拒绝原假设
不存在 RIF 向 RTS 波动溢出	A（1，2）= B（1，2）= 0	0.000 0	10.225 5	拒绝原假设
不存在 RTS 向 RIF 波动溢出	A（2，1）= B（2，1）= 0	0.875 3	0.133 2	接受原假设

综上所述，本课题对股指期货市场与国债期货市场的动态相关关系进行了实证研究，并就三种不同国债期货合约与沪深 300 股指期货的波动溢出效应进行了实证分析。实证结论表明：股指期货市场和国债期货市场之间的动态相关系数均值显著为负，在样本数据期间内，股指期货市场与国债期货市场在绝大多数期间呈现负相关关系，两个市场间存在着紧密的动态负相关关系。在股指期货与三种国债期货合约的波动溢出效应方面，我们发现沪深 300 股指期货只与二年期国债期货合约存在显著的波动溢出效应，并且表现为从股指期货到二年期国债期货的单向波动溢出；而沪深 300 股指期货与十年期及五年期国债期货合约之间的波动溢出效应，表现为从国债期货市场到股指期货市场的单方向溢出，但是这一波动溢出效应并不显著。

六、　总结

由第四、第五部分的理论和实证分析，沪深 300 股指期货与二年期、五年期、十年期的国债期货合约表现出非常紧密的联系：在样本数据期间内，二者在绝大多数时刻呈现负相关关系，整个样本期间内的动态相关系数均值也显著为负。这说明股指期货市场和国债期货市场存在长期且稳定的负相关关系，这一点可类比债券市场和股票市场的负相关关系，符合经济学基础原理。

从股指期货和国债期货这两类衍生产品间的波动溢出效应来看，不同种类的国债期货合约与股指期货合约的波动溢出效应的最终结论有所不同。其中，沪深 300 股指期货与十年期和五年期的国债期货合约在 10% 的显著水平下都无法拒绝不存在波动溢出效应的原假设，实证结论显示十年期和五年期的国债期货与沪深 300 股指期货之间的波动溢出主要体现为从国债期货市场到股指期货市场的单向溢出，但这一波动溢出效应并不显著。而二年期国债期货与沪深 300 股指期货之间的波动溢出效应则表现为从股指期货到二年期国债期货的单向的波动溢出，在溢出方向上与十年期和五年期相反，并且是显著的。

参考文献

[1] 高汝召. 中国经济政策不确定性下的股票市场和国债市场间相关性研究 [D]. 南京：南京大学，2016.

[2] 刘文文，秦博. 国债期货推出对股指期货市场波动性与流动性的影响研究 [J]. 统计与决策，2015 (22)：167-171.

[3] 刘晓彬，李瑜，罗洎. 股指期货与现货市场间波动溢出效应探究 [J]. 宏观经济研究，2012 (7)：80-86.

[4] 蔺佳旭. 股指期货的波动溢出效应 [J]. 金融经济，2018 (8)：104-106.

[5] 王璐，庞皓. 中国股市和债市波动的溢出效应：基于交易所和银行间市场的实证研究 [J]. 金融论坛，2008 (9)：9-13.

[6] 曾志坚，江洲. 关于我国股票市场与债券市场收益率联动性的实证研究 [J]. 当代财经，2007 (9)：58-64.

[7] 郑振龙，杨伟. 金融资产收益动态相关性：基于 DCC 多元变量 GARCH 模型的实证研究 [J]. 当代财经，2012 (7)：41-49.

[8] 张宗新，张秀秀. 引入国债期货合约能否发挥现货市场稳定效应?：基于中国金融周期的研究视角 [J]. 金融研究，2019 (6)：58-75.

[9] BAELE L. Volatility spillover effects in european equity markets [J]. Journal of Financial & Quantitative Analysis, 2005, 40 (2)：373-401.

[10] CHAN K, CHAN K C, KAROLYI G A. Intraday volatility in the stock index and stock index futures markets [J]. Review of Financial Studies, 1991, 4 (4)：657-684.

[11] DE B M. Structure reforms in government bond markets [J]. JMF Working Paper, 1998 (8)：98-108.

[12] GAMBA-SANTAMARIA S, GOMEZ-GONZALEZ J E. Stock market volatility spillovers：evidence for latin america [J]. Finance Research Letters, 2016, 20 (C)：207-216.

[13] MIYAKOSHI T. Spillovers of stock return volatility to Asian equity markets from Japan and the US [J]. Journal of International Financial Markets Institutions & Money, 2003, 13 (4)：383-399.

[14] SEYFETTIN E, AYFER G, EMRAH S Ç. Volatility spillover effects between Islamic stock markets and exchange rates：Evidence from three emerging countries [J]. Borsa Istanbul Review, 2020, 20 (4)：322-333.

［15］SO R W，TSE Y. Price discovery in the hang seng index markets：index，futures，and the tracker fund ［J］. Journal of Futures Markets，2004，24（9）：887－900.

［16］YANG J，YANG Z，ZHOU Y. Intraday price discovery and volatility transmission in stock index and stock index futures markets：evidence from China ［J］. Journal of Futures Markets，2012，32（2）：99－121.

课题 12 大宗商品指数对我国国债期货价格变动的影响分析

摘要： 国债期货是一种利率衍生产品，分析国债期货价格变动影响因素具有重要的现实意义。本课题以当前发行的三种国债期货主力合约价格为被解释变量，大宗商品指数为核心解释变量进行线性回归。结果显示：大宗商品指数与三种国债期货价格均具有显著反向变动关系，其中对十年期国债期货影响最大，五年期次之，二年期影响最小。本课题同时也对其他控制变量进行了分析，对国债期货市场的发展有一定参考价值。

关键词： 国债期货；大宗商品指数；多元线性回归模型

一、 引言

国债期货起源于 1975 年，在美国芝加哥交易所上市。作为一种重要的利率风险管理工具，国债期货对促进利率市场有效运行有着至关重要的意义。1992 年 12 月，我国的第一张国债期货合约首次在上海证券交易所上市，但是当时监管不完善、投机氛围严重，使得国债期货价格恶意操纵事件频频发生，导致我国国债期货暂停。随着我国资本市场逐步发展，债券发行交易体系逐步健全，债券市场规模、活跃度及流动性水平大幅提升，伴随着利率市场化进程加快，利率的波动也更加频繁剧烈。因此，出于风险管理的需要，市场迫切需要利率衍生产品的面市。在此背景下，我国于 2013 年重启了五年期国债期货的上市，并在其后相继推出了十年期、二年期国债期货。

自我国国债期货市场重启以来，国债期货市场发展态势良好。首先从市场规模来看，2013 年以来我国国债期货的日均持仓量持续攀升，至 2021 年 5 月我国国债期货的日均持仓量为 21.86 万手，相比于 2013 年增长了 58 倍，这一方面是由于我国国债期货种类的增加，更重要的原因则是我国国债期货的投资者队伍不断扩大，反映了我国投资者规避利率风险的需求愈加旺盛。其次，我国国债期货市场还呈现出了结构型特征。到 2021 年 5 月我国十年期、五年期、二年期国债期货的日均成交量分别为 6.40 万手、2.54 万手、0.93 万手，日均持仓量分别为 13.05 万手、6.27 万手、2.53 万手，十年期国债期货无论在成交量还是持仓量方面都远远高于其他两个品种，流动性优势明显。

随着我国国债期货市场相关功能的逐步发挥，国债期货已经成为我国金融市场具有较大影响的金融工具。因此研究我国国债期货价格变动的影响因素就有着重大的现实意义，这既有利于投资者合理地利用国债期货进行风险管理与投机套利，也有利于促进市场的效率提升和功能完善。

对于国债期货而言，大宗商品价格变动与其有着密切的联系。当经济处于繁荣时期，大宗商品市场交易相对活跃，大量交易的背后体现对市场流动性需求，在其他条件不变的情况下，市场流动性趋紧时，将短期内推升市场利率，从而导致国债期货价格下跌。如果为了缓解市场的流动性压力、保证市场流动性充足、维护宏观经济稳定，中央银行有可能采取宽松的货币政策，从而使利率下降，导致国债现货价格上升，进一步使国债期货价格上升。因此，从短期来看，大宗商品市场对国债期货市场存在负面影响，而从长期看则有正面影响。

由此可见，从理论上看大宗商品价格与国债期货有着相互影响的关系，进一步，从市场实践的角度，我们希望清楚我国已经上市的三种国债期货的价格是否真的受到大宗商品价格的显著影响？其影响方向是怎样的？以及影响程度是否存在差异？

本课题通过选取 2018 年 8 月 17 日至 2021 年 5 月 20 日的市场样本数据，以大宗商品指数代表其价格变动，对大宗商品指数变动对三种国债期货价格变动的影响进行分析，得出以下结论：在其他因素不变的情况下，大宗商品指数作为核心解释变量对三种国债期货主力合约的价格变动均有显著的负向影响；另外，对于控制变量而言，利率和国债期货的成交量对三种国债期货合约均有显著影响，其中利率和国债期货价格呈反向变动关系，成交量和国债期货价格呈正向变动关系。但是股票指数只对五年期国债期货的价格有显著的负面影响，而对其他两种国债期货的价格影响不显著。

本课题其他内容安排如下：第二部分对相关文献进行回顾并评述，第三部分探讨大宗商品指数对国债期货价格影响的理论机制，第四部分介绍和处理样本数据并分别对三种国债期货进行实证检验，第五部分得出结论并提出有效建议。

二、　文献回顾

当前国内外关于国债期货价格影响因素的研究主要分为三个方向：宏观经济因素、市场技术性因素及其他投资品种。

（一）宏观经济因素对国债期货价格的影响

宏观经济因素通常包括了就业率、GDP、通货膨胀、货币政策等。

其中，从国外的相关文献来看，约翰（Jones）等人在1998年和弗莱明（Fleming）等人在1999年，以及波勒斯勒夫（Bollerslev）等人在2000年从宏观经济信息发布日的角度对美国国债期现货价格的影响进行了研究，得出一致结论：在宏观经济信息发布当日，当天国债期现货市场价格相比平时波动更加频繁、剧烈；并且PPI、CPI和就业率相比其他宏观经济因素对国债期现货的价格影响更大。吉姆（Kim）等人2001年对澳大利亚十年期国债期货市场进行研究，结果显示国债期货价格主要受通货膨胀、经常账户赤字、失业率、国内生产总值等宏观经济因素影响，其中账户赤字、通货膨胀、国内生产总值高于预期时会引起国债期货价格下降，而失业率上升反而会促使国债期货价格的上升。

从预期的角度来看。巴赫兹（Bakhizzi）等人2001年检验了未预期经济消息对国库券期货的影响，结果发现，若宣告的经济信息是市场未预期的，则信息将会显著影响国库券期货价格，其中受影响最大的是十年期国库券期货。帕帕萨纳西奥（Papadamou）在2013年进一步将货币政策变化划分为预期变化和未预期变化，并通过实证检验央行利率宏观调控对美国国债期现货市场的影响。结果显示，当政策属于可预期状态时，政策利率的变化对国债利率影响显著；而在面对未预期货币政策变化时，市场冲击可能会使得央行做出过度反应，进而对经济产生不稳定影响。

相比而言，国内的相关文献较少。邢晓晴和郭宇熙在2017年通过构建VAR模型与VEC模型对国债期货价格影响因素展开研究，结果显示国债期货价格受到通货膨胀率、经济周期、国债收益率、货币供应量的影响。

（二）市场技术性因素对国债期货价格的影响

从国外的研究来看。奥尔沃夫斯基（Orlowski）2015年将国债期货交易的时期划分为三个阶段：未有电子交易的阶段、电子交易飞跃发展时期、电子交易主导时期，并根据2008年金融危机进一步划分前后两个时期，探索美国十年期国债期货价格波动与交易量的动态关系。结果显示，在不同的分析阶段中，美国十年期国债期货的价格波动与交易量之间存在持续的负相关关系。孙（Sun）等人2015年探究了美国国债电子交易平台和美国国债期现货价格发现功能之间的关系，发现在美国国债电子交易平台中，交易量几乎被eSpeed、BrokerTec两平台瓜分，并且两电子交易平台的相对流动性与透明度存在着差异，这进一步导致平台之间不同国债合约的交易活跃度产生不同：其中eSpeed在30年期债券交易中相对活跃，BrokerTec则在二年期、五年期及十年期的债券交易中更为活跃；高频数据的检验发现两个交易平台对价格发现功能的贡献也存在差异。

（三）其他投资品种对国债期货价格的影响

从国外的研究来看，萨多斯基（Sadorsky）在 1999 年用美国三个月国库券利率、国际石油的价格和标普 500 收益指数构建 VAR 模型，实证结果表明国际石油价格冲击分别对国库券利率和标普 500 收益指数产生正向和负向影响。向（Hsiang）等人 2019 年则选择探讨美国国债期现货市场和股票市场之间的在金融危机期间的动态关系，结果显示三者在金融危机时期的联动性加强，这表明三个市场之间的波动率与收益率的相关性不仅来自其基本的共同运动，同时还受到金融危机冲击过度传播的影响。

从国内的研究来看，徐静 2015 年认为国债期货的定价从根本上受制于国债现货价格的形成，因此国债的供需通过影响国债价格，进一步影响着国债期货的价格；另一方面，通货膨胀率和货币供给也通过利率中介对国债期货价格产生影响。王玉霞和史家亮在 2017 年对我国国债期货的量价关系进行探索，结果发现当成交量与持仓量的波动变大时，国债期货的收益率波动也较大；相反，当成交量和持仓量波动变小时，国债期货的收益率波动也较小，这说明了国债期货的风险和收益之间呈现正相关关系。于永瑞 2017 年利用高频数据对国债期现货价格进行检验，结果显示国债期货的价格波动是国债现货价格波动的格兰杰原因，反之不然；从而他认为国债期货价格变动对国债现货价格的影响大于国债现货价格变动对国债期货价格的影响。

综上所述，通过梳理当前关于国债期货价格影响因素的相关文献，我们发现现有的研究重点主要有三个角度。第一，宏观经济因素对国债期货价格的影响，诸如 GDP、失业率、生产者物价指数、通货膨胀率等。第二，市场技术性因素对国债期货价格的影响。第三，其他投资品种价格对国债期货价格的影响，其中主要包括国债现货价格、股票价格、汇率、利率价格。在上述的三大角度中，从宏观经济因素的角度进行探索的研究相对较多。市场技术性因素的相关文献则往往基于一定的时代背景。以其他投资品种为出发点进行研究的文献中，一方面对于上述所提到的股票价格、汇率、利率价格对国债期货价格影响的分析中，并未深度解析且缺乏实证检验；另一方面，这些研究未对这些投资品种对国债期货价格的影响程度进行分析说明。

本课题同样选取其他投资品种对国债期货价格影响的研究角度，实证检验大宗商品价格对国债期货价格的影响，并且设置相关控制变量。不同于过往文献只选择一个国债期货品种进行研究，本课题研究大宗商品市场对三种国债期货主力合约价格的影响和影响程度，相对而言研究更加全面。本课题还对其余控制变量的影响展开分析，探究不同控制变量对国债期货价格的影响方向和影响程度。

三、 影响机制分析

大宗商品是指可以进入非零售流通领域，用于工农业生产和消费使用的大批量买卖的物质产品，主要包括能源商品、基础原材料和大宗农产品三种类别。在金融投资市场中，大宗商品主要是指可交易、同质化、被广泛用作工业基础原材料的商品，如原油、有色金属、钢铁等，并且可以以大宗商品为标的设计期权期货作为金融工具来交易，能够更好地实现价格发现和规避风险的功能。

从理论上看，一方面大宗商品作为国债期货的投资替代品对国债期货价格产生影响。当投资者可以从大宗商品等投资中获取更为可观的资本利得时，他们将会减少甚至放弃将资金投入国债期货。另一方面，大宗商品的价格也会从通胀和经济预期两个层面影响国债期货市场。在通胀预期层面，大宗商品通常作为工业基础原材料处于产业链的上游，因此大宗商品的价格波动将影响中下游企业的生产成本，进一步对市场中的物价产生显著影响。由此可知，当作为重要原材料的大宗商品价格普遍上涨时，市场对于通胀的预期将会提高，从而推升长期国债收益率，使国债期货价格降低。在经济预期层面，大宗商品价格变化会在一定程度上反映实体经济景气度：当大宗商品价格普遍上升时，意味着实体经济的景气度提升，市场的乐观预期将拉升长期国债收益率，从而降低国债现货价格，进一步降低国债期货价格；反之，当大宗商品价格普遍下降时，市场的悲观预期将拉低长期国债收益率，从而推升国债现货价格，进一步提升国债期货价格。

因此，我们通过对大宗商品指数对国债期货价格影响的定性分析可知，从短期来看，大宗商品价格指数变动将反向影响国债期货价格；而从长期来看，通过央行的宏观调控，国债期货价格会受到大宗商品价格正向影响。但是该结论还未得到有关学者的证实。因此本课题将从上述理论分析出发，探索我国国债期货价格是否受到大宗商品指数的影响，并进一步研究影响的方向。

四、 实证分析

为了进一步探究国债期货价格变动与大宗商品指数的关系，本部分基于前文的理论分析和我国三种国债期货的实际运行数据进行实证分析。

（一）样本选取与变量定义

本课题主要研究大宗商品价格对国债期货价格的影响。因此在被解释变量方面，选取我国五年期、十年期、二年期国债期货价格，相对以往文献更加全面。同时，为保证不同国债期货样本数据的采取时间一致，考虑到我国上市最晚的二年期国债期货合约发行于 2018 年 8 月 17 日，因此本课题采用 2018 年 8 月 17 日至 2021 年 5 月 20 日的五年期、十年期、二年期国债期货主力合约的日度数据分别作为三个模型的被解释变量。

解释变量方面，本课题选取大宗商品指数 BPI 代表大宗商品价格。BPI 是由生意社和国家金融信息中心指数研究院共同研发编制，并向全社会发布的商品指数，是国内大宗商品现货贸易中重要的行情指标。因此以 BPI 作为本课题的解释变量具备合理性和可行性，考虑到样本量须尽量大的要求，本课题选取 BPI 日度数据作为核心解释变量。

考虑到影响国债期货价格变动的其他因素，本课题还选取股票指数、利率及国债期货主力合约的成交量作为模型的控制变量，股票指数选用最具代表性的上证综合指数，利率则采用隔夜上海银行间同业拆放利率。最后剔除异常数据后，每组分别得到有效数据 667 个。相关变量定义如表 12-1 所示。

表 12-1　变量说明

变量名	释义	数据选取
CP5	五年期国债期货价格	五年期国债期货主力合约日收盘价
CP10	十年期国债期货价格	十年期国债期货主力合约日收盘价
CP2	二年期国债期货价格	二年期国债期货主力合约日收盘价
BPI	大宗商品指数	大宗商品指数日度数据
STOCK	股票指数	上证综指日收盘价
SHIBOR	利率	隔夜上海银行间同业拆放利率
JYL5	五年期国债期货交易量	五年期国债期货主力合约日成交量
JYL10	十年期国债期货交易量	十年期国债期货主力合约日成交量
JYL2	二年期国债期货交易量	二年期国债期货主力合约日成交量

（二）数据描述性分析

对样本数据进行描述性分析，结果如表 12-2 所示，在总样本期间，我国国债期货平均日收盘价二年期最高为 100.39 元，十年期最低为 98.10 元，五年期居中为 99.92 元，其中波动最大的为十年期国债期货，波动最小的为二年期国债期货，这可能与国债期货对应的交易量相关，十年期国债期货日交易量最大、交易最活跃，因此价格波动较大，二年期国债期货日交易量最小、交易最不活跃，因此价格波动较小；解释变量大宗商品指数均值为 852.62，标准差为 83.47；综合来看被解释变量 CP10、CP2、CP5、解释变量 BPI 以及控制变量 JYL10、JYL2、JYL5、SHIBOR、STOCK 均满足正态分布。

表 12-2　描述性统计结果

item	CP10	BPI	CP2	CP5	JYL10	JYL2	JYL5	SHIBOR	STOCK
Mean	98.098 32	852.623 7	100.392 4	99.919 01	45 954.47	6 870.163	13 918.24	1.965 770	3 036.635
Median	97.920 00	832.000 0	100.275 0	99.690 00	42 935.00	6 285.000	10 572.00	2.052 000	2 975.402
Maximum	103.470 00	1 069.000	102.780 0	105.195 0	121 408.0	38 899.00	59 755.00	3.282 000	3 696.168
Minimum	93.940 00	710.000 0	99.160 00	97.240 00	15 251.00	1.000 000	1 987.000	0.602 000	2 464.363
Std. Dev.	1.712 089	83.470 09	0.619 668	1.320 281	16 302.04	6 940.841	9 489.756	0.552 431	296.776 1
Skewness	0.543 244	0.561 083	1.430 565	1.311 733	0.820 304	1.418 867	1.019 316	-0.541 080	0.202 672
Kurtosis	3.796 210	2.676 266	6.194 108	5.626 753	3.636 197	5.424 036	3.894 429	2.523 111	2.013 127
Jarque-Bera	50.425 38	37.909 48	511.043 8	383.036 2	86.052 55	387.101 4	137.736 1	38.866 41	31.633 07
Probability	0.000 000	0.000 000	0.000 000	0.000 000	0.000 000	0.000 000	0.000 000	0.000 000	0.000 000

(三)　数据处理与模型构建

1. 单位根检验

考虑到相关数据都属于时间序列，为了避免非平稳时间序列建立模型产生"伪回归"现象，我们需要对进入模型的时间序列进行平稳性检验，本课题使用常见的 ADF 检验法检验时间序列的平稳性。在 5% 的显著性水平下检验结果如表 12-3 所示。

表 12-3　样本数据 ADF 检验结果

变量	ADF 检验值	5% 临界值	P 值	结论
CP5	−2.018 597	−2.865 663	0.278 9	不平稳
CP10	−2.363 960	−2.865 663	0.152 5	不平稳
CP2	−2.301 767	−2.865 663	0.171 7	不平稳
BPI	−0.305 323	−2.865 676	0.921 5	不平稳
STOCK	−1.452 765	−2.865 663	0.557 1	不平稳
SHIBOR	−5.593 229	−2.865 676	0.000 0	平稳
JYL5	−2.313 130	−2.865 689	0.168 1	不平稳
JYL10	−3.504 527	−2.865 689	0.008 2	平稳
JYL2	−1.729 973	−2.865 708	0.415 6	不平稳

可以看出，除上海银行间同业拆借利率和十年期国债期货主力合约成交量数据以外，其余时间序列均不平稳，因此对其余数据进行差分处理，处理后的 ADF 检验结果如表 12-4 所示。

表 12-4　差分处理后 ADF 检验结果

变量	ADF 检验值	5% 临界值	P 值	结论
DCP5	−23.527 87	−2.865 669	0.000 0	平稳
DCP10	−24.505 88	−2.865 669	0.000 0	平稳
DCP2	−19.796 55	−2.865 676	0.000 0	平稳
DBPI	−9.042 296	−2.865 676	0.000 0	平稳
DSTOCK	−25.618 12	−2.865 669	0.000 0	平稳
DJYL5	−19.946 74	−2.865 689	0.000 0	平稳
DJYL2	−15.802 19	−2.865 708	0.000 0	平稳

结果显示，非平稳数据 CP10、CP5、CP2、BPI、STOCK、JYL5、JYL2 经过差分处理后均变得平稳，因此模型的变量存在两个以上的一阶单整关系，可以进行 johansen 协整检验。

2. 协整检验

根据协整检验的结果（见表 12-5、表 12-6、表 12-7），三个模型均拒绝了不存在协整关系的原假设，即五年期、十年期、二年期国债期货均分别与大宗商品指数、股票价格指数、利率、对应期货的成交量存在长期均衡关系，因此可以进一步构建多元线性回归模型。

表 12-5　五年期国债期货模型协整检验结果

原假设	特征根	检验统计量	5%临界值水平	P 值
没有协整关系 *	0.070 689	90.684 48	69.818 89	0.000 5
至多一个	0.036 523	42.151 83	47.856 13	0.154 5
至多两个	0.019 170	17.520 77	29.797 07	0.601 5
至多三个	0.006 960	4.706 871	15.494 71	0.839 1
至多四个	0.000 126	0.083 327	3.841 466	0.772 8

表 12-6　十年期国债期货模型协整检验结果

原假设	特征根	检验统计量	5%临界值水平	P 值
没有协整关系 *	0.067 488	96.988 74	69.818 89	0.000 1
至多一个 *	0.040 099	50.732 82	47.856 13	0.026 2
至多两个	0.027 741	23.640 28	29.797 07	0.216 1
至多三个	0.007 501	5.016 467	15.494 71	0.807 1
至多四个	4.86E-05	0.032 185	3.841 466	0.857 6

表 12-7　二年期国债期货模型协整检验结果

原假设	特征根	检验统计量	5%临界值水平	P 值
没有协整关系 *	0.069 354	78.974 68	69.818 89	0.007 8
至多一个	0.027 272	31.392 44	47.856 13	0.645 4
至多两个	0.012 402	13.087 34	29.797 07	0.887 6
至多三个	0.007 253	4.825 798	15.494 71	0.827 0
至多四个	1.08E-05	0.007 119	3.841 466	0.932 2

（四）实证结果

1. 五年期国债期货误差修正模型

以五年期国债期货主力合约收盘价日度数据 $CP5$ 作为被解释变量进行线性回归，回归结果如表 12-8 所示。

表 12-8 五年期国债期货模型回归结果

变量	相关系数	标准差	t 统计量	p 值
	109.526 6	0.439 133	249.415 3	0.000 0
BPI	−0.007 931	0.000 421	−18.832 15	0.000 0
STOCK	−0.000 724	0.000 135	−5.355 989	0.000 0
SHIBOR	−0.647 670	0.062 710	−10.328 06	0.000 0
JYL5	4.51E−05	4.46E−06	10.110 33	0.000 0

由结果可以得出，在 5% 的显著性水平下，大宗商品指数与五年期国债期货主力合约的价格确实呈反向变动关系，与理论分析的结果相一致，并且其相关系数为−0.007 931，这意味着当大宗商品指数上浮 1 个点时，五年期国债期货主力合约的价格将约下降 0.008 元。

同时控制变量也对五年期国债期货价格产生不同的显著影响：其中上证综指、隔夜上海银行间同业拆放利率与五年期国债期货主力合约价格呈反向变动关系，上证综指上升 1 个点将使五年期国债期货价格下降 0.000 7 元，利率上升 1 个百分点将使五年期国债期货价格下降 0.65 元；而五年期国债期货的价格和成交量也呈现出显著的反向变动关系。

五年期国债期货的价格变动与上证综指呈反向变动关系，可能是因为股票与债券同样作为投资品，但是风险收益特征不同，使二者存在一定的替代性，因此在短期内股票价格的升高可能会对国债期货价格产生负面影响。而利率则主要通过国债现货对国债期货价格产生负面影响。

因此可得五年期国债期货价格影响因素的线性回归模型如下：

$$CP5_t = 109.526\ 6 + (-0.007\ 931)\ BPI_t + (-0.000\ 724)\ STOCK_t +$$
$$(-0.647\ 670)\ SHIBOR_t +$$
$$(4.51E-05)\ JYL5_t$$
$$(R^2 = 0.631\ 019\ RSS_{UR} = 0.628\ 790)$$

2. 十年期国债期货模型

以十年期国债期货主力合约收盘价日度数据 CP10 作为被解释变量进行线性回归，回归结果如表 12-9 所示。

表 12-9 十年期国债期货模型回归结果

变量	相关系数	标准差	t 统计量	p 值
	110.033 7	0.585 987	187.775 0	0.000 0
BPI	−0.012 515	0.000 549	−22.776 64	0.000 0
STOCK	−0.000 243	0.000 159	−1.532 440	0.125 9

表12-9（续）

变量	相关系数	标准差	t 统计量	p 值
	110.033 7	0.585 987	187.775 0	0.000 0
SHIBOR	-0.685 999	0.082 737	-8.291 337	0.000 0
JYL5	1.79E-05	3.03E-06	5.894 523	0.000 0

由回归结果可以看出，十年期国债期货价格变动同样与大宗商品指数呈反向变动关系，与理论分析相一致，并且相关系数-0.012 515 在 5% 的水平下显著，这意味着当大宗商品指数上浮 1 个点时，十年期国债期货价格将下降 0.012 515 元。相比于五年期国债期货而言，十年期国债期货受到大宗商品指数的影响更大，这可能是因为十年期国债期货的交易活跃程度更高，当大宗商品指数变动时，通胀和经济预期的作用下会使得十年期国债期货价格受到的影响相对更大。

同时，与五年期国债期货模型相同，上证综指和隔夜上海银行间拆借利率与十年期国债期货价格呈反向变动关系，而成交量则产生正向影响。但不同的是，十年期国债期货价格受上证综指的影响并不显著。这可能是因为十年期国债期货相对五年期国债期货上市时间更晚，并且股票指数与国债期货相比风险特征明显不同，因此与国债期货作为利率风险管理工具的投资目的重合度不高，在双重作用下，股票指数作为投资替代品对去十年期国债期货价格的负面影响并不显著。

最终可得十年期国债期货的线性回归模型如下：

$$CP10_t = 110.033\ 7 + (-0.012\ 515) BPI_t + (-0.000\ 243) STOCK_t + (-0.685\ 999) SHIBOR_t + (1.79E - 05) JYL5_t$$

$$(R^2 = 0.616\ 848\quad RSS_{UR} = 0.614\ 533)$$

3. 二年期国债期货模型

以二年期国债期货主力合约日收盘价 CP2 作为被解释变量进行线性回归，回归结果如表 12-10 所示。

表 12-10 二年期国债期货模型回归结果

变量	相关系数	标准差	t 统计量	p 值
	104.708 8	0.229 092	457.060 9	0.000 0
BPI	-0.003 902	0.000 217	-17.943 11	0.000 0
STOCK	-7.85E-05	5.81E-05	-1.350 932	0.177 2
SHIBOR	-0.401 111	0.031 866	-12.587 26	0.000 0
JYL5	5.39E-06	2.49E-06	2.163 772	0.030 8

由回归结果可以看出，二年期国债期货价格变动同样与大宗商品指数呈反向变动关系，与理论分析相一致，并且相关系数-0.003 902 在 5% 的水平下显著，这意味着当大宗商品指数上浮 1 个点时，二年期国债期货价格将下降 0.003 902 元。相对其他两种国债期货而言，二年期国债期货价格受大宗商品指数的影响最小，这也与前文的交易活跃程度分析相一致。二年期国债期货的交易活跃程度最低，受到大宗商品指数的影响最小；十年期国债期货的交易活跃度最高，从而受到大宗商品指数的影响最大。

同时，与前 2 个国债期货模型相同，上证综指和隔夜上海银行间拆借利率与十年期国债期货价格呈反向变动关系，而成交量则产生正向影响，其中利率和成交量的影响显著，而股票指数的影响不显著。股票指数影响不显著的结果也与前文十年期国债期货模型的分析相一致，二年期国债期货上市时间最晚，因此受到股票指数的影响也最不显著。

最终可得二年期国债期货的线性回归模型如下：

$$CP2_t = 104.708\ 8 + (-0.003\ 902)\ BPI_t + (-7.85E-05)\ STOCK_t +$$
$$(-0.401\ 111)\ SHIBOR_t +$$
$$(5.39E-06)\ JYL5_t$$
$$(R^2 = 0.546\ 444\ RSS_{UR} = 0.543\ 704)$$

（五）模型结果对比分析

通过三个模型的实证检验，我们可以对比得出大宗商品指数及其他控制变量对我国三种国债期货价格的影响程度的区别。

第一，大宗商品作为本课题的核心解释变量，对十年期国债期货价格影响程度最大，五年期次之，二年期最小。具体而言，在其他影响因素不变的情况之下，当大宗商品指数变动一个点时，十年期国债期货的价格会下降 0.012 515 元，五年期国债期货价格会下降 0.007 931 元，二年期降幅最小，为 0.003 902 元。

第二，比较控制变量的影响。在控制变量中，利率和股票指数对三种国债期货的价格产生负向影响，国债期货的成交量则分别对国债期货的价格产生正向影响。其中，利率对三种国债期货价格的影响均显著，并且对十年期国债期货的影响最大，五年期次之，二年期影响最小。当利率上升 1 个百分点时，十年期、五年期、二年期国债期货的价格分别下降 0.685 999 元、0.647 670 元和 0.401 111 元。而除五年期国债期货以外，股票指数对十年期、二年期国债期货价格的影响均不显著。同时，实证结果也表明，国债期货的成交量均会显著影响自身的价格，其中受影响最大的为二年期国债期货，五年期次之，十年期国债期货价格受到的影响程度最小。

五、 结论及建议

（一）结论

根据前文实证检验的结果可知，与理论分析相一致，大宗商品指数对 3 种国债期货主力合约的价格变动均会产生显著的负面影响，其中对十年期国债期货的影响最大，五年期次之，二年期影响最小。另外，不同控制变量对不同国债期货价格的影响则不同：利率对三种国债期货的价格均产生显著的负面影响；股票指数则只对五年期国债期货的价格有显著影响；国债期货的成交量也与对应国债期货价格产生较为显著的正面影响。

实证检验的结果表明，大宗商品对国债期货价格有负面影响。这是由于一方面大宗商品对于国债期货而言类似一种投资替代品，当投资者可以从大宗商品等投资中获取更为可观的资本利得时，他们将会减少甚至放弃将资金投入国债期货；另一方面，大宗商品的价格也会从通胀和经济预期两个层面影响国债期货市场。在通胀预期层面，当作为重要原材料的大宗商品价格普遍上涨时，市场对于通胀的预期将会提高，从而推升长期国债收益率，使国债期货价格降低。在经济预期层面，当大宗商品价格普遍上升时，意味着实体经济的景气度提升，市场的乐观预期将拉升长期国债收益率，从而降低国债现货价格，进一步降低国债期货价格。因此综合来看大宗商品价格与三种国债期货的价格都存在显著的反向变动关系。

同时，从本课题的实证结果可以看出，利率对于国债期货市场所产生的影响还不够强，说明当前由银行间利率向国债收益率传导的路径顺畅度还有待提升，银行间利率与国债价格的联系还不够紧密。并且，即使利率能够有效传导并影响我国国债收益率，但现实市场中存在非理性情绪、交易成本等因素，也会使国债期货的实际价格偏离未来现金流现值决定的理论价格，从而使国债期货价格与利率市场相关度较低。

最后，股票指数只对五年期国债期货的价格有显著的负面影响，对其余两种国债期货价格影响不显著。这与三种国债期货的上市时间长短一致，五年期国债期货上市最早，因此受到股票市场替代作用的影响最大。从理论上看，股票指数可以被看作国债期货的投资替代品，这也可以由模型的相关系数得以论证，但股票投资的风险性更高而安全性更低，与国债期货作为利率风险管理工具的投资目的重合度不高，因此股票指数对国债期货的价格影响可能不如其他因素显著。

本课题的主要贡献如下：一是当前国内关于国债期货的研究主要集中于国债期货本身，尽管有论文分析了大宗商品指数是国债期货价格变动的影响因素，但是对于影响程度并未得出具体结论。本课题则利用多元线性回归模型进一步探讨了大宗商品指数如何影响国债期货价格变动，并得出二者的相关系数，具有一定的预测性。二是本课题同时对目前上市的三种国债期货展开研究，相对而言更加全面，三是本课题通过设置控制变量使模型的拟合度提高，并得出控制变量对于国债期货价格变动的影响程度，相对来说研究更加深入、研究结果更加清晰。

（二）建议

针对前文理论及实证分析，我们提出以下的对策和建议：

对于决策者和监管者而言，其要对可投资的国债期货品种进行完善，改善国债期货市场，使其发挥更好的作用。并且，我国债券期现货的市场交易渠道较为单一，主要通过银行柜台、交易所和少量的场外交易，这三种交易渠道之间缺少相互沟通协作的机制，因此应当注重推进流通市场的统一，进一步完善国债的收益率曲线，以更好发挥国债期货利率风险管理和价格发现的作用。

对于投资者来说，其对国债期货市场进行投资时，应首先对大宗商品市场走势进行重点关注，注重投资替代品的价格变动，以及风险偏好变化对国债期货价格的冲击，即当大宗商品市场交易和投资活跃、需求旺盛之时，应当适当降低国债期货的投资比重。同时，要时刻留心资金面的变动情况，应当正确认识当前经济的资金面及基本面，对央行实施的货币政策时刻保持关注，以及时采取正确的措施规避风险。

参考文献

［1］戴志敏. 我国国债期货价格变动分析［J］. 浙江大学学报（社会科学版），1994（3）：79-86.

［2］张宏良. 对国债期货交易价格波动影响因素的分析［J］新疆金融，1995（5）：38-40.

［3］邢晓晴，郭宇熙. 五年期国债期货价格的影响因素分析［J］. 科学与管理，2017，37（6）：17-22.

［4］徐静. 我国国债期货定价与交易策略浅析［J］. 价格理论与实践，2015（10）：102-104.

［5］王玉霞，史家亮. 我国国债期货动态价量关系研究［J］兰州财经大学学报，2017，33（3）：1-14.

［6］于永瑞. 基于高频数据的国债期货与现货价格关系研究［D］. 哈尔滨：哈尔滨工业大学，2017.

［7］JONES C M，LAMONT O，LUMSDAINE R L. Macroeconomic news and bond market volatility［J］. Journal of Financial Economics，1998（47）：

315-337.

[8] FLEMING, REMOLONA. Price formation and liquidity in the US ttrasury market: the response to public information [J]. Journal of Financial Economics, 1999 (5): 1901-1915.

[9] Announcement effects in the US Treasury bond market [J]. Journal of Empirical Finance, 2000 (7): 35-37.

[10] KIM SJ, SHEEN J. Minute-by-minute dynamics of the Australian bond futures market in response to new macroeconomic information [J]. Journal of Multinational Financial Management, 2001 (11): 117-137.

[11] BALDUZZI, ELTON, GREEN. Economic news and bond prices: evidence from the US treasury market [J]. Journal of Financial and Quantitative Analysis, 2001, 36 (4): 523-543.

[12] STEPHANOS PAPADAMOU S. Market anticipation of monetary policy actions and interest rate transmission to US Treasury market rates [J]. Economic Modelling, 2013 (33): 545-551.

[13] KIM, SHEEN. International linkages and macroeconomic new effects on interest rate volatility Australia and the US [J]. Pacific-Basin Finance Journal, 2000 (8): 85-113.

[14] MILL T C, MILLS A G. The international transmission of bond market movements, bulletin of economic research, 1991 (43): 273-281.

[15] LUCJAN T O. From pit to electronic trading: Impact on price volatility of US Treasury futures [J]. Review of Financial Economics, 2015 (25): 3-9.

[16] SUN Z W, DUNNE P G, LI Y W. Price discovery in the dual-platform US Treasury market [J]. Global Finance Journal, 2015 (28): 95-110.

[17] SADORKY P. Oil price shocks and stock market activity [J]. Energy Economics, 1999 (21): 315-337.

[18] DUNGEY M, HVOZDYK L. Cojumping: evidence from the US treasury bond and futures markets [J]. Journal of Banking Finance, 2012 (36): 1563-1575.

[19] LIU H H, WANG T K, LI W. Dynamical volatility and correlation among US stock and treasury bond cash and futures markets in presence of financial crisis: a copula approach [J]. Research in International Business and Finance, 2019 (48): 381-396.

课题 13　投资者情绪对我国国债期货波动率的影响

摘要： 国债期货作为金融市场上重要的套期保值工具之一，在我国发展历史不长，却日益发挥着不可替代的作用。本课题从一个非理性的视角研究投资者情绪与国债期货波动率之间的关系，以五年期国债期货合约作为研究对象，采用广义条件异方差模型（GARCH）分析 2018 年 1 月 1 日到 2020 年 12 月 31 日的周度交易数据，计算国债期货收益波动率；同时，选取利率债市场相关指标通过主成分分析法（PCA）构造投资者情绪综合指标，将其作为本课题的投资者情绪变量；并且，建立向量自回归（VAR）模型，探索分析两者之间的相关关系。我们发现国债期货收益率的波动率与投资者情绪正相关，投资者情绪越强烈，国债期货收益率的波动就越明显。

关键词： 国债期货；波动率；投资者情绪；主成分分析

一、引言

国债期货（treasury bond futures）作为金融市场上重要的利率衍生产品，对我国资本市场的完善起着十分重要的作用。我国国债期货从 2013 年恢复交易后，合约品种逐渐增加，交易规模与日俱增，金融功能得到逐步发挥，针对国债期货的相关研究也取得一些成果。刘成立、周新苗在 2017 年认为国债期货在一定程度上提高了我国国债现货市场的定价能力，使得国债收益率曲线更为平滑，有助于推进国债的发行；周敦辉等人 2015 年认为国债期货的上市有利于利率市场的稳定，能够辅助市场优化基准收益率体系，从而在一定程度上降低了利率风险；何平等人在 2017 年通过对我国国债期货恢复交易以来国债期货对利率市场波动性的影响研究，发现国债期货能够促进国债市场的发展，随着国债期货合约品种的增加，利率市场的稳定性逐步提高；2019 年曾芸等人研究认为，国债期货市场的发展有助于完善货币政策的传导机制。

反映国债期货市场运行特征的指标之一波动性（volatility）也是学者关

注的重点。国内外学者对此也做过有益的研究，郑杰文和贡斯克金（Jaewon Jung & Kungsik Kim）在 2011 年认为国债期货具有长期记忆性，通过对韩国国债期货相关数据的实证分析，发现国债期货历史的波动和当前的波动不是相互独立的，过去的结果对现时仍然有影响；陈仁朗和叶世因（Ren-raw Chen & Shih kuo Yeh）在 2012 年通过研究发现，短期国债期货的波动与时间呈正相关关系，时间越长，国债期货波动幅度就越剧烈。国内学者吴胜林 2013 年通过对比国债期货推出前后的国债现货市场发展发现，推出前国债现货的价格波动幅度大，推出后国债收益率曲线更加平滑；霍莹莹和王力在 2016 年通过 TGARCH 模型研究我国短期国债期货市场指数，在研究中发现长期记忆性同样存在于我国国债期货市场，同时还存在杠杆效应；邓亚东、王波 2018 年发现期货收益率具有厚尾现象，以商品期货的高频数据为基础，通过比较不同的损失函数，发现将波动率模型的扰动项设为厚尾分布能够更好地拟合商品期货市场的波动性，其中扰动项服从 ghst 分布，具有更好的波动率预测性。以上研究主要集中在国债期货市场波动性与波动率产生的影响上。本课题试图从影响波动率的非理性因素方面做一些探索。

已有研究表明投资者情绪在资产交易行为和资产价格形成过程中发挥着重要的作用。国内外学者从行为金融学角度对证券市场股价波动、羊群效应、处置效应、MAX 异象等问题进行了广泛而深入的研究。借鉴其研究逻辑，本课题针对国债期货波动率，从投资者非理性视角出发，在分析投资者情绪变量并构建投资者情绪综合指数的基础上，通过适当的模型拟合国债期货波动率与投资者情绪，分析投资者情绪对国债期货波动率的影响。

具体实证过程中，我们首先通过分析国债期货收益率特征，发现其具有波动聚集性，并对历史波动率采用 GARCH 模型拟合波动率变量，得到国债期货收益波动率的拟合公式；其次，通过选取包括银行间 7 日回购利率、7 日回购定盘利率、6 个月同业存单利率、3 个月 Shibor 利率及 Shibor 利差、隐含波动率预期作为投资者情绪基础指标，利用 PCA 方法对基础指标进行降维处理，得到利率债市场投资者情绪综合指标；最后通过建立 VAR 模型分析了国债期货收益波动率和投资者情绪的相互关系。

现有关于国债期货市场的研究主要针对国债期货的套期保值功能、市场效率、与其他市场的联动研究等，关于国债期货收益波动率影响因素的文献很少；同时关于投资者情绪的文献主要集中于研究投资者情绪和股票市场的关系，以及与商品期货市场的关系。本课题将研究聚焦到非理性的国债期货市场，从行为金融的角度探索国债期货收益波动率与投资者情绪之间的联动关系。

本课题后续安排如下：第二部分进行相关文献的梳理，第三部分进行了国债期货收益波动率的分析，以及投资者情绪指标的构建，第四部分为实证部分，利用 VAR 模型分析投资者情绪与国债期货收益波动率之间的关系，第五部分总结全文。

二、　相关文献综述

（一）投资者情绪的解释

对投资者情绪的研究在 20 世纪 70 年代就已经出现，茨威格（Zweig）在 1973 年将投资者在金融资产定价时因自身主观判断而产生的定价误差定义为投资者情绪；德朗（De Long）等人在 1990 年认为投资者情绪类似于系统性风险，没有办法消除；巴伯里斯（Barberis）1998 年从投资者交易行为表现的角度，发现当出现利好消息时，投资者会过度反应认为价格会大涨，相对而言对利空消息反映不足，抱有侥幸心理；布朗（Brown）和克利夫（Cliff）在 2004 年将投资者情绪定义为投资者对市场消息的反应程度。

投资者情绪（investor sentiment）的度量方法是研究投资者情绪相关问题的前提与基础。现有理论文献中有两类刻画投资者情绪的方法。一种是直接指标，通过对投资者进行问卷调查，直接获取投资者对当前市场的看法，现如今随着计算机技术的发展，该方法主要通过提取各个社交平台、媒体相关评论来拟合投资者情绪；另一种是利用各种数学方法对市场公开交易数据进行分析，构造综合性情绪指标。例如，主要运用投资者对股价的预期与股票价格实际分布的期望值的差值来衡量投资者的情绪，以及利用投资者对股价上涨和下跌概率的非理性预期和理性预期之差来衡量投资者情绪。

费希尔（Fisher）等人 2000 年研究发现投资者在实际交易中，并不一定按照自己对未来的预期来行事，也就是说投资者在看涨的情况下不一定会买入，在看跌的时候不一定会卖出，因此按照第一种方式获取的投资者情绪并不能真正反映投资者在真实交易决策过程中的情绪；费斯汀格（Festinger）1957 年在此基础上将这种现象进行了归因，他认为这可能是由于投资者在决策时担心，看跌时卖出后证券价格上涨，看涨时买入后证券价格却下跌，并由此引发自己后悔厌恶的情绪，从而不愿意接受新的信息而改变自己之前的信念。

投资者情绪除了受到投资者个人偏好、心理特征的影响，宏观经济周期的变化、政策的引导等方面也会显著影响投资者情绪。在经济繁荣时期，生产厂商产量增加，工人工资提升，按照凯恩斯货币理论，投机性货币增加就会有更多的资金流入资本市场，厂商获得更多投资，从而推动生产扩张，导致投资者情绪高涨；反之经济衰退时，投资减少，产量下降，投资者情绪低迷。国内外众多学者在研究中都发现了投资者情绪与宏观经济之间的关系。

1995 年松萨卡（Matsusakaa）和伯斯顿（Sbordone），2004 年卢德维格松（Ludvigson），2006 年贝克（Baker）和伍格勒（Wurgler）等在研究发现宏观经济走向繁荣时，投资者情绪同样跟着高涨，经济衰退时，投资者信心也随之衰减；王擎 2004 年在文章中表明，为了保证投资者情绪测量的准确性、客观性，必须将宏观经济因素从情绪指标中去除。

贝克和伍格斯 2006 年在研究中选取封闭式基金折价、交易量、IPO 数量及上市首日收益、股利收益、股票发行/证券发行比例 6 个基础性指标，在剔除宏观经济因素后，通过相关数学方法构造了投资者情绪综合指标。

（二）投资者情绪与股票市场

利斯（Lees）2002 年引入数学模型来构造投资者情绪，研究其与股票收益率之间的相关关系。研究表明，投资收益率越高，投资者情绪越高涨；与之相反，波动率越高，投资者情绪越低迷。这可能是由于投资者不愿承担风险的缘故。施梅林（Schmeling）2009 年将消费者信心指数作为投资者情绪的代理变量，验证了投资者情绪能够影响股票收益率，并且情绪高涨收益率反而下降。德吉亚德和塞奥洛戈斯（Dergiades & Theologos）在 2012 的基于纽约证交所交易的股票数据，运用计量经济模型研究发现，投资者情绪可以在一定程度上预测股票未来走势，一般情绪高涨时，股票价格上涨，随着时间增长收益率收敛于投资者情绪的均值。洪（Hong）和丹尼斯（Dennis）是价值投资的支持者，他们认为虽然股票的价格由其内在价值决定，但是股票价格的日常波动大多时候都偏离内在价值，而偏离的原因正是投资者主观情绪的驱动。

王美今和孙建军 2004 年在实证中证明了投资者情绪对股票收益率和波动率有显著的影响。余佩琨、钟瑞军 2009 年认为股票收益的变化会引起投资者情绪的变化，即股票收益率上升，投资者情绪高涨，反过来投资者情绪高涨，股票收益却不一定上升，比如牛市末期投资者情绪空前高涨，价格却下降，同时他们得出了机构投资者比个人投资者更为理性的结论。池丽旭和庄新田 2009 年将投资者情绪分为理性情绪和非理性情绪，通过对比研究上市公司股权分置改革前后的数据发现，不同投资者情绪对股票收益率的影响存在巨大的区别。杨阳、万迪昉 2010 年认为虽然不同种类的投资者情绪对股票收益率有不同的影响，但是对短期市场而言区别很小。马勇等人 2020 年基于 2003 年到 2017 年中国 A 股数据研究表明，引入投资者情绪后，资本资产定价模型的有效性得到了提升，因此，我国股票的价格是由公司基本面信息和投资者情绪共同影响的；同时他们通过进一步研究发现，对于顺经济周期的企业而言，投资者情绪能够放大经济周期的影响，对于非周期性企业而言，投资者情绪高涨时，价格下降，情绪下跌时，价格反而上涨。在如美国、德国、英国等国家的股市中，投资者情绪也与股票定价呈显著相关关系，并且投资者情绪存在跨国传染效应。

（三）投资者情绪与期货市场

王（Wang）2001 年通过农业期货市场和金融期货市场对比分析发现，投资者情绪对前者的市场作用是负面的，后者则是积极的。姚政（Zheng Yao）2014 年认为在股票市场投资者情绪低迷时，做空商品期货，在投资者情绪高涨时，做多商品期货可能产生有利可图的回报。高琳（Lin Gao）和蒂芬（Stephan）2015 年在研究投资者情绪与商品期货收益率之间的关系发现：随着大宗商品期货交易规模的增大，投资者情绪对商品期货收益率的影响在逐渐增大，商品期货投资者获得了额外的风险溢价，具有低未平仓率、高波动性、低动量的商品期货更受投资者的欢迎。

隋颜休和郭强 2014 年将投资者情绪与石油期货一起研究，利用结构断点法发现，投资者情绪的长期投机因素对石油价格的波动有明显的影响。刘林和杨文静 2016 年以期货成交量来作为期货市场投资者情绪的代理变量，研究投资者情绪与期货市场间的相关关系。柳松等人 2017 年通过对原油市场的研究发现，投资者情绪对原油期货市场收益率具有不可忽视的作用。陈标金和谭莹 2017 年将投资者情绪表示为成交量和持仓量的共同作用。刘金娥在 2017 年通过研究发现，中国黄金期货波动率是投资者情绪变化的格兰杰原因，短期内相关但长期不相关。陈志毅在 2017 年认为期货市场对现货市场具有保护功能，与此同时，投资者情绪增大了其不确定性。周亮 2018 年在实证研究中将期现价差、成交量、动量、持仓量分别与期货价格进行分析研究发现，期现价差对期货价格没有明显的影响，成交量与期货价格呈负相关关系，持仓量、动量和波动率与期货价格存在着显著的正相关关系。唐志武和刘欣 2020 年在研究沪深 300 股指期货定价偏差和投资者情绪之间的关系时发现，投资者情绪变化越剧烈，定价偏差越明显，并且定价偏差也会反作用于投资者情绪。

综上表明，国内外相关文献主要集中于对投资者情绪与证券市场及商品期货市场的研究，重点研究了投资者情绪与波动率、收益率的关系。本课题在前人对相关市场研究方法的基础上，将投资者情绪引入国债期货市场，对投资者情绪和国债期货收益波动率之间的相关关系进行了探索。

三、　研究方法与数据

国债期货市场对新信息的反应强烈程度在投资者情绪的影响下有所降低，其价格发现、政策传导等功能因此削弱。在投资者情绪高涨（消沉）的时候，噪声交易者在市场中规模扩大，使得国债期货收益趋于不稳定。本课题接下来以国债期货收益波动率和投资者情绪为主题展开研究，首先是数据的选取，其次是国债期货收益波动率变量和投资者情绪综合指标的构建，最后通过向量自回归模型研究两者相关关系。

（一）数据选取

国债期货日内有多个品种同时进行交易，其中五年期国债期货发展时间长，相比于二年期、十年期国债期货更具有代表性。受 2019 年年底全球新冠疫情的影响，投资者情绪变化明显，本课题选取五年期国债期货 2018 年 1 月 1 日到 2020 年 12 月 31 日的主力合约的每日结算价作为指标变量，涵盖了疫情前后时间的数据。为了使数据更平稳，降低数据的异方差和共线性，同时利于直接观察收益率，本课题对所有变量进行对数化处理。根据王中和郭栋的利率债市场投资者情绪复合指标选取方式，本课题选取银行间市场 7 天质押式回购利率、7 天回购定盘利率、同业存单利率、3 个月 Shibor 利率 2018 年 1 月 1 日到 2020 年 12 月 31 日的日度数据作为构建投资者情绪综合指标的基础数据。为了避免节假日等因素对缺失值的影响，我们对以上数据全都进行周度处理，共得到 5 组数据，每组 156 个。数据均来自 wind 数据库。

（二）国债期货波动率

1. 研究方法

波动率是反映金融市场特征的重要指标，体现了金融资产价格的变化剧烈程度，反映了金融资产的风险水平，衡量了资产收益率的不确定程度。波动率产生的原因主要来自系统风险、非系统风险及投资者心理状态或预期的变化所产生的作用。波动率在风险管理、投资组合优化、期权定价、市场监管等方面都扮演着重要的角色，国债期货作为国债现货的套期保值工具，在促进国债发行、提升利率市场稳定性等方面具有重要作用，因此对国债期货波动率研究具有深远意义。从波动率的计算方法来看，其主要分为实际波动率、历史波动率、隐含波动率、已实现波动率等；从波动率类型来看，其又可分为价格波动率和收益波动率。本课题以国债期货收益率的历史波动率作为波动率的指标，通过 GARCH 模型拟合计算国债期货历史收益率的波动率。

首先，本课题的国债期货收益率采取对数化收益率，对收益率对数化能够在不影响数据异方差和共线性的前提下，提高数据的平稳性；同时，可以将收益率计算转化为减法运算，便于计算。计算公式为：

$$R_t = \ln P_t - \ln P_{t-1} \tag{1}$$

其中 R_t 为国债期货收益率，P_t 为国债期货每日收盘价，t 表示时期。

从图 13-1 可以看出国债对数收益率波动的集群现象：波动在一段时间

内较小，在一段时间内较大。由于国债期货收益率具有波动聚集的特征，本课题在国债期货历史投资回报率波动的基础上，通过 GARCH 模型计算国债期货的预期波动率。

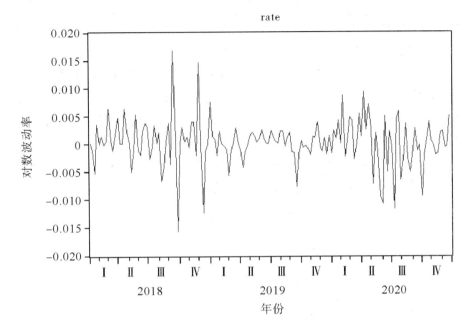

图 13-1　国债期货对数收益率

GARCH 模型是波勒斯勒夫（Bollerslev）1986 年在 ARCH 的基础上提出的一个推广形式，避免了 ARCH 模型参数很多的情况，其基本形式为：

$$a_t = \sigma_t \, \varepsilon_t \tag{2}$$

$$\sigma_t^2 = \alpha_0 + \sum_{i=1}^{m} \alpha_i \, a_{t-i}^2 + \sum_{j=1}^{s} \beta_j \, \sigma_{t-j}^2 \tag{3}$$

其中 $a_t = r_t - u_t$，表示 t 时刻的新信息，即资产收益率的扰动项，ε_t 是均值为 0，方差为 1 的独立同分布随机变量序列，$\alpha_0 > 0$，$\alpha_i \geq 0$，$\beta_j \geq 0$，$\sum_{i=1}^{max(m, s)} (\alpha_i + \beta_j) < 1$，对 $\alpha_i + \beta_j$ 的限制条件保证 a_t 的无条件方差是有限的，同时条件方差 σ_t^2 是随时间变化的。

我们通过以上计算得出国债期货历史收益率的时间序列数据，并将其作为计算国债期货收益波动率的数据基础。

2. 描述性统计

为了更为直观地看出国债期货对数收益波动率在样本区间的基本分布情况，本课题对国债期货收益率进行了描述性统计，从表 13-1 可以看出：国债期货的对数收益率均值为 0.000 225，偏度 -0.215 0<0，峰度 6.679 3>3，具有典型的尖峰厚尾特征。JB 统计量为 89.19，p 值为 0，以上数据表明国债期货收益率分布显著不同于正态分布。

表 13-1　国债期货对数收益率描述性统计

均值	中位数	最大值	最小值	标准差	偏度	峰度	JB 值	p 值
0.000 225	2.52e-5	0.016 756	-0.015 831	0.004 158	-0.214 929	6.679 2	89.19	0

3. 统计检验

（1）平稳性检验。为了避免伪回归问题，一般要求时间序列为平稳序列；国内外众多文献的研究发现，金融标的的价格序列一般不平稳，但是其收益率序列通常是平稳的。为了验证国债期货收益率序列是否平稳，本课题在此先对其进行平稳性检验。本课题采取 ADF 单位根法进行检验，由表 13-2可以看出，在1%、5%和10 %的显著性水平下的临界水平均大于检验统计量-10.587 8，故拒绝序列非平稳的原假设。

表 13-2　单位根检验

ADF 检验统计量		t-Statistic	Prob
		-10.587 9	0
显著性水平	1%level	-3.473 0***	
	5%level	-2.880 2**	
	10%level	-2.576 8*	

注：***、**、*分别代表在1%、5%、10%显著性水平下显著。

（2）自相关检验。为了探究国债期货收益率滞后项的变动对当期收益率的影响，本课题对国债期货收益率进行自相关检验。从表 13-3 中可以看出序列自相关系数几乎都落在 2 倍估计标准差内，Q 统计量对应的 p 值均大于置信度 0.05，因此序列在5%的显著性水平下不存在显著的自相关性。

表 13-3　自相关检验表

Autocorrelation	Partial Correlation		AC	PAC	Q-Stat	Prob
		1	0.019	0.019	0.0565	0.812
		2	-0.206	-0.206	6.8254	0.033
		3	0.077	0.089	7.7808	0.051
		4	0.027	-0.022	7.8964	0.095
		5	0.018	0.055	7.9474	0.159
		6	0.050	0.044	8.3658	0.213
		7	-0.033	-0.024	8.5417	0.287
		8	0.006	0.025	8.5487	0.382
		9	0.026	0.003	8.6599	0.469
		10	-0.129	-0.127	11.448	0.324

（3）异方差检验。建立 GARCH 模型的目的之一是消除国债期货收益率序列自回归模型的条件异方差。根据国债期货对数收益率波动聚集的特征，我们做出如下假定，H_0：无 ARCH 效应，$H1$：有 ARCH 效应。从表 13-4 可以看出，国债期货收益率拒绝原假设，序列的方差均存在条件异方差，同时从序列的自相关和偏相关图中也可以看出存在高阶自相关，因此，选择 GARCH 模型进行分析更为合适。

表 13-4　异方差检验表

Breusch-Godfrey Serial Correlation LM Test:			
F-statistic	3.455044	Prob. F(2,153)	0.0341
Obs*R-squared	6.741124	Prob. Chi-Square(2)	0.0344

（4）波动率计算。我们采取 GARCH 模型进行波动率的测算，

$$\sigma_t^2 = C + \sum_{i=1}^{p} \beta_i \sigma_{t-i}^2 + \sum_{j=1}^{q} \alpha_j \varepsilon_{t-j}^2 \tag{4}$$

其中 σ_t^2 代表当期条件方差，C 代表截距项，ε_t^2 代表误差平方项。

我们选用 GARCH（1，1）模型对五年期国债周对数收益率进行检验，结果如表 13-5。通过结果我们发现，模型系数较大，t 统计量显著，表明我国国债期货的周收益率具有长期记忆性。由此得到波动率估计方程：

$$\sigma_t^2 = 1.06E - 6 + 0.807\,7\sigma_{t-1}^2 + 0.143\,7\varepsilon_{t-1}^2 \tag{5}$$

表 13-5　GARCH 回归表

Variable	Coefficient	Std. Error	Z-Statistic	Prob
Variance Equation				
C	1.06e-06	4.20e-07	2.527 239[**]	0.011 5
RESID（-1）^2	0.143 683	0.049 189	2.921 043[***]	0.003 5
GARCH（-1）	0.807 735	0.052 143	15.490 63[***]	0.000 0

注：[***]、[**]、[*] 分别代表在 1%、5%、10% 显著性水平下显著。

（三）投资者情绪指标

1. 情绪指标变量选取

根据国债期货市场的特征，本课题选取王中和郭栋在 2018 年的利率债市场投资者情绪作为投资者情绪的复合指标，他们认为资金面的松紧，即货币市场的流动性情况是反映银行间利率债市场投资者情绪的重要体现。围绕主要的流动性特征指标，我们选取短期利率波动率（银行间市场 7 天质押

式回购利率）、利率互换利率波动率、同业存单波动率、3 个月 Shibor 波动率、Shibor 利差，通过主成分分析法得出投资者情绪的复合指标。本课题将构造投资者情绪的指标分为以下 6 个：

（1）短期利率波动率（A1）：银行间市场 7 天质押式回购利率的波动率（A1）即 R007。R007 是货币市场短期利率的基本指标，在资金面宽松时利率值下降，波动率不大，一旦投资者情绪发生转换，资金面收紧，波动率陡增，利率值大幅上升。

（2）利率互换利率（A2）的波动率：银行间回购定盘利率 FR007 的波动率（A2）。在资金面趋紧的情况下，该指标与对应掉期利率同步上升，反映资金成本的提升。

（3）6 个月同业存单利率的波动率（A3）。同业存单规模很大，是债市稳定不可忽略的指标，同业存单价格的波动与资金面和政策监管紧密相关，具有更强的敏感性和更大的波幅。

（4）3 个月 Shibor 波动率（A4）。3 个月 Shibor 属于中期资金利率指标，当资金面出现紧缩，金融机构间的信用派生紧缩，中期利率指标具有更大的波动。

（5）Shibor 利差（A5）：当周 3 个月 Shibor 的 30 天移动平均值相对上一周 3 个月 Shibor 的 30 天移动平均值的变化率。该指标反映金融机构中期利率指标周频度相对变化情况，市场情绪恶化时该指标上升，并且对应中期利率指标大幅走高。

（6）隐含利率预期（A6）：A2 对应的利率互换利率与指标 A1 对应的银行间 7 天质押式回购利率的 30 天移动平均值的差值的波动率。该指标代表市场对未来资金利率走势的预期，市场情绪恶化时，未来利率溢价上升，市场情绪好转时，IRS 中隐含的利率上行溢价会出现持续的回落。

我们利用以上指标通过主成分法进行指标构建，数据均来自 Wind 数据库。为了避免缺失值的影响，我们进行了周度处理，同时对数据进行标准化处理以解决数据的量纲影响。

2. 描述性统计

为了直观地了解情绪指标各变量的基本情况，我们对相关指标做了描述性统计，如表 13-6 所示。

表 13-6　情绪指标变量描述性统计表

	A1	A2	A3	A4	A5	A6
Mean	-0.725327	-1.169043	-1.055105	-1.331590	-0.391700	-1.355603
Median	-0.833770	-1.256914	-1.274435	-1.668157	-0.405212	-1.373087
Maximum	0.242765	0.122247	0.612891	0.616258	-0.264101	0.232291
Minimum	-1.059072	-2.066786	-2.419934	-2.956476	-0.468208	-2.340735
Std. Dev.	0.306820	0.539727	0.938798	1.175535	0.053359	0.665656
Skewness	1.251155	0.473471	0.302183	0.355889	0.796814	0.413050
Kurtosis	3.729566	2.391528	1.830106	1.750087	2.618915	2.408121
Jarque-Bera	44.15983	8.235104	11.27043	13.44792	17.45168	6.712950
Probability	0.000000	0.016284	0.003570	0.001202	0.000162	0.034858
Sum	-113.1510	-182.3707	-164.5963	-207.7281	-61.10522	-211.4741
Sum Sq. Dev.	14.59144	45.15226	136.6078	214.1918	0.441317	68.68021
Observations	156	156	156	156	156	156

3. 投资者情绪综合指标构建

本课题选取主成分分析法来构建投资者情绪综合指标。主成分分析的基本思想是在维持原有信息的基础上，把具有相关性的高位变量合为线性无关的低维变量，新的主成分为原变量的协方差矩阵对应的特征向量。其主要步骤如下：

（1）中心化：将所有样本减去样本平均值；

（2）计算样本协方差矩阵；

（3）对协方差矩阵作特征值分解；

（4）取最大的 d 个特征值所对应的特征向量作为主成分。

本课题通过 Pearson 矩阵对投资者情绪指标基础变量进行主成分分析（见表 13-7）

表 13-7　PCA 主成分分析表

Eigenvalues: (Sum = 6, Average = 1)					
Number	Value	Difference	Proportion	Cumulative Value	Cumulative Proportion
1	3.433901	2.143770	0.5723	3.433901	0.5723
2	1.290131	0.767604	0.2150	4.724031	0.7873
3	0.522527	0.118426	0.0871	5.246558	0.8744
4	0.404100	0.161499	0.0674	5.650658	0.9418
5	0.242602	0.135862	0.0404	5.893260	0.9822
6	0.106740	—	0.0178	6.000000	1.0000

从表 13-7 主成分分析结果可以看出，前两个主成分累积贡献率达到了 78.73%，因此选择前两个主成分进行指数构建。我们通过主成分分析法实现了指标降维，从 6 个指标降到 2 个指标，得到利率债市场投资者情绪指数（RS-ISI）表达式如下：

$$RS - ISI = 0.572\,3PC1 + 0.215PC2 \tag{6}$$

四、 投资者情绪与国债期货波动率

（一）模型选取

为了方便观察探讨国债期货收益率波动率与投资者情绪之间的关系，由于波动性数值很小，在不影响相关关系的基础上，我们对波动率进行放大100 倍处理，使得数据处于同一量级，如图 13-2 所示。下面的曲线代表国债期货收益率波动率，上面的曲线代表投资者情绪。我们可以看出当投资者情绪较为激烈时，国债期货收益率的波动性也较大，且当投资者情绪较为低迷时，市场的波动性比积极时波动性更为激烈。因此我们假设，国债期货收益波动性与投资者情绪强度正相关，即投资者情绪越剧烈，国债期货收益波动性越大。

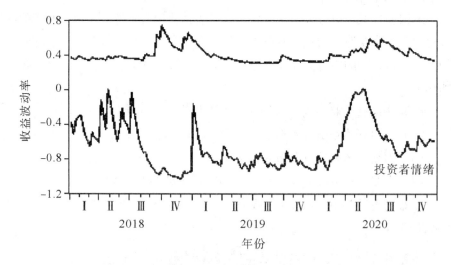

图 13-2　投资者情绪与国债期货收益波动率的序列

在实际生活中，我们可以观察到，当投资者情绪高涨时，市场交易活跃，国债期货价格波动也随之强烈；同时，中国投资者中散户居多，追涨杀跌等现象频繁出现，国债期货价格波动剧烈，进一步加剧了投资者的情绪波动。因此，我们假设投资者情绪与国债期货波动之间存在着相关关系。本课题拟采取向量自回归模型（VAR 模型）来研究两者之间的关系，VAR 模型由克里斯托弗·西姆斯（Christopher Sims）1980 年提出。进行 VAR 模型构建前的条件检验：一是单位根检验，各指标检验值均在单位圆内，证明分析指标间不存在单位根，满足 VAR 模型稳定性要求；二是滞后期的确定。

（二）统计检验

1. 单位根检验

利用 Dickey-Fuller 方法分别检查波动率 vol 和情绪指标 reisi 的平稳性，我们可以发现两个序列的一阶差分均在 1% 的置信度水平下显著，见表 13-8。

表 13-8　vol 和 reisi 的 ACF 检验

序列名	阶数	t 统计量	Prob
vol	0	-2.763 03	0.051 8
vol	1	-15.047 6	0.000 0
reisi	0	-2.023 62	0.276 5
reisi	1	-12.560 7	0.000 0

2. 格兰杰因果检验

在检验了序列的平稳性之后，我们生成了 reisi 的 1 阶单整序列。在时间序列情形下，两个经济变量 X、Y 之间的格兰杰因果关系定义为：若在包含了变量 X、Y 的过去信息的条件下，对变量 Y 的预测效果要优于只单独由 Y 的过去信息对 Y 进行的预测效果，即变量 X 有助于解释变量 Y 的将来变化。则我们认为变量 X 是引致变量 Y 的格兰杰原因，如表 13-9 所示。

表 13-9　格兰杰因果检验

Null Hypothesis	Obs	F-Statistic	Prob
DREISI does not Granger Cause VOL	146	4.88	0.040 5
VOL does not Granger Cause DREISI		0.715 5	0.693 5

从表 13-9 可以看出，在 5% 的显著性水平下，投资者情绪是国债期货收益波动率的格兰杰原因，而国债期货收益波动率并不是投资者情绪的格兰杰原因。

（三）VAR 模型回归

向量自回归（VAR）是基于数据的统计性质建立的模型。VAR 模型把系统中每一个内生变量作为系统中所有内生变量的滞后值的函数来构造模型，从而将单变量自回归模型推广到由多元时间序列变量组成的"向量"自回归模型。我们通过将投资者情绪和国债期货收益波动率进行联合，得到：

$$vol = 0.76vol\ (-1) + 2.29reisi\ (-1) + 1.5reisi\ (-2) + 0.03 \qquad (5)$$

t 统计量　9.29　　　　　15.35　　　　　15.16　　　　　1.97

Adj. $R = 0.8133$

从 VAR 方程变量关系来看，国债期货收益波动自身因素正相关，前期的波动会导致现在的波动变大，符合波动聚集的特征，同时，投资者情绪系数为正，并且 t 统计量显著，符合我们假设的投资者情绪越剧烈，国债期货收益率越剧烈的假设。

五、 结论

本课题通过实证检验，主要的发现与研究结论如下：一是我国五年期国债期货周收益率的波动均具有"长期记忆性"，即过去价格的波动对其价格的长期走势存在影响；二是对国债期货的波动分析中，国债期货收益率的自回归模型的残差存在较强的 ARCH 效应，通过构建 GARCH 模型可以较好将其消除，五年期国债期货的 GARCH 方程系数和小于 1，说明方程的收益率条件方差序列都是平稳的，可用 GARCH 模型对我国国债期货的价格波动进行预测；三是建立了投资者情绪与国债期货市场的 VAR 模型，发现国债期货收益波动率与投资者情绪正相关，投资者情绪越剧烈，国债期货收益波动率越大。

本课题初步探讨了国债期货收益波动率与投资者情绪之间的关系，还有很多不足之处，如对于投资者情绪指标的构建与选取还可以更加完善。本课题选取的指标主要集中于利率债市场，后期研究可以考虑股票市场的投资者情绪与波动率的关系，同时选取国债期货市场本身的数据来构造国债期货市场独立的情绪指标；同时还可以对收益率、收益率波动非对称性、不同国债期货品种的选择等方面进行研究；本课题在政策和特殊事件的研究方面本课题也有所不足，央行的货币政策的冲击、新冠疫情的冲击等都还没有考虑在内。

由于本课题投资者情绪的指标的选取集中于利率债市场，通过本课题的结论，我们可以考虑政府关于利率的调整更为平稳，从而在一定程度上稳定投资者情绪，达到稳定国债期货市场的目的。国债期货作为一种衍生金融工具，对金融市场的完善起着十分重要的作用，我国国债期货市场 2013 年才恢复交易，是个非常年轻的市场，相比于发达国家还有很多不足的地方，希望我们的研究能够帮助政府更快完善金融市场体系。

参考文献

[1] 陈志毅. 基于投资者情绪的沪深 300 指数期货现货波动性关系研究 [J]. 中国商论，2017（12）：16-20.

[2] 何平，刘泽豪，范中杰. 国债期货交易对利率市场波动性影响的实

证检验 [J]. 清华大学学报, 2017 (5)：544-549.

[3] 霍莹莹, 王力. 我国国债期货收益率波动的实证分析 [J]. 安阳工学院学报, 2016 (15)：64-67.

[4] 刘成立, 周新苗. 国债期货对国债收益率曲线动态的影响 [J]. 商业研究, 2017 (5)：34-41.

[5] 刘金娥, 高佳辉. 投资者情绪与黄金期货价格动态关系研究 [J]. 价格理论与实践, 2017 (9)：80-83.

[6] 夏秀相, 侯擎天, 周敦辉. 重推国债期货对利率市场波动性的影响研究 [J]. 鸡西大学学报, 2015 (2)：58-61.

[7] 杨阳, 万迪昉. 投资者情绪对我国金属期货市场的影响 [J]. 系统工程, 2010 (1)：1-8.

[8] 王中, 郭栋. 利率债市场投资者情绪指数及冲击传导效应研究：主成分法与 UAR 模型实证分析 [J]. 宏观分析, 2018 (7)：5-12.

[9] 易志高, 茅宁. 中国股市投资者情绪测量研究：CICSI 的构建 [J]. 金融研究, 2009 (11)：174-184.

[10] 曾芸, 霍达, 袁绍峰. 国债期货促进货币政策利率传导了吗?：基于国债期货、现货与回购市场联动的视角 [J]. 金融评论, 2019 (6)：98-108, 123.

[11] 周亮. 情绪因子对商品期货价格的影响研究 [J]. 价格月刊, 2018 (1)：12-17.

[12] BAKER M, WURGLER J. Investor sentiment and the cross-section of stock returns [J]. Journal of Finance, 2006, 61 (4)：1645 -1680.

[13] BARBERIS N, SHLEIFER A, VISHNY R. A model of investor sentiment [J]. Journal of Financial Economics, 1998, 49 (3)：307 -343.

[14] BROWN P, CHAPPEL N, WALTER T. The reach of the disposition effect：large sample evidence across investors classes [J]. international review of finance, 2006, 6 (1)：42-78.

[15] DELONG J, SHLEIFER A, SUMMERS L, et al., Noise trader risk in financial markets [J]. Journal of Political Economy, 1990, 98 (4)：703-738.

[16] DUMAS B, KURSHEV A, UPPAL R. Equilibrium portfolio strategies in the presence of sentiment risk and excess volatility [J]. Journal of Finance, 2009, 64 (2)：579-629.

[17] JUNG J, KIM K. Return volatility of the korea treasure bond in financial markets [J]. Journal of Korean Physical Society, 2012, 60

（4）：637-640.

［18］CHEN R R, YEH S K. Analytical bounds for treasure bond futures prices ［J］. Review of Quantitative Finance and Accounting, 2012, 39 （2）：209-239.

［19］WANG C Y. Investor sentiment and return predictability in agricultural futures market ［J］. Journal of Future Market, 2001 （10）：929-952.

课题 14　国债期货套期保值在商业银行的应用实证

摘要：国债期货作为利率避险的重要工具，在商业银行利率风险管理中发挥着重要作用。本课题基于计量统计方法，采用 OLS 模型、B-VAR 模型及 ECM 模型三种业界常见的风险对冲模型，并对 2020 年至 2021 年十年期国债期货主力合约与建设银行个股价格进行了实证分析，计算出对应套期保值比率，构建出相应利率管理方案。研究发现，在使用国债期货进行套期保值后，商业银行的利率风险显著降低了；采用基于 ECM 模型构建的套期保值方案，无论是在样本内还是样本外，其利率风险管理的效果都是最佳的。研究结果较好地反映了中国国债期货的价格发现功能，以及国债期货套期保值策略对商业银行利率风险管理的有效性。

关键词：商业银行；利率风险；国债期货；套期保值

一、　引言

国债期货是利率市场化的产物，是进行利率风险管理的重要工具之一。国债期货是在交易所交易的标准化合约，期货市场的保证金制度，不仅极大地降低了国债期货交易的资金占用，同时使国债期货交易产生了杠杆效应，还基本消除了信用风险，提供了良好的流动性。

我国的国债期货市场，由于其特殊历史原因，发展过程相对曲折。在 1995 年被证监会暂停交易后，经历漫长的等待与探索，在 2012 年我国推出了国债期货的模拟交易，为国债期货的上市做铺垫。在经历了一年多的模拟交易过后，2013 年 9 月，中国金融期货交易所推出了五年期国债期货，标志我国国债期货市场在关闭 18 年后正式重启。2015 年，中国金融期货交易所进一步推出十年期的国债期货品种。2018 年，随着国债期货市场交易有序进行，市场规模逐渐扩大，效率逐渐得到改善，中国金融期货交易所又推出两年期国债期货合约，进一步丰富了我国国债期货市场的品种，优化了我国国债期货的产品结构。

为了全面了解国债期货市场在价格发现、套期保值方面的功能及影响因素，从 20 世纪 70 年代起便不断有学者和业界专家对其进行持续跟踪研究。在价格发现功能方面，学界达成了较为普遍的共识，即国债期货的价格是国债现货价格的单项格兰杰原因，论证国债期货的价格在现货价格的形成上具有较高的贡献度；在套期保值方面，国债期货的套期保值效果是否有效发挥，则尚未得出确定性结论，因此多年来一直受到学者们的重视。

随着我国利率市场化体系的形成，商业银行面临利率风险将成为常态，商业银行的资产负债业务都与利率相关，不少还是利率敏感型的，只有管理好利率风险敞口，才可能实现稳健经营。那么研究商业银行利用国债期货套期保值，管理利率风险，就有着十分重要的现实意义。

由于商业银行对其资产负债具体信息不对市场公开披露，我们难以对其所面临的利率风险进行直接测度，需要另外寻找替代分析思路。本课题借鉴了海外利率风险测量的研究思路，该研究思路认为，股票价格是市场对于企业未来价值的预期，利率的变动对商业银行资产负债的影响可以通过其股票市场价格的变动反映出来。故本课题基于商业银行股票市场信息并结合十年期国债期货，模拟并实证其运用国债期货对利率风险进行管理的可行性。同时，由于在不同市场状态和经济条件下，国债期货对利率风险管理的效果存在差异，本课题还对不同套期保值方法下的利率风险管理效果进行比较，旨在寻找在我国市场条件下适合我国商业银行的最优的套期保值方法。

二、 文献综述

关于如何使用国债期货进行套期保值，国内外学者提供了众多的方法。埃德灵顿（Ederington）在 1979 年提出，最优的套期保值比率应使国债期货与现货的组合收益率的方差最小；国债期货套期保值绩效评价模型则应当对套期保值前后收益率的方差的变化进行比较。该研究通过美国国债期货套期保值的实证分析，探究了其套期保值的效果，但仅仅考虑了方差最小化的角度，而没有将收益考虑进去。在这之后，约翰逊（Johnson）和沃玛（Walmer）在 1984 年又对埃德灵顿（Ederington）提出的方法进行了改进，但依旧没有考虑到收益。弗兰克（Franckle）和森凯克（Senchack）于 1982 年在前人的基础上提出了最小化现货市场预期风险的套保模型，在此模型中考虑了投资者对未来市场的预期，而不同的预期方法又有不同的影响，该研究的不足之处在于并没有介绍如何选择利率的预期方法。同时，随着计量经济学的不断发展，学者们注意到使用最小二乘回归（ordinary least squares, OLS）方法计算最优套保比率忽略了残差无效的问题。因此，赫布斯特（Herbst）等人在 1989 年，以及迈尔斯（Myers）和汤普森（Thompson）在

1989 年将因变量和自变量两者之间的协方差计入考量，将之列为条件统计量；同时为了解决残差项的序列自相关问题，利用双变量向量自回归模型（bivariate-VARmodel，B-VAR）进行最小风险套期保值比率的计算。除了忽略残差无效的问题以外，最小二乘法还忽略了现货价格与期货价格之间的协整关系可能对最优套保比率所造成的影响。高希（Ghosh）在 1993 年参考了格兰杰（Granger）在 1981 年提出的协整理论，进一步提出了误差修正模型，在最小二乘法的基础上，该模型考虑了利率现货与期货价格的协整性，得出一个在最小风险下的最优套期保值比率。在此基础上，里恩和罗（Lien & Luo）在 1993 年也证明了如果现货与期货价格之间存在协整关系，那么误差修正模型的套期保值效果是优于其他模型的，并且 1996 年他们提出了进一步的简化误差修正模型。

　　除了使方差最小的方法以外，科尔布（Kolb）等人在 1981 年从久期的角度来实现利率期货的套期保值，他们通过将现货产品和期货产品进行组合，使得资产组合的久期为 0。该研究认为，在该情况下资产组合将不再受到利率的影响，以此为基础可以计算出相应的期货合约的数量。戴格勒（Daigler）和库珀（Copper）1998 年提出了久期—凸性套期保值方法，并证明了无论利率期限复杂与否，久期—凸性套期保值的套期保值效果比传统的久期套期保值方法更好。伦德尔曼（Rendleman）1999 年对利率期货套期保值中的一些变量进行了修正，包括期货的久期以及利率价格，并实证证明了如果出现期限错配的问题，可能会降低 10% 的管理效率。

　　在套期保值效果的评价上，埃德灵顿（Ederington）在 1979 年通过比较形成的新资产组合的方差与原现货组合的方差，以方差的减少程度来衡量套期保值效果，即 HE 指标，但 HE 指标的核心关注的仅仅是风险，忽视了投资者对收益的客观需求。现代套期保值理论则弥补了其不足之处，加入对风险和收益的综合考虑，追求单位风险的收益最大化或单位收益的风险最小化。霍华德（Howard）和安东尼奥（Antonio）在 1987 年通过借鉴常和山克尔（Chang & Shanker）在 1987 年的研究结论，得到了一个考虑更为全面的评价指标，即 HS 指标，该指标的基础是现代套期保值理论，关注单位风险上所能获得的收益。李（Lee）和辛（Hsin）1994 年则在效用最大化的基础上比较分析套保效果，提出了评价绩效的新办法，通过比较新资产组合与现货资产组合的效用变动程度来评价，但在实际计算中，效用的大小不能准确计量，这就导致了该评价办法在现实中极少应用。

　　在我国使用国债期货对商业银行进行利率风险管理的研究方面，也有不少学者提供了思路和建议。付晓云 2013 年提出国债期货可以从两个方面为商业银行利率风险提供套期保值，一个是利用国债期货规避商业银行头寸的利率风险，还可以为商业银行的整体利率进行套期保值。吴小强在 2019 年总结了前人的研究，提出使用国债期货对商业银行进行套期保值有巨大的实际意义和可操作性。前两者的研究主要停留在对国债期货管理商业银行利率的可行性探讨上，在对国债期货的套期保值效果进行实证方面有所欠缺。王晋忠 2015 年分别使用了最小方差模型、VAR 模型、动态 MGARCH-BEKK 模型等模型，得出了最优的套期保值比率，并从实证角度探究了国债期货对商业银行的套期保值效果。

三、 国债期货套期保值理论

国债期货套期保值的基本原理如下：国债期货价格与其标的资产现货价格在同一时段内受相同经济因素的影响和制约，因而一般情况下两个市场的价格变动趋势和方向具有一致性，只是波动幅度可能有差异。套期保值就是利用两个市场的这种价格关系，同时在期货市场和现货市场做相反方向的交易，用一个市场的盈利弥补另一个市场的亏损，从而达到规避因为利率波动带来的国债现货价格风险的目的。另外，当期货合约临近交割时，现货价格与期货价格趋于一致，二者的基差接近于零。两个市场在最终价格上的"趋合性"也使套期保值交易行之有效。

（一）国债期货套期保值方法

国债期货的套期保值效果是否显著，主要在于能否确定恰当的套期保值比率。当下比较主流的角度主要有五种：从久期—凸性角度出发、从最小方差角度出发、从收益率角度出发、从时间序列角度出发、从动态套期保值角度出发。考虑到动态套期保值方案在实际使用过程中有着计算难度大、实施成本高的缺点，所以本课题主要研究在实际利率风险管理过程中运用得比较多的方法，下面主要介绍本课题所使用的三种模型。

1. 普通最小二乘法模型（OLS）

普通最小二乘法模型（简称 OLS 模型），是基于最小方差的角度出发的，所谓的最小方差模型，其核心思想主要是使持有的利率现货与利率期货资产组合的收益率的方差最小。基于资产组合理论，将期货与现货按一定比率构建投资组合，可以得到投资组合的方差与套期保值比率的关系，我们通过计算就可以得到方差最小情况下的套期保值比率。

普通最小二乘法是一个较为简单的回归模型，计算过程简单明了，因此使用较为广泛。普通最小二乘法的核心思想是构建国债现货与国债期货价格的线性关系，以现货价格和期货价格的对数收益率进行线性回归，可以得到回归方程为：

$$\ln S_t = c + h \ln F_t + \varepsilon_t \tag{1}$$

其中 c 是回归的常数项，S_t 是现货的价格序列数据，期货的价格序列数据为 F_t，$\ln S_t$ 就是现货每个时间段内的对数收益率，ε_t 是回归残差，模型中的斜率为 h，就是 OLS 模型估计得到的最优套期保值比率。

普通最小二乘法应用非常广泛，但是可能存在一些缺陷。首先，最小二乘法仅仅表现了期货和现货收益率之间的线性关系，但是在实际的市场中，期货和现货收益率数据不一定是线性的，两者的序列可能会出现非线性关系，这时无法利用线性模型来描述两者的关系。然后，OLS 模型没有考虑数据的平稳性，真实的金融市场中的时间序列数据可能是非平稳的，用最小二乘法可能造成虚假回归。最后，回归模型中残差可能会有自相关、异方差等问题，OLS 方法忽略了这些问题。

2. 双变量自回归模型（B-VAR）

针对 OLS 模型中残差序列可能无效的问题，我们可以使用双变量自回归模型（B-VAR）来解决。B-VAR 模型有两个变量，两个变量由各自变量的滞后值确定，变量有各自的回归方程，回归残差项与被解释变量不相关。在估算国债期货套期保值比率的计算中，对国债现货和国债期货价格序列分别建立回归方程：

$$\Delta \ln S_t = c_s + \sum_{i=1}^{k} \alpha_{Si} \Delta \ln S_{t-i} + \sum_{i=1}^{k} \beta_{Si} \Delta \ln S_{t-i} + \varepsilon_s \tag{2}$$

$$\Delta \ln F_t = c_f + \sum_{i=1}^{k} \alpha_{fi} \Delta \ln F_{t-i} + \sum_{i=1}^{k} \beta_{fi} \Delta \ln F_{t-i} + \varepsilon_f \tag{3}$$

与 OLS 模型方程中字母含义类似，S_t、F_t 分别是现货和期货的价格序列，我们通过这两个回归方程可以得到回归的残差序列，ε_s、ε_f 是方程独立同分布的残差项。得到残差序列之后就可以计算最优套期保值比率：

$$h = \frac{cov(\varepsilon_s, \varepsilon_f)}{var(\varepsilon_f)} \tag{4}$$

3. 误差修正模型（ECM）

在实际的金融市场中，期货价格和现货价格数据可能是非平稳的时间序列数据，对于非平稳数据，我们不能直接应用线性回归，可能会造成伪回归。但是非平稳数据经过差分处理，可以使其成为平稳的时间序列数据，能够经过 n 阶差分之后变平稳的时间序列数据，叫作 n 阶单整序列。

协整的概念就来自时间序列数据的平稳性，如果两个非平稳的时间序列数据是同阶单整的，并且这两个同阶单整的序列可以通过某种线性组合成为平稳序列，我们就称两个序列数据是协整的。两个序列是协整的，表明这两个序列在长期上是均衡的，使这两个序列在长期上成为均衡的线性组合的表达式叫作误差修正表达式。通过误差修正表达式，我们可以得到误差修正模型：

$$\Delta S_t = c_s + \lambda_s \theta_{t-1} + \sum_{i=1}^{n} \alpha_{si} \Delta \ln S_{t-i} + \sum_{i=1}^{n} \beta_{si} \Delta \ln F_{t-i} + \varepsilon_{st} \qquad (5)$$

$$\Delta F_t = c_f + \lambda_f \theta_{t-1} + \sum_{i=1}^{n} \alpha_{fi} \Delta \ln S_{t-i} + \sum_{i=1}^{n} \beta_{fi} \Delta \ln F_{t-i} + \varepsilon_{ft} \qquad (6)$$

θ_{t-1} 为公式的误差修正项，λ_S、λ_f 是修正系数，表示现货和期货市场对长期均值偏离做出的反应程度。

将（5）和（6）两个方程进行组合就可以得到现货收益率和期货收益率的关系：

$$\Delta \ln S_t = c + h \Delta \ln F_t + \eta \theta_{t-1} + \sum_{i=1}^{n} \beta_{Si} \Delta \ln S_{t-i} + \sum_{j=1}^{m} \beta_{fj} \Delta \ln F_{t-j} + \varepsilon_{st} \qquad (7)$$

国债期货收益率的系数 h 就是估计所得的套期保值比率。

（二）套期保值效果衡量

不同模型会得出不同的套期保值比率，因此需要用一个统一的标准比较不同模型的套期保值结果，套期保值根据不同的目标和策略，评价方法也不相同。降低风险是套期保值最主要的目的，风险最小化策略也是使用最为广泛的一种策略，因此以风险最小化为目的，套期保值效果可以用资产风险下降程度来衡量。

假设进行套期保值后的资产组合的组合收益率为 H_t，没有进行套期保值的现货资产的收益率为 U_t，则这两者的方差分别为：

$$\mathrm{var}(U_t) = \mathrm{var}(\Delta \ln S_t) \qquad (8)$$

$$\mathrm{var}(H_t) = \mathrm{var}(\Delta \ln S_t) + h^2 \mathrm{var}(\Delta \ln F_t) - 2h\mathrm{cov}(\Delta \ln S_t, \Delta \ln F_t) \qquad (9)$$

进行套期保值后资产风险下降程度可以表示为：

$$H_e = \frac{\mathrm{var}(U_t) - \mathrm{var}(H_t)}{\mathrm{var}(U_t)} \qquad (10)$$

H_e 可以衡量套期保值的效果，是一个小于 1 的数。H_e 越大越接近 1，说明进行套期保值后资产的风险下降程度越大，套期保值效果越好。

除此以外，使收益率较原始组合上升也是套期保值的目标。我们可以使用套期保值组合相对于原始组合收益率上升的比率 k 来衡量：

$$k = \frac{H_t - U_t}{U_t} \qquad (11)$$

四、 实证分析

（一）数据选取与处理

本课题选取的是 2020 年 7 月 1 日到 2021 年 7 月 31 日的共 266 个数据作为样本内数据，用该数据确定套期保值比率。同时，假定银行的调整期为一个月，我们考虑选取 8 月 1 日到 8 月 31 日共 22 个数据作为样本外数据，用来检验套期保值的效果。

1. 国债期货合约

我国国债期货是以最近的三个季月为时间点滚动发行的，因此每个交易日都同时有 3 个期货合约可交易。但是每日不同的期货合约交易量相差较大，每天的日交易量最大的合约称为主力合约。国债期货合约在上市最初的一段时间内和最接近交割日的一段时间内的交易量较小，成交不活跃，可能会有波动较大、价格不稳定的问题。考虑到银行进行套期保值，不会选择这种价格波动比较大的合约，所以我们选择国债期货主力合约作为银行套期保值合约工具。

同时，十年期国债期货上市以来，迅速成为国债期货市场的主力，考虑到它的期限与银行所要求的期限结构最为匹配，所以考虑使用十年期国债期货作为套期保值合约。

国债期货合约的数据来自 wind 金融终端。

2. 银行股票价格

建设银行作为国有控股股份制银行，拥有的资产规模大，涉及的资产种类也很多。不仅如此，建设银行的风险管理一向很出色，因此，建设银行在我国的商业银行中具有代表性。综上，本课题选取建设银行作为使用国债期货套期保值进行利率风险管理的研究对象。我们选取建设银行每日收盘价为基础，计算出建设银行的日个股回报率。银行股票的价格数据来自 wind 金融终端。

（二）数据处理结果

将十年期国债期货主力合约与建设银行的个股价格与收益率进行数据汇总后，我们对样本数据进行了描述性统计，结果如表 14-1 所示。

表 14-1　样本数据描述性统计

变量	变量名	均值	最大值	最小值	标准差
十年期国债期货主力合约	TS	98.063 195	100.355 000	96.435 000	0.798 498
建设银行个股价格	Stock	6.626 053	7.580 000	5.760 000	0.426 432
十年期国债期货主力合约收益率	R_TS	0.000 006	0.005 094	-0.010 304	0.002 096
建设银行个股日收益率	R_Stock	-0.000 261	0.085 329	-0.086 471	0.015 051

从表 14-1 可以观察出，在样本期间，建设银行的个股平均价格为 6.626 053，其中，最大值为 7.580 000，最小值为 5.760 000，标准差为 0.426 432。同时，观察到在样本期间，建设银行个股平均日收益率为正值，

最大值为 0.085 329，最小值为-0.086 471，标准差达到了 0.015 051，以上数据均能说明，在样本期间，建设银行的股价与收益率波动较大。十年期国债期货主力合约收益率，在样本期间，R_ TS 的平均值为 0.000 006，属于正值；最大值为 0.005 094，最小值为-0.010 304，标准差为 0.002 096，较之建设银行的个股收益率，具有更加稳定的特点。

虑到国债期货十年期主力合约和建设银行的个股价格之间的差异，我们将这些数据进行了对数化处理，方便进行后续的数据分析。

同时，我们将十年期国债期货主力合约与建设银行的个股价格之间的相关性进行了初步的检验，发现国债期货主力合约与建设银行的个股价格之间的相关度为-0.49，相关度比较高，初步判断具有回归价值。

从数据的描述性统计及两者之间的相关度来看，对建设银行使用国债期货进行套期保值具有初步的可行性。下文中我们选择 OLS 回归模型、B-VAR模型、ECM 模型来分别计算建设银行的套期保值比率。

（三）套期保值比率计算

1. 普通最小二乘法模型（OLS）

在进行线性回归之前，需要对建设银行股票价格及十年期国债期货合约价格时间序列进行平稳性检验，若两个系列是非平稳的，就有可能产生伪回归，那么结果的真实性可能就会打折扣。

我们通过使用 eviews 软件对两个时间序列进行分析，并使用单位根检验。结果如表 14-2 所示。

表 14-2　原始数据单位根检验结果

品种	十年期国债期货	建设银行个股价格
单位根检验结果	-0.961 0	-2.822 8

从结果可以看出，两组数据都不平稳，都需要进行差分处理直至平稳。我们在将两组数据进行一阶差分后，检验结果如表 14-3 所示。

表 14-3　一阶差分后单位根检验结果

品种	十年期国债期货	建设银行个股价格
单位根检验结果	-13.639 3	-11.391 8

在一阶差分后，两组数据都达到平稳，可以使用线性回归。

我们将建设银行股票视为现货，十年期国债期货合约视为期货。建设银行股票收盘价格序列为 S_t，十年期国债期货价格序列为 F_t，将两者的价格序列指数化后，建立如下方程：

$$\Delta \ln S_t = c + h \Delta \ln F_t + \varepsilon_t \qquad (12)$$

该方程的斜率 h ，就是使用该方法计算出的套期保值比率。

实证得到的结果如表 14-4 所示。

表 14-4　OLS 回归结果

项目	OLS
系数	−1.458 9
P 值	0.000 9
Adjusted R−squared	0.037 8

通过回归得到最佳套期保值比率为 $h = -1.4589$ 。

2. 双变量自回归模型（B-VAR）

想要建立双变量自回归模型，首先需要建立起十年期国债期货价格与建设银行股票收盘价格两者之间的自回归模型。在建立起各自的自回归模型后，需要确认两个变量组合的最优滞后阶数。我们使用 eview 计算两阶以内的滞后阶数组合的结果如表 14-5 所示。

表 14-5　最优滞后阶数选择

Lag	LogL	LR	AIC	SC	HQ
0	1 297.331	NA	−10.041 32	−10.013 78	−10.030 25
1	2 002.725	1 394.385*	−15.478 49*	−15.395 86*	−15.445 27*
2	2 004.302	3.092 875	−15.459 71	−15.322 00	−15.404 33
3	2 005.399	2.134 251	−15.437 20	−15.244 41	−15.359 68
4	2 010.233	9.331 109	−15.443 67	−15.195 79	−15.344 00
5	2 013.833	6.892 629	−15.440 57	−15.137 60	−15.318 74
6	2 015.618	3.388 744	−15.423 39	−15.065 34	−15.279 42
7	2 017.598	3.731 408	−15.407 74	−14.994 61	−15.241 62
8	2 018.445	1.582 253	−15.383 30	−14.915 08	−15.195 02

从表 14-5 可以得到，最优的滞后阶数选择为一阶。在得到两个向量自回归后自己的残差项后，我们利用其计算出最优套期保值比率如表 14-6 所示。

$$h = \frac{cov(\varepsilon_s, \ \varepsilon_f)}{var(\varepsilon_f)} = -1.414\ 4 \qquad (13)$$

表 14-6　B-VAR 回归结果

项目	OLS
系数	−1.414 4
P 值	0.000 0
Adjusted R-squared	0.349 7

3. 误差修正模型（ECM）

相较于 B-VAR，ECM 在其基础上增加了一个误差修正项。使用 ECM 模型要求数据是协整的，因此，我们需要先对两组数据进行协整性的检验。

要进行协整检验，首先将十年期国债期货数据及建设银行股票数据进行线性回归，在回归结束后选择保留该线性回归的残差序列 EMM，再对该残差序列进行单位根检验，检验结果如表 14-7 所示。

表 14-7　残差项单位根检验结果

水平	t-Statistic	Prob. *
	−3.645 9	0.005 7
1% level	−3.463 24	
5% level	−2.875 9	
10%level	−2.574 5	

如表 14-7 所示，残差序列平稳，说明十年期国债期货数据及建设银行股票数据两者之间是协整的，能够进行下一步操作。

由上文可知，在 B-VAR 模型中，最优滞后阶数为一阶，将 EMM 同样加入 B-VAR 模型中，可以得到如表 14-8 所示的回归结果。

表 14-8　ECM 回归结果

项目	OLS
系数	−1.348 6
P 值	0.001 9
Adjusted R-squared	0.048 26

据表 14-8，我们得出最优套期保值比率为−1.348 6。

（四）利率风险管理效果比较

我们对三种套期保值方法的样本内（2020 年 7 月 1 日到 2021 年 7 月 31 日）利率风险管理效果进行检验，结果如表 14-9 所示。

表 14-9　样本内利率风险管理效果

套期保值方法	组合收益率均值	组合方差	方差下降比率	收益率上升比率
未套期保值组合	−0.026 1	0.015 05	0	0
OLS 模型	−0.025 6	0.014 77	1.85%	1.92%
B-VAR 模型	−0.025 3	0.014 73	2.14%	3.07%
ECM 模型	−0.025 3	0.014 73	2.14%	3.07%

从表 14-9 可以看出，在使用了套期保值方法后，建设银行的利率风险管理取得了一定的成效。使用 OLS 模型计算套期保值比率，在样本期间内，组合收益率的均值上升了 1.85%，同时方差相较于未套期保值时下降了 1.92%，利率风险有所降低。使用 B-VAR 套期保值，组合收益率上升了 2.14%，同时方差下降了 3.07%。ECM 与 B-VAR 套期保值效果一致，在使用该模型进行套期保值后，收益率上升了 2.14%，与此同时，方差较之未套期保值时下降了 3.07%，套期保值效果比较显著。

根据上述实证结果分析，我们可以得到几个重要的启示：

（1）使用国债期货合约套期保值，能够很好地为商业银行进行利率风险管理。我们观察到，无论使用何种套期保值策略，针对建设银行构建的资产组合收益率都有更高收益率和更低的方差水平，说明套期保值策略有效。

（2）使用 OLS 模型计算的套期保值比率构建的资产组合取得的效果相对较差，这可能是因为作为变量的建设银行股价及国债期货十年期主力合约是金融类时间序列，两者的关系很有可能并非线性的，虽然计算简单，但 OLS 模型并没有考虑到。除此以外，尽管在回归过程中我们考虑到了两组数据是非平稳的，但回归模型的残差项可能会有自相关或异方差等问题。综上，使用 OLS 模型计算出套期保值比率来构建的套期保值方案效果较差。尽管 OLS 模型有着便于理解、使用便捷等优势，但它不是用来进行构建利率风险管理的最优方法。

（3）ECM 套期保值的效果较好，不仅较大幅度降低了建设银行使用套期保值策略构建的资产组合的方差，而且在很大程度上提高了资产组合的收益率；与 OLS 相对，ECM 很大程度上考虑到了两组金融数据之间的协整关系，并将其计入考量，所以能较大限度地提高套期保值的效果。在实际操作时，我们可以将 ECM 模型列为构建套期保值比率的方法。

从表 14-10 可知，在样本外的数据下，使用三种模型所组合的资产收益率都低于未进行套期保值组合的收益率，这是因为样本外的国债期货十年期收益率为正，而根据三种模型所计算出的套期保值比率都为负，进而导致套期保值组合的平均收益率下降。这说明三种模型所构建的套期保值方案在提升收益率的实现上不具有外推性，可能是因为影响组合资产收益率的机制比较复杂，单纯使用国债期货进行套期保值不一定能够获得更高的收益率。

表 14-10　样本外利率风险管理效果

套期保值方法	组合收益率	组合方差	方差下降比率	收益率上升比率
未套期保值组合	0.075 2	0.011 513	0	0
OLS 模型	0.060 2	0.011 422	0.79%	−19.95%
B-VAR 模型	0.052 4	0.010 784	6.33%	−30.32%
ECM 模型	0.053 5	0.010 729	6.81%	−28.86%

我们观察到使用三种模型构建套期保值策略后，资产组合的方差在样本外同样得到下降的结果，说明使用套期保值策略确定利率管理方案后，确实能够有效降低资产组合的方差，以此来达到利率风险管理的作用。

和样本内的数据一致，使用 OLS 的套期保值效果最差，而 ECM 模型相较于另外两个模型，具有更优的套期保值效果，在使用 OLS 构建利率风险管理方案后，资产组合的方差仅仅下降了 0.79%，而在使用 ECM 构建利率风险管理方案后，资产组合的方差下降了 6.81%，成功降低了利率风险。

综上，OLS 由于使用的前提条件较多，而金融数据又较为复杂，很可能违背模型的假设，因此 OLS 不适合直接用来进行套期保值比率的构建。而 ECM 无论在样本内还是在样本外，都具有最优的套期保值效果，在商业银行进行利率风险管理时，ECM 是基于成本与效率考量下值得采取的套期保值比率构建方法。

五、　结论

在商业银行的日常经营中，由于其资产及业务的特殊性，利率风险是其不可忽视的一个问题。国债期货作为利率避险的重要工具，在商业银行的利率风险管理中能够发挥巨大的作用。本课题以建设银行为例，通过采用普通最小二乘法模型、双变量自回归模型、误差修正模型三种模型来计算套期保值比率并构建利率管理方案，探究国债期货的在样本内与样本外的利率风险管理效果。研究结论表明在使用了国债期货进行套期保值后，确实能够有效地降低商业银行的利率风险，同时，使用 ECM 模型构建的套期保值方案，无论是样本内还是样本外，其利率风险管理的效果都是最佳的。在商业银行使用国债期货进行利率风险管理时，ECM 是一个成本较低且行之有效的方法。在商业银行被准许入市的今天，我们应该积极采取国债期货进行套期保值，以降低利率风险。

本课题的不足在于由于考虑实行成本，我们只采取了静态套期保值构建方法，考虑到市场环境复杂，也可以使用动态套期保值来构建利率风险管理方案。同时，除了国债期货以外，市场上同样有其他的衍生工具，如利率互换、利率期权等能够实现利率风险的管理。如今，我国的金融市场愈加完善，商业银行应积极应用这些利率衍生工具，以更好地提升利率风险管理效率。

参考文献

［1］吴小强. 商业银行参与国债期货市场研究：美国经验和中国策略 [J]. 新金融，2019（7）：29-34.

［2］王晋忠，高菲. 运用衍生工具管理我国商业银行利率风险的效率研究 [J]. 武汉大学学报（哲学社会科学版），2015，68（6）：65-75.

［3］傅晓云. 国债期货在我国商业银行利率风险管理中的应用研究 [J]. 新金融，2013（10）：56-60.

［4］杨宝臣，张玉桂，姜中锡. 基于凸度的套期保值模型及分析 [J]. 管理科学学报，2005（6）：69-73，82.

［5］BAILLIE R T, MYERS R J. Bivariate GARCH estimation of the optimal commodity futures hedge [J]. Journal of Applied Econometrics, 1991, 6（2）：109.

［6］EDERINGTON L H. The hedging performance of the new futures markets [J]. The Journal of Finance, 1979, 34（1）：157-170.

［7］GHOSH A. Hedging with stock index futures: estimation and forecasting with error correction model [J]. The Journal of Futures Markets, 1993, 13（7）：743.

［8］JOHNSON L L. The theory of hedging and speculation in commodity futures [J]. Review of Economic Studies, 1960, 27（3）：139-151.

［9］KOLB R, CHIANG R. Improving hedging performance using interest rate futures [J]. Financial Management, 1981, 10（4）：72-79.

［10］LIEN D. The effect of the cointegration relationship on futures hedging: A note [J]. Journal of Futures Markets, 1996（16）：773.

［11］MYERS R J, THOMPSON S R. Generalized optimal hedge ratio estimation [J]. American Journal of Agricultural Economics, 1981, 1要0（4）：72-79.

课题 15 运用国债期货对商业银行投资业务套期保值的效率研究

——基于国债期货仿真交易的实证分析

摘要：随着我国期货市场的发展，如何有效利用利率期货对商业银行投资业务的利率风险进行套期保值已成为各商业银行关注的重点。本课题运用久期、OLS、最小方差理论、VAR 模型和 MGARCH-BEKK 模型的套期保值方法，确定我国商业银行债券投资业务，利用国债期货仿真交易数据对冲利率风险的最优套期保值比率，并实证其效果，分析其优劣。经比较，VAR 模型和动态套期保值模型的利率风险管理效果较好。

关键词：利率期货；套期保值；商业银行；投资业务

一、引言

（一）问题的提出

商业银行投资业务又称为证券投资业务，是指银行购买有价证券的活动，是商业银行资产业务的重要组成部分。国内商业银行投资业务的主要对象有：国债、政策性金融债、短期融资券和中期票据等。截至 2012 年 3 月底，商业银行债券投资达到 11.7 万亿元，其中政策性金融债占据商业银行持有债券总量的近一半，国债占三分之一，其他均在 10% 以下。近年来，我国商业银行债券投资业务总体规模逐年扩大，债券投资占总资产的比例于 2007 年年底达到顶点后也呈下降趋势，目前在 10% 左右。以中国工商银行为例，2012 年非重组类债券投资占该银行总资产的 22.65%。同时我国商业银行也是债券市场最主要的投资者，据《期货日报》相关数据，截至 2012

年 3 月底，在主要债券品种中，商业银行的持有比例达到 65.8%①。由于国债和政策性金融债的信用风险几乎为零，所以我国商业银行债券投资的信用风险相对较小，其面临的主要风险是利率风险。随着商业银行的债券持有量持续增长，即使是小幅的利率变动都可能给银行带来巨大的损失，进而对整个债券市场产生重大影响，所以商业银行投资业务的利率风险管理十分必要。

随着我国市场经济的发展，利率市场化改革稳步推进，特别是货币市场中各利率品种放开的进度较快，利率市场化改革取得了阶段性成果。目前，我国已逐步实现了货币市场利率品种的市场化，包括银行同业拆借利率、债券回购利率、票据市场转贴现利率、国债与政策性金融债的发行利率和二级市场利率等。由此可以看出，我国商业银行投资业务的主要投资标的均已实现利率市场化，而目前我国银行存贷业务的利率仍未市场化，所以本课题主要讨论银行投资业务的利率风险管理。近年来，由于经济的不确定性和利率市场化的共同作用，我国债券市场利率波动更加频繁，并且变动幅度增大。商业银行持有大量不同到期时间、不同票面利率的政策性金融债和国债，其面临的利率风险不容忽视。如何对债券投资的利率风险进行有效的管理是我国商业银行面临的一个严峻的问题。

目前商业银行、证券公司、保险公司、基金公司等机构主要利用利率互换、远期利率协议、债券远期等工具对其所持有债券进行套期保值。这些套期保值工具在场外市场进行交易，价格由交易双方协议商定，而非市场化的定价，流动性也显然不如利率期货，而且套期保值的信用风险和成本亦较高。如果存在利率期货市场，则可以通过卖出利率期货来对其所持有的投资组合进行套期保值。运用利率期货管理利率风险的优势主要在于：利率期货在交易所内交易，是标准化的契约合约，其价格是市场化的定价；利率期货交易参与者众多，流动性较好；利率期货交易实行保证金制度，交易所内结算，信用风险较低；利率期货是杠杆交易，所占用的资金比较少，不会大幅降低资金的利用率，从而使得其建立同样头寸的速度要比现货市场快得多，交易成本也低。利率期货是指以债券类证券为标的物的期货合约，按照合约标的期限，利率期货可分为短期利率期货和长期利率期货两大类，国债期货是长期利率期货中的一种。我国于 2012 年 2 月 13 日启动国债期货仿真交易，并且极有可能在年内推出国债期货正式交易。运用利率期货对债券投资业务进行套期保值将成为我国商业银行利率风险管理的有效手段。

---

① 资料来源：2012 年 6 月 25 日的《期货日报》第 4174 期第四版《商业银行债券投资行为研究》。

本课题首先梳理了基于利率期货合约对债券投资组合进行套期保值的各种方法，然后以国债期货仿真交易数据为样本，运用久期、OLS、最小方差理论、VAR 模型和 MGARCH-BEKK 模型的套期保值方法对中国工商银行债券投资业务进行套期保值模拟，寻找在我国市场条件下适合商业银行债券投资的最优的套期保值方法。

（二）国内外相关研究

埃德灵顿（Ederington）1979 年首先研究了运用一种利率期货合约对冲债券现货的利率风险的套期保值方法，基于使现货和期货组合的方差最小化的思想，得到了最优套期保值比率的确定方法，并对美国 GNMA 期货和国债期货的套期保值效果进行了研究。该方法的主要不足是在套期保值过程中，作者仅从组合的方差最小化的角度出发，未考虑收益的变动。弗兰克尔（Frankle）和森凯特（Senchack）于 1982 年在埃德灵顿（Ederington）的基础上提出了最小化现货市场预期风险的套期保值模型。该模型考虑到投资者对市场未来利率的预期，对未来利率的不同预期方法会影响到套期保值的效果，但究竟如何选择利率的预期方法作者并未讨论。希利亚德（HILLIARD）1984 年基于最小方差的思想提出了运用利率期货组合对债券投资组合进行套期保值方法，并讨论了存在唯一和零风险对冲的充分必要条件。由于投资者一般会持有债券组合而非单只债券，所以该套期保值方法具有很强的实用性，但对于如何选择利率期货组合作者并未予以讨论。库伯（Kolb）等人在 1981 年提出了基于久期的思想运用利率期货合约对债券现货进行套期保值的方法，他根据债券期货和现货组合久期为 0 的思想，计算出为了消除利率风险所需要的期货合约份数。但 1984 年方（Fong）和瓦塞克（Vasicek），1992 年霍（Ho）等的许多研究表明，虽然使用久期和凸性的免疫方法可以较好地规避收益率曲线平行移动带来的利率风险，但不适用于收益率曲线非平行移动。由于不同期限的利率的波动率不同，所以卡卡诺（Carcano）1997 年提出了波动率调整的利率风险套期保值模型，并且实证结果表明波动率调整的久期、凸性和因子分析的套期保值模型的套期保值效果有显著改善。切凯蒂（Cecchetti）1988 年利用自回归条件异方差模型（ARCH）对美国国债期货的套期保值效果进行了研究，结果发现最优动态套期保值比率随时间变化而呈现出相当大的变化，这表明传统的静态恒定套期保值比率假设与实践中的运用不符，需要进行适度改进，将其动态化。贝利（Baillie）和迈尔斯（Myers）1991 年提出了利用广义自回归条件异方差模型（GARCH）计算商品期货最优动态套期保值比率的方法，经实证研究表明该动态最优套期保值比率比常数套期保值比率的效果要好，也证明了动态套期保值的优点。因此，我们可以将动态套期保值的方法运用到利率期货的套期保值中。

二、 主要套期保值方法及效果检验方法比较

基差的存在使得运用利率期货的套期保值不完全。为了消除基差带来的不确定性，我们需要确定最优套期保值比率。通过对以往的文献资料的整理，我们发现国内外学者提出了多种套期保值方法。根据套期保值比率在套期保值期内是否发生变化，套期保值方法可以分为静态和动态两种。本课题从确定套期保值比率的不同角度出发，对国内外各经典套期保值方法及检验套期保值效果的方法进行了梳理。

（一）主要套期保值方法

1. 利率弹性的角度

久期是债券未来现金流与时间的加权平均值，反映了债券价格对利率变化的敏感程度。当利率曲线平行移动时，可以用一定数量利率期货合约对冲债券现货的利率风险，使得整体证券组合头寸的久期为 0。当收益率曲线有一个很小的平移时，债券价值的变动取决于久期。当利率发生中等或重大变化时，此时需考虑用久期和凸性来共同反映债券价格变化对利率的敏感程度。久期和凸性的套期保值方法的主要思想是使包括期货合约在内的整体证券组合头寸的久期和凸性均为 0。与久期的套期保值方法相比，该方法更为全面地考虑了利率变动的情况，具有更广的适用范围。运用以上两种方法进行套期保值时，应选择期货合约标的资产久期尽量接近被套期保值资产久期的利率期货合约。但如果利率曲线非平行移动时，上述两种方法的套期保值效果就都不够理想。

2. 收益率的角度

由于债券现货与国债期货的标的资产高度相关，所以债券现货的收益率和国债期货的收益率可能存在某种稳定的关系。当债券现货的收益率和国债期货的收益率可能存在稳定的线性关系时，我们可以利用 OLS 套期保值方法对冲债券投资的利率风险。而在实际中，随着期货合约到期日的临近，期货价格不断趋向于与现货价格收敛，基差逐渐缩小甚至消失，二者并非一直保持稳定的线性关系。因此，在考虑了期货价格的收敛性及持有成本理论后，我们假定债券现货的收益率 $r_{s,t}$ 和利率期货的收益率 $r_{s,t}$ 存在 $r_{s,t} = r_{f,t} e^{-y(T-t)}$ 的关系，通过统计估计方法可以得到最优套期保值比率 $h^* = e^{-y(T-t)}$。与 OLS 套期保值方法类似，若历史数据表明收益率不存在所假定的关系，即回归方程的显著性检验不能通过，则该套期保值方法不能使用。

3. 最小方差的角度

最小方差套期保值方法的主要思想是使所持有的债券现货和利率期货组

合的整体价值方差最小。我们通过计算组合的收益方差最小的一阶条件为0，得到最佳套期保值比率。该种方法使用的约束较少，具有很强的适用性。其主要缺陷是，只考虑组合方差的最小化，没有考虑组合收益率的变化。

4. 时间序列统计分析的角度

OLS 套期保值方法简单便利，但也存在较大局限性。其中之一便是 OLS 回归的残差可能会存在自相关的问题，因为传统模型并未考虑到过去的现货和期货价格的变动可能会影响当前价格变动的事实，即价格序列的变化存在时滞性。改进方法是引入双变量向量自回归模型（B-VAR）。该模型包含两个变量，每个变量当前的值都取决于两个变量的过去值的系统回归模型，通过对收益率方程的估计即可得出最佳套期保值比率。但如果现货和期货收益率序列存在单位根，是非平稳时间序列，则传统的回归方法可能存在伪回归的问题。对此，有学者提出了用向量误差修正模型（VECM）计算最优套期保值比率。以上两种套期保值方法的主要限制是，若收益率序列不满足模型假定，就不能使用该方法。

5. 动态套期保值的角度

上述几个模型都是静态套期保值模型，就是说计算出来的套期保值比率是一个固定的数值，即假定在进行套期保值操作以后，期货和现货的收益率保持根据历史数据所回归的模型不变。此假设与现实显然不符，因为随着现货和期货市场中新信息的产生，信息集将发生变化，从而引起最优套期保值比率的变化，所求的最优套期保值比率也将不再是一个常数。大部分资产收益的二阶矩都存在着明显的 ARCH 效应，这对套期保值比率的估计产生一定的影响。因此当债券现货和期货收益率的条件方程不仅依赖于滞后误差项平方，还依赖于滞后条件方差时，可以采用 MGARCH-BEKK 模型的套期保值。在研究最优套期保值比率的文献中，许多学者的研究证明不管是相对于传统的静态套期保值，还是其他动态套期保值模型，BEKK 模型具有一定的优异性。因此本课题的实证也采用 MGARCH-BEKK 模型来估计最优动态套期保值比率。若收益率不满足 MGARCH-BEKK 模型，则不能采用此套期保值方法。

（二）套期保值效果的检验方法

在套期保值效果的检验中，我们主要运用套期保值的组合相对于未套期保值的组合的方差降低的比例 e 和收益率上升的比例 k 来反映套期套期保值的效果：

$$e = -\frac{VAR(r_{h,\,t}) - VAR(r_{u,\,t})}{VAR(r_{u,\,t})}$$

$$k = \frac{r_{h,t} - r_{u,t}}{r_{u,t}}$$

其中，$r_{s,t}$ 表示未套期保值的组合的收益率，$r_{h,t}$ 表示套期保值的组合的收益率，$r_{h,t} = r_{s,t} - h^* r_{f,t}$，$h^*$ 为最佳套期保值比率。为了综合上诉两个指标对套期保值效果的反映，基于 sharp 比率的思想，我们提出了运用承担单位风险所获得的收益率的比率 s 来综合反应套期保值的效果：

$$s = \frac{1+k}{\sqrt{1-e}}$$

s 越高，表示承担单位风险所能获得的收益越大，套期保值效果越好。比较 s 的大小可以反映出套期保值效果的优劣。

在一个套期保值期内，对静态套期保值方法而言，h^* 是固定的，而对动态套期保值方法而言，h^* 是随时间变动的。在计算套期保值组合的收益率时，动态套期保值方法的 h^* 应采用每天的最优套期保值比率。另外对动态套期保值效果的样本外检验而言，多步预测的效果不是很好，因此只做一步预测，即根据之前的信息预测下一天的套期保值率，然后对样本外的每一天都按照这种方法来进行计算，得到动态套期保值比率，最后再检验套期保值效果。

三、　实证研究

（一）数据选取及数据处理

1. 我国的国债期货仿真交易合约

国债期货仿真交易合约的标的面额为 100 万元，票面利率为 3% 的五年期名义标准国债，交易的期货合约包括四张合约，即 3 月、6 月、9 月、12 月的国债期货合约。由于期货合约到期后将会进行交割，并且在国债期货的四张合约中，离到期日越近的合约的交易量越大，所以我们假定银行进行利率风险管理时均选择离交割日最近的利率期货合约。本课题采用将离到期日最近的合约的收盘价连接起来的办法来产生连续的期货报价。根据国债期货合约的报价 $P_{f,t}$，我们通过收益率计算公式：

$$r_{f,t} = \frac{P_{f,t} - P_{f,t-1}}{P_{f,t-1}}$$

即可得到国债期货的收益率序列 $r_{f,t}$。

本课题选择 2012 年 2 月 13 日国债期货仿真交易开始到 2012 年 12 月 31 日国债期货收盘价，共 219 个样本作为样本内数据。假定银行套期保值的调整期为一个季度，则选取 2013 年 1 月到 2013 年 3 月 31 日一个季度共 56 个数据为样本外数据。

2. 银行债券投资

中国工商银行是目前中国最大的国有控股商业银行，拥有巨额的债券投资，并且所涉及债券品种全面，投资金额分布较为均衡，是我国银行间债券市场具有代表性的参与者，所以本课题选取中国工商银行作为分析的对象。据中国工商银行 2012 年年报，从剩余期限结构上看，3 个月内和 3 至 12 个月的短期非重组类债券投资增加，1 至 5 年的中长期非重组类债券比重较上年末有所下降（见表 15-1）。

表 15-1　2012 年工商银行债券投资结构

按剩余期限划分的非重组类债券投资结构				
剩余期限	2012 年 12 月 31 日		2011 年 12 月 31 日	
	金额/百万元	占比/%	金额/百万元	占比/%
无期限	436	0.0	391	0.0
3 个月内	92	2.5	96 420	2.8
3 至 12 个月	795 265	21.4	498 240	14.6
1 至 5 年	1 786 793	48.0	1 868 781	55.0
5 年以上	1 044 452	28.1	938 963	27.6
合计	3 719 302	100.0	3 402 795	100.0

资料来源：中国工商银行 2012 年 A 股年报。

3. 银行债券投资久期的计算

假定中国工商银行非重组类债券投资在按剩余期限分组时，其债券投资结构与银行间债券总指数的债券结构相同。本课题选取中国债券信息网的银行间债券总指数来反映银行间债券市场的总体情况，在计算银行的债券投资久期时采用 2012 年 12 月 31 日的"平均市值法久期"，具体取值如表 15-2 所示。

表 15-2　银行间债券总指数上一日总市值及平均市值法久期

指标	总值	1 年以下	1~3 年	3~5 年	5~7 年	7~10 年	10 年以上
上一日总市值/亿元	230 843.6	43 073.53	49 238.68	55 506.92	30 414.33	31 745.58	20 864.54
平均市值法久期	4.192 3	0.536 9	1.904 9	3.634 6	5.113 3	7.170 7	12.746 4

资料来源：中国债券信息网。

数据处理：由于中国工商银行债券投资结构与银行间债券总指数平均市值法久期的剩余期限划分不同，本课题采用上一日总市值加权平均市值法久期值，并将银行债券投资结构中的一年以下债券投资进行合并，以及将无期限债券并入 5 年以上的债券，得到如表 15-3 所示的结果。

表 15-3　处理后的银行间债券总指数上一日总市值及平均市值法久期

指标	总值	1 年以下	1~5 年	5 年以上
平均市值法久期	4.192 3	0.536 9	2.821 505	7.818 22
债券投资结构/百万元	3 719 302	887 621	1 786 793	1 044 888

采用价值加权平均法计算债券投资组合的久期，即

$$D_P = \sum_{i=1}^{n} w_i D_i$$

其中：w_i 是该期限内债券的市值占总债券投资市值的权重

D_i 是期限 i 内的银行间债券久期。

计算结果为：$D_P = 3.680038$

4. 银行债券投资收益率

财富指标是反映债券市场价格的指数。该指标是计算债券全价的指数值，债券付息后利息再投资也计入指数，符合银行债券投资业务操作的实际情况。所以本课题选取中国债券信息网公布的 2012 年 2 月 13 日到 2012 年 12 月 31 日银行间债券总指数中的财富指标作为我国银行间债券市场价格的指标。由于工商银行债券投资结构与财富指标的剩余期限划分不同，我们需要对指标进行调整才能得到银行债券投资收益率 $r_{s,t}$。

由于套期保值交易于 2012 年 12 月 31 进行，所以本课题采用 2012 年 12 月 31 日的"上一日总市值"加权平均调整财富指标，计算方法如下：

$$P = \sum_{i=1}^{n} w_i P_i$$

$$w_i = \frac{\dfrac{A_i}{P_i}}{\sum_{i=1}^{n} \dfrac{A_i}{P_i}}$$

其中：P 为调整后该时间段内的财富值；

P_i 为分时间段 i 内的财富值；

A_i 为该时间段内债券总市值。

我们根据银行债券投资比例加权平均市值法到期收益率得到银行债券投资平均价格 $P_{s,t}$，即

$$P_{s,t} = \sum_{i=1}^{n} P_i w_i$$

其中为 w_i：该期限内债券的市值占总债券投资市值的权重；

P_i 为分时间段 i 内银行间债券财富值。

通过收益率计算公式：

$$r_{s,t} = \frac{P_{s,t} - P_{s,t-1}}{P_{s,t-1}}$$

即可得到 $r_{s,t}$，表示银行债券投资对数收益率。

（二）数据处理结果

所选样本中的银行债券投资收益率和国债期货收益率的基本统计描述如表 15-4 所示。

表 15-4　银行债券投资收益率和国债期货收益率基本统计描述

项目	均值	最大值	最小值	标准差	J-B 统计量	J-B 统计量 P 值
债券投资	0.000 135	0.003 038	−0.001 61	0.000 505	879.764 5	0.000 0
国债期货	−0.000 001 38	0.012 163	−0.014 791	0.002 736	988.786 9	0.000 0

我们可以看出银行债券投资收益率和国债期货收益率均值差别较大，并且期货的标准差和最大值最小值之差较大，这主要是因为利率期货市场仿真交易刚开始运行，成本比较低，对信息的反应比较敏感，所以波动性比较大。通过 J-B 统计量，我们发现银行债券投资收益率和国债期货收益率序列均不符合正态分布。我们对银行债券投资和国债期货收益率序列做单位根检验，均不存在单位根，是平稳时间序列。

（三）套期保值比率的计算

1. 久期套期保值

由久期套期保值方法计算公式可知：$N^* = \dfrac{SD_S}{FD_F}$

其中：F 为利率期货合约的价格；

D_F 为期货合约的标的资产在套期保值到期日的久期；

S 为需进行套期保值的资产在套期保值到期日的价值。实践中，通常假定该价格等于资产的当前价格。

D_S 为需进行套期保值的资产在套期保值到期日的久期。

假定银行选用国债期货仿真交易的 TF1303 合约对冲债券投资的利率风险，并且银行在利率期货合约到期日内的债券投资组合的久期保持不变，则此时：$S = 3\,719\,302$（百万元），$D_S = 3.680\,038$。TF1303 的报价为 97.7 百万元，则一份国债期货合约的价值为：$F = 0.977$（百万元），TF1303 的最便宜可交割债券是 100 002，即 2010 年发行的十年期的附息国债，TF1303 的交割日期为 3 月 8 日，此时最便宜交割债券的久期为 $D_F = 6.289\,185$。

由 $N^* = h^* \dfrac{S}{F}$ 可知，最佳套期保值比率 $h^* = N^* \dfrac{F}{S} = \dfrac{SD_S}{FD_F} \times \dfrac{F}{S} = \dfrac{D_S}{D_F}$，

计算得 $h^* = \dfrac{3.680\,038}{6.289\,185} = 0.585\,137\,5$。

2. OLS 套期保值

模型 $r_{s,t} = \alpha + \beta r_{f,t} + \varepsilon_t$ 的 OLS 的估计结果为

$r_{s,t} = 0.000\,135 + 0.006\,951 r_{f,t}$

$se = (0.000\,034\,2)(0.012\,523)$

$t = (3.962\,980)\quad(0.555\,039)$

$\qquad R^2 = 0.001\,418 \quad F = 0.308\,068 \quad DW = 1.099\,263$

这样我们就可以得到最小二乘法下的最优套期保值比率 $h^* = \beta = 0.006\,951$。

3. 最小方差理论的套期保值

根据银行债券投资的平均到期收益率 $r_{s,t}$ 和利率期货的收益率 $r_{f,t}$，我们可以计算得到最小方差的最优套期保值比率为：

$$h^* = \frac{\sigma_{sf}}{\sigma_f^2} = \rho_{sf}\frac{\sigma_s}{\sigma_f} = 0.037\,652\,\frac{0.000\,505}{0.002\,736} = 0.006\,951$$

4. 向量自回归模型（VAR）套期保值

根据 AIC 和 BIC 信息准则选择债券投资和期货收益率的滞后阶数可以得到 VAR 模型，其估计结果如下：

$r_{s,t} = 0.000\,074\,2 + 0.461\,079 r_{s,t-1} - 0.021\,400 r_{f,t-1}$

$t = (2.370\,72)\quad(7.690\,79)\quad(1.915\,99)$

$\bar{R}^2 = 0.221\,848$

$r_{f,t} = -0.000\,206 + 1.463\,196 r_{s,t-1} - 0.225\,871 r_{f,t-1}$

$t = (-1.135\,69)\quad(4.214\,69)\quad(-3.492\,24)$

$\bar{R}^2 = 0.110\,713$

则最小方差的最优套期保值比率为：

$$h^* = \frac{\mathrm{cov}(\varepsilon_{st},\varepsilon_{ft})}{VAR(\varepsilon_{ft})} = \frac{8.105\,65E-08}{6.626\,15E-06} = 0.012\,232\,818$$

5. MGARCH-BEKK 模型的套期保值

在研究最优套期保值比率的文献中，许多学者的研究表明不管是相对传统的静态套期保值还是其他动态套期保值模型，BEKK 模型都具有一定的优异性。同时考虑到动态最优套期保值比率的计算对套期保值的效果会产生显著影响，为了提高估计的精度，本课题也将采用 MGARCH-BEKK 模型来估计最优动态套期保值比率。

运用 MGARCH-BEKK 模型计算的动态套期保值率基本信息如表 15-5

所示。

表 15-5　动态套期保值利率统计特征

均值	方差	最大值	最小值
0.023 677	0.004 450	0.493 002	−0.133 89

（四）套期保值效果比较

我们对静态套期保值率的四种方法及动态套期保值方法进行套期保值效果检验，结果如表 15-6 所示。

表 15-6　套期保值效果检验

	套期保值方法	组合收益率均值/%	方差	方差下降比例/%	收益率上升比率/%	s
样本内	未套期保值组合	0.013 5	2.55E−07	0.000 0	0.000 0	1.000 0
	久期	0.013 2	2.75E−06	−977.771 9	−2.615 6	0.296 6
	OLS	0.013 5	2.55E−07	0.140 3	−0.031 1	1.000 4
	最小方差	0.013 5	2.55E−07	0.140 3	−0.031 1	1.000 4
	VAR	0.013 5	2.55E−07	0.057 9	−0.054 7	0.999 7
	动态	0.0 135	2.46E−07	3.565 3	−0.655 4	1.030 2
样本外	未套期保值组合	0.023 9	8.72E−08	0.000 0	0.000 0	1.000 0
	久期	0.028 7	2.34E−07	−168.452 2	19.799 2	0.731 2
	OLS	0.024 0	8.64E−08	0.931 4	0.235 2	1.007 1
	最小方差	0.024 0	8.64E−08	0.931 4	0.235 2	1.007 1
	VAR	0.024 0	8.58E−08	1.592 0	0.413 9	1.012 2
	动态	0.024 1	8.63E−08	1.007 2	0.805 5	1.013 2

对于样本内的数据而言，各套期保值方法均使得套期保值组合的收益率有所下降。除久期套期保值方法外，套期保值组合的风险也都有了一定程度的降低，但风险降低程度不高。这主要是由于本课题选取的是国债期货仿真交易市场的数据，其交易品种单一，市场参与度不高，只能在一定程度上反映我国国债期货交易市场的情况。久期套期保值效果最差，相对于未套期保值组合，其不但没有降低反而大幅度增加了套期保值组合的方差。造成这种情况的主要原因有：由于基于久期的最佳套期保值比率为：$h^* = \dfrac{D_S}{D_F}$，我国

国债期货仿真交易仅一个品种，并且我国国债市场主要以中长期国债为主，国债期货合约的最便宜交割债券的一般会存在 $D_F > 5$，而商业银行的债券投资的久期一般较短。这将造成久期套期保值方法并不能起到套期保值作用。由于缺乏商业银行债券投资的详细数据，本课题对银行债券投资组合的久期的计算值只是近似值，这将影响该种方法的套期保值效果。OLS 和均值方差理论的套期保值效果一致，主要是由于 OLS 估计也是基于最小方差的思想，所以二者所得结果一样。VAR 模型的套期保值效果相对较差，方差下降的比例为 0.057 9%。动态套期保值方法的套期保值效果最好，大幅降低了套期保值组合的方差。

对于样本外数据而言，除久期套期保值方法外，各套期保值方法均使套期保值组合的风险有了一定程度的降低，套期保值组合的收益率有所上升。这主要是由于样本外数据的债券投资收益率上升，国债期货收益率下降所导致的套期保值组合收益率上升。其中，VAR 模型套期保值方法组合的方差下降比例最大。综合收益率和方差两个方面，动态套期保值方法的效果最好，不仅降低了套期保值组合的方差，还更多地提高了组合的收益率。但在实际运用中需要注意的是，波动比较剧烈的动态套期保值模型在套期保值时需要经常性地对仓位进行调整，波动变化不是很剧烈的模型则不需要进行过多次调整。本课题中动态套期保值模型的波动率较大，实际运用中的套期保值成本比较高。

（五）适用于我国商业银行债券投资的套期保值方法讨论

许多利用我国股指期货仿真交易数据讨论的效果较好的套期保值方法，在交易正式推出后都得到了验证。所以尽管本课题采用的是国债期货仿真交易数据，交易是虚拟的，但交易架构是真实的，其交易价格蕴含着各种真实的信息内容，对我们探究运用国债期货进行套期保值交易的有效方法有极强的启示作用。根据上述实证结果，我们可以发现由于我国国债市场及国债期货市场处于发展阶段，久期的套期保值方法暂时不适用于我国商业银行运用利率期货进行债券投资业务的利率风险管理；OLS 法的套期保值方法的模型估计结果的部分参数 t 检验不显著，模型的 R^2 较小，表明现货和期货的收益率不符合所设定的模型。最小方差理论的套期保值效果与 OLS 法的套期保值效果一致，对样本内和样本外数据而言，效果均不是很好。所以 OLS 法和最小方差的套期保值方法暂不适用于目前的商业银行运用利率期货进行债券投资业务的利率风险管理。

最后我们可以发现，VAR 模型和 MGARCH-BEKK 模型的套期保值方法较适用于目前我国商业银行运用国债期货进行债券投资业务的利率风险管理。前者套期保值成本低，在套期保值调整期内无需调整即可大幅降低套期保值组合的方差。后者套期保值效果相对较好，既能降低组合的方差，又能提高套期保值组合的收益率。并且两种套期保值方法对利率的期限结构及市场的发展程度没有严格的要求，因此其针对我国目前发展不完善的国债及国债期货市场具有普遍的适用性。

四、 结论

利率风险管理是商业银行债券投资的重要方面，利率期货是规避利率风险的重要工具。本课题主要运用久期、OLS 模型、最小方差理论、VAR 模型和 MGARCH-BEKK 模型的套期保值方法，研究了我国国债期货仿真交易合约对商业银行债券投资的套期保值效率。研究结果表明，无论对样本内还是样本外数据，动态套期保值方法优于静态套期保值方法，但在实际运用中动态套期保值方法的成本较高。由于我国国债市场和国债期货市场处于发展阶段，久期的套期保值方法效果很差，因此其暂时不适用于我国商业银行债券投资的套期保值。通过对上述套期保值方法的比较，我们发现，VAR 和 MGARCH-BEKK 模型的套期保值方法较适用于目前我国商业银行运用国债期货进行债券投资业务的利率风险管理。最后，由于我国国债期货尚未上市交易，仿真交易的数据并不能完全反映国债期货交易市场的情况，所以各套期保值方法的效果不是很好。在国债期货上市之后，期货和现货之间的信息传递、市场参与者行为等一系列的因素也会影响套期保值的效果。

参考文献

[1] 文忠桥. 国债投资的利率风险免疫研究 [J]. 数量经济技术经济研究，2005 (8)：93-103.

[2] 张继强. 债券利率风险管理的三因素模型 [J]. 数量经济技术经济研究，2004 (1)：62-67.

[3] 朱世武，李豫，董乐. 交易所债券组合动态套期保值策略研究 [J]. 金融研究，2004 (9)：65-76.

[4] LOUIS H. EDERINGTON. The hedging performance of the new futures markets [J]. The journal of finance，1979 (1)：157-170.

[5] GAY G D，KOLB B R W. Interest rate futures：a new perspective on immunization [J]. Journal of Portfolio Management，1983 (10)：65-70.

[6] FRANCKLE C T，SENCHACK A J. Economic considerations in the use of interest rate futures [J]. Journal of Futures Markets，1982 (2)：16-107.

[7] KOLB R W. Improving hedging performance using interest rate future

［J］. Financial Management，1981，10（4）：72.

［8］CARCANO N，FORESI S. Hedging against interest rate risk：Reconsidering volatility–adjusted immunization［J］. Journal of Banking & Finance，1997（21）：127-141.

［9］CECCHETTI S G，CUMBY R E，FIGLEWSKI S. Estimation of the optimal future hedge［J］. Review of Economic and Statistics，1988（70）：623-630.

［10］BAILLIE R T，MYERS R J. Bivariate garch estimation of the optimal commodity futures hedge［J］. Journal of Applied Econometrics，1991（6）：109-124.

［11］HILLIARD J E. Hedging interest rate risk with futures portfolios under term structure effects［J］. The journal of finance，1984（5）：1547-1569.

［12］ENGLE R F. Autoregressive conditional heteroscedasticity with estimates of the variance of united kingdom inflation［J］. Econometrica，1982（4）：987-1007.

［13］BOLLERSLEVA T. Generalized autoregressive conditional heteroskedasticity［J］. Journal of Econometrics，1986，31（3）：307-327.

［14］BOLLERSLEV T，ENGLE R F，WOOLDRIDGE J M. A capital asset pricing model with time–varying covariances［J］. Journal of Political Economy，1988，96（1）：116-131.

［15］ENGLEAL R F，KRONERA K F. Multivariate simultaneous generalized ARCH［J］. Econometric Theory，1986（11）：122-150.

［16］FONG H G，VASICEK O. The tradeoff between return and risk in immunized portfolios［J］. Financial Analysts Journal，1983，39（5）：73-78.

［17］HO T S Y. Key rate durations：Measures of interest rate risks［J］. The Journal of FixedIncome，1992，2（2）：29-44.

附录 广州期货携手西南财大成立国债期货研究中心

  2013 年 7 月 26 日上午，2013 国债期货推介会暨西南财经大学—广州期货国债期货研究中心成立揭牌仪式在成都隆重举行。广州期货有限公司时任总经理郭智勇、时任副总经理朱江、成都营业部时任总经理刘静，西南财经大学金融学院时任执行院长张桥云、金融工程系时任主任王晋忠代表签约双方出席了揭牌仪式，中国人民银行成都分行时任工会主席岑岑、证监会四川监管局期货处时任副处长张家喜、四川证券期货业协会时任副会长刘国强及秘书长金昊、四川省金融学会常务理事兼成都金融街企业家协会时任执行秘书长毛建农、浙商证券领导、成都银行领导、四川一道资产管理有限公司领导等嘉宾也到场祝贺。

  揭牌仪式上，中国人民银行成都分行时任工会主席岑岑、四川证券期货业协会时任秘书长金昊等相关机构领导先后发言，对西南财经大学—广州期货国债期货研究中心的成立给予了高度评价和肯定。西南财经大学金融学院时任执行院长张桥云、广州期货有限公司总时任经理郭智勇分别代表签约双方讲话并签约揭牌。

  仪式结束之后，西南财经大学金融学院金融工程系杜野副教授为到场嘉

宾进行了国债期货知识培训并与到场嘉宾亲切互动，解答了许多国债期货方面大家比较关心的问题。

据悉，西南财经大学—广州期货国债期货研究中心为了因应国债期货合约而推出，为了促进产学研结合而成立。研究中心主要研究人员都来自西南财经大学金融学院，他们既有欧美发达国家固定收益及衍生品市场的操作经验，也有深厚的学术研究背景。未来，研究中心将能提供国债期货相关知识的培训、国债期货对冲及套利商业和操作模式的咨询、国债期货相关交易和风控软件的研发、国债期货的不定期研究报告等服务。

作为揭牌仪式主持人，广州期货成都营业部副总经理王聪指出：研究中心的成立，率先在国债期货产学研的合作道路上进行了一次全新的开拓，中心不断地将科研与期货实践相结合，是向国内投资者提供与分享技术支持与海外经验的重要平台，相信一定会在促进国内国债期货交易成熟方面起到积极的作用。